Köfler/Forcher: Die Frau in der Geschichte Tirols

Gretl Köfler — Michael Forcher

Die Frau in der Geschichte Tirols

Umschlaggestaltung: Helmut Benko, Innsbruck

CIP-Kurztitelaufnahme der Deutschen Bibliothek:

Köfler, Gretl:
Die Frau in der Geschichte Tirols /
Gretl Köfler; Michael Forcher. – Innsbruck: Haymon, 1986.
  ISBN 3-85218-026-0
NE: Forcher, Michael:

© Haymon-Verlag, Innsbruck 1986
Alle Rechte vorbehalten / Printed in Austria
Gesamtherstellung: Tyrolia Innsbruck

ISBN 3-85218-026-0

Inhaltsverzeichnis

Vorwort 6

Landesfürstinnen 8
Klosterfrauen 31
Heilige und heiligmäßige Frauen 48
Opfer des Hexenwahns 60
Die Rechtsstellung der Frau 72
Auf dem Land und in der Stadt 79
Frauenbildung 109
Künstlerinnen 126
Im Freiheitskampf 149
Frauen in der Politik 164
Im Nationalsozialismus 184
Im Widerstand 194

Anhang 209

    Die Landesfürstinnen und ihre Töchter 210
    Bildende Künstlerinnen 211
    Schriftstellerinnen 213
    Personenregister 216
    Quellen und Literatur 220
    Bildnachweis 223

Vorwort

Die Geschichte Tirols ist reich an „Helden": Friedl mit der leeren Tasche, Kaiser Maximilian, Michael Gaismair, Andreas Hofer, Peter Mitterhofer und viele andere. Bei gegebenen Anlässen werden sie gerne zitiert, um rühmliche Eigenschaften wie Tapferkeit, Vaterlandsliebe, Klugheit, Erfindungsgeist, Weitblick, Wissen, Fortschrittlichkeit auch in unserer Vergangenheit zu verankern. Viele Frauen fühlen sich von dieser Heldengalerie nicht repräsentiert. Damit auch sie sich in der Geschichte wiederfinden, die eigenen Wurzeln erkennen, haben wir versucht, vergangene weibliche Lebensformen aufzuzeigen, Schicksale und Leistungen von Tiroler Frauen zu schildern und Entwicklungslinien ihrer politischen und sozialen Aktivitäten nachzuzeichnen, die bis in die Gegenwart reichen, ohne neue – diesmal weibliche – Heldendenkmäler zu schaffen.
Grundsätzlich waren Frauen die gesellschaftlich Benachteiligten. Sie konnten in der Regel weder Ausbildung, Beruf, Ehepartner noch politische Vertretung frei wählen. Die Ausnahmen, die Erfolgreichen unter ihnen, waren Einzelkämpferinnen, die ihre persönliche Emanzipation gegen äußere Zwänge durchsetzten. Erst die Frauenbewegung seit dem Ende des 19. Jahrhunderts hat für die Gleichberechtigung aller Frauen gekämpft. Seit damals ist Frauenpolitik in zwei Richtungen gespalten: Abgrenzung oder Einmischung. Katholische und konservative Frauenpolitik hat bis in die letzte Zeit die Strategie der Abgrenzung verfolgt, sie wollte Freiräume für Frauen schaffen. Doch waren diese Freiräume immer in Gefahr, nicht nach eigenem Gutdünken, sondern nach äußeren Anforderungen besetzt zu werden. So wurde lange Zeit die gesamte Sozialarbeit als ehrenamtliche Tätigkeit den Frauenvereinen zugewiesen, ihr Mitspracherecht aber möglichst beschränkt. Sozialdemokratische Frauenstrategie zielte auf Einmischung in die Männerpolitik; die gewerkschaftlich organisierten Arbeiterinnen beider weltanschaulich-politischen Lager kämpften gemeinsam mit den Männern um eine Verbesserung der Lebensbedingungen. Beide unterschiedlichen Strategien existieren noch heute, wenn auch in abgeänderter Form, in der Auseinandersetzung zwischen Parteifrauen und Teilen der „neuen Frauenbewegung".
Das Buch hat zwei Autoren: eine Frau und einen Mann. Unabhängig voneinander haben wir uns beide seit mehreren Jahren mit diesem Thema beschäftigt und eines Tages beschlossen, das gesammelte Material zusammenzulegen und ein gemeinsames Buch daraus zu machen, dem man – bei genauerem Hineinlesen – seine unterschiedliche Herkunft und die verschiedenen Blickwinkel noch anmerkt. Wir hoffen, daß man ihm auch unser Bemühen anmerkt, ein möglichst facettenreiches Bild der Frau in der Geschichte Tirols zu bieten, worauf nicht zuletzt auch das gemeinsam erarbeitete Konzept dieses Buches abzielt: Es enthält als Ergänzung zu den zusammenfassenden und grundsätzlichen Kapiteln beispielhafte Kurzbiographien sowie Zitate von und zeitgenössische Berichte über Frauen. Daß bei den Zitaten alter

Texte eine Transkription in eine unserem Deutsch angenäherte Sprache gewählt wurde, sollte der leichten Lesbarkeit zugute kommen, die wir auch sonst bei aller Wissenschaftlichkeit angestrebt haben.

Vielen Helfern sind wir zu Dank verpflichtet: für wichtige Unterlagen, das Mitlesen der Manuskripte und moralische Unterstützung Krista Hauser-Novak und Dr. Traudl Hilger, für Interviews und Fotos Sonja Oberhammer (VP), Maria Hagleitner (SP), Annie Grießmair und Traudl Wernsperger (FP), Waltraud Gebert-Deeg und Brigitte Hager (SVP), Maria Mayr (Katholische Frauenbewegung), für Informationen Dr. Martin Bitschnau, Anna Hechenberger, Dr. Margarethe Hutter, LA A. Kaufmann, Mag. Olga Schuster, Maria Zorzi, Dr. Othmar Parteli. Dr. Maria Steibl und Dr. Günther Pallaver danken wir für die Überlassung ihrer damals noch nicht approbierten Dissertationen, Dr. Heinz Moser für Fotos und Quellennachweise, Dr. Meinrad Pizzinini für die kollegiale Unterstützung und den Mitarbeitern der Ferdinandeums-Bibliothek für freundliche und unermüdliche Hilfe.

Die vorliegende Arbeit ist nicht Endpunkt, sondern – hoffentlich – Ausgangspunkt für die historische Frauenforschung in Tirol, die sich bisher in höchstens einem halben Dutzend Dissertationen zu Wort gemeldet hat. Zuviele Fragen sind noch offen, weiterführende Untersuchungen zu praktisch jedem Kapitel erwünscht, damit irgendwann einmal „Die Frau in der Geschichte Tirols" zur „Geschichte der Frau in Tirol" wird.

Innsbruck, im November 1986   Dr. Gretl Köfler, Dr. Michael Forcher

Landesfürstinnen

Vier Jahrhunderte lang, von der Mitte des 13. bis zur Mitte des 17. Jahrhunderts, haben Fürstinnen in der Geschichte Tirols eine wesentliche Rolle gespielt: als Erbtöchter und Ehefrauen, als kluge Vermittlerinnen, großzügige Stifterinnen und Anregerinnen des kulturellen Lebens. Trotzdem findet man in den Geschichtsbüchern wenig mehr als ihre Namen, vielleicht noch ihre Heiratsdaten. Nur zwei, deren Schicksal aus dem vorgegebenen Rahmen fiel, haben sich durch Sage und Legende im Bewußtsein des Volkes eingeprägt: Margarethe Maultasch, die angeblich als Gespenst durch Schloß Tirol irrt, weil sie Ehemann und Sohn vergiftet haben soll; Philippine Welser, die „schöne Welserin", der ihre Feinde im Bad von Schloß Ambras die Pulsadern aufgeschnitten haben sollen. An beiden Behauptungen ist kein wahres Wort. Die angeblichen Opfer sind eines natürlichen Todes gestorben. Doch sind die Geschichten typisch für den Mythos der beiden, die aktive „böse" Margarethe und das arme passive Opfer Philippine.
Die Frauen der Fürstenhäuser und des Adels waren nicht als eigenständige Persönlichkeiten von Interesse, sondern bezogen ihren Status aus der Beziehung zu ihrem nächsten männlichen Verwandten: zum Vater, Ehemann, Bruder, Sohn. Als Töchter waren sie ein wichtiger Faktor in der Politik der Väter. Die rechte Braut vertiefte — von der Mitgift abgesehen — die Freundschaft zu anderen Fürstenhäusern, knüpfte neue, vielversprechende Beziehungen, besiegelte Friedensverträge, konnte Landbesitz vergrößern und Herrschaftsansprüche sichern. Auch Prestigegewinn war mit der Wahl der Partnerin verbunden.
Alle diese Faktoren lassen sich schon am Beginn der Geschichte des Landes Tirol beobachten: Meinhard II. von Tirol-Görz, der eigentliche Schöpfer des Landes als selbständiges, nach innen und außen abgesichertes Herrschaftsgebiet (gest. 1295), heiratete die Witwe des letzten Stauferkaisers Konrad, Kaiserin Elisabeth, was ihm zum einen ein hö-

Die Tiroler Landesfürstin Margarethe Maultasch in zwei Phantasieporträts aus dem 16. Jahrhundert. Rechts ein Gemälde im „Spanischen Saal" des Schlosses Ambras bei Innsbruck, oben ein Tafelbild, das bereits von der Legende ihres angeblich mißgestalteten Mundes beeinflußt ist.

Margarethe Maultasch, Gräfin von Tirol

Sehr früh schon in der Tiroler Geschichte tritt uns eine große Frau entgegen, deren persönliches Handeln und Entscheiden das Schicksal des Landes wesentlich beeinflußte: Margarethe Maultasch. Bevor es so weit war, daß sie selbst Geschichte machen konnte, wurde jedoch mit ihr Geschichte gemacht. Es begann damit, daß sie 1330 als zwölfjähriges Mädchen den um mehr als drei Jahre jüngeren Luxemburger Prinzen Johann Heinrich heiraten mußte. Sie war die Enkelin Meinhards II. von Tirol-Görz, dem das Land Tirol seine Existenz, seine Sicherung und seine Selbständigkeit verdankt. Nun war sie die letzte dieses großen Geschlechts, und die bedeutendsten Herrscherhäuser des Reiches bemühten sich um sie, um in den Besitz des wichtigen Paßlandes Tirol zu kommen.

Zunächst machten die Luxemburger das Rennen, die Böhmen und Mähren besaßen. Den Wittelsbachern mit ihrem Stammland Bayern nützte der Vorteil nichts, daß sie damals den Kaiser stellten, und auch die Habsburger mit ihren Ländern in der Schweiz und am Oberrhein und dem neuen Machtzentrum an Donau (Österreich) und Mur (Steiermark) hatten das Nachsehen.

Als Margarethes Vater Heinrich von Tirol-Görz im Jahr 1335 starb, setzte sich das junge Tiroler Herrscherpaar mit Hilfe von Adel und Bevölkerung gegen alle Versuche der Wittelsbacher und der Habsburger durch, Tirol unter sich aufzuteilen. Doch die Ehe der beiden war nicht glücklich, und auch politisch verhielten sich die Luxemburger unklug, indem sie gegebene Versprechen nicht hielten und landfremde Günstlinge in wichtige Tiroler Machtstellungen einsetzten. So endete die erste Ehe der Gräfin Margarethe Anfang November 1341 mit der Vertreibung ihres Gemahls. Ein Ersatz stand in Markgraf Ludwig von Brandenburg bereit, dem ältesten Sohn des wittelsbachischen Kaisers, mit dem die Tiroler Adeligen wegen der Zukunft Tirols verhandelt hatten. Er hatte ihnen große Versprechungen gemacht und dem Lande die alten und einige neue Freiheiten und Rechte garantiert, wenn eine Verbindung mit Bayern zustande käme. Über die Tatsache, daß Margarethe von Tirol-Görz bereits verheiratet war, wollte man sich ganz einfach hinwegsetzen. Die Kinderlosigkeit und Margarethes Behauptung, daß die Ehe nicht vollzogen sei, waren nach Auffassung des Kaisers Gründe genug für ihre Auflösung. Da der im gegnerischen Lager stehende Papst dafür nicht zu gewinnen war und sogar mit dem Bannfluch drohte, riskierte Ludwig viel, doch war ihm die Erwerbung Tirols den Einsatz wert.

Am 10. Februar 1342 wurde in Meran die Ehe Margarethes mit Markgraf Ludwig geschlossen. Zwar scheinen sich die Neuvermählten gut verstanden zu haben, und der Wittelsbacher erwies sich in den folgenden Jahren als kluger und tatkräftiger Herrscher, doch brach für Tirol zunächst eine schlimme Zeit an: Der Bannspruch des Papstes betraf nicht nur das Fürstenpaar, sondern das ganze Land, in dem nun keine Messen mehr gelesen und keine Sakramente mehr gespendet werden durften, für damals eine schreckliche Strafe. Außerdem ließen sich die Luxemburger ihre gewaltsame Verdrängung aus Tirol nicht einfach ge-

fallen und brachen mit bewaffneter Gewalt im Lande ein. Im April 1347 brannten Bozen und Meran, das Tiroler Stammschloß wurde belagert. Gegen einige Adelige, die noch immer oder jetzt wieder zu den Luxemburgern hielten, gingen die Wittelsbacher hart vor. So wurde das Land von Krieg und Terror, Mord und Verwüstung heimgesucht.

Dazu kam eine Reihe von Naturkatastrophen und Krankheiten: Überschwemmung, Heuschreckenschwärme, Pest. Kein Wunder, daß die verängstigte und hilflose Bevölkerung darin ein Strafgericht Gottes für die ehebrecherische Verbindung ihrer Landesfürstin sah. Die gegnerische Propaganda, die an Margarethe kein gutes Haar ließ, tat ein übriges. Bald war sie als böses Weib verschrien. Ihr wenig schmeichelhafter und deshalb auch erst später allgemein üblich gewordener Beiname „Maultasch" ist wahrscheinlich so zu erklären. Die Forscher sind sich heute ziemlich einig, daß es ein Schimpfwort war. Als man es nicht mehr verstand, kam die Meinung auf, die Fürstin hätte einen mißgestalteten Mund gehabt. Doch davon berichten die zeitgenössischen Quellen nichts. Im Gegenteil: einmal wird die Gräfin Margarethe sogar als „überaus schön" beschrieben.

Es fehlen nicht nur zeitgenössische Bilder und Beschreibungen, die uns vom Aussehen der Gräfin Margarethe berichten. Auch über Persönlichkeit, Wesen und Charakter der Landesfürstin sind keinerlei Nachrichten erhalten. Aus ihrem politischen Handeln kann man schließen, daß sie auf ihre Bestimmung zur Landesfürstin gut vorbereitet worden ist.

Anfang der fünfziger Jahre des 14. Jahrhunderts normalisierten sich die Verhältnisse im Land. Schließlich kam es 1359 sogar zu einer kirchlichen Ungültigkeitserklärung von Margarethes erster Ehe, womit die Zeit des Interdikts für ganz Tirol vorbei war. Doch kaum bahnte sich eine positive Entwicklung des nun recht harmonisch mit Bayern verbundenen Landes an, starb Margarethes tatkräftiger Mann im Alter von nur 47 Jahren. Neuer Herrscher in Tirol und Oberbayern war nun ihr kränklicher Sohn Meinhard III., der seinen Vater kaum zwei Jahre überlebte und am 13. Jänner 1363 starb.

Nun ergriffen die Habsburger die Initiative. Herzog Rudolf IV., der den Beinamen „der Stifter" trägt, kam sofort nach Tirol, um das Land für Österreich zu gewinnen. Margarethe Maultasch, die von allen Seiten bedrängt wurde und fast unter Kuratel einiger Adelsherren geriet, sah offenbar durch eine Übergabe der Herrschaft an die Habsburger, mit denen sie verwandt war, die beste Lösung für das Land. Und nach einer Woche schwieriger Verhandlungen waren auch Margarethes adelige Räte zu diesem Schritt bereit. Am 26. Jänner 1363 stellten sie gemeinsam mit ihrer Landesherrin eine Urkunde aus, in der das Land den habsburgischen Brüdern übergeben wurde. Als die bayerischen Herzöge im Sommer 1363 versuchten, mit Waffengewalt wieder in den Besitz Tirols zu gelangen, konnten alle Angriffe abgewehrt werden.

Hatte Margarethe Maultasch sich zunächst noch die Weiterführung der Regierungsgeschäfte in Tirol ausbedungen, so verzichtete sie angesichts der unruhigen Lage im September 1363 auch darauf, zog sich zunächst auf ihre Witwengüter im Gericht Kufstein und schließlich nach Wien zurück, wo sie 1369 starb.

heres Ansehen im Kreis der Reichsfürsten einbrachte, zum anderen das ganze Oberinntal als Heiratsgut. Seine Tochter Elisabeth gab Meinhard II. dem Sohn des deutschen Königs Rudolf, Albrecht von Habsburg, zur Frau, was die guten Beziehungen zu den Habsburgern verstärkte, die gerade damals in den Besitz Österreichs gelangt waren. Die Tirolerin Elisabeth wurde somit zur Stammutter des österreichischen Herrscherhauses. Meinhards Sohn Heinrich erhoffte sich durch die Heirat mit einer Böhmenprinzessin die Herrschaft in Böhmen – vergeblich allerdings. Was ihm blieb, war nur der Titel eines Königs von Böhmen, den er zeit seines Lebens mit Stolz trug. Seine Erbtochter Margarethe wiederum – später die „Maultasch" genannt – wurde nicht durch eine spontane Liebesaffäre in einen komplizierten und letztlich folgenschweren Ehe- und Scheidungsprozeß verwickelt,

Ein kostbares Erinnerungsstück an Margarethe Maultasch: Der Brautbecher mit der Inschrift „LIEBES LANGER MANGEL IST MIINES HERZEN ANGEL", ein Geschenk ihres zweiten Gemahls Ludwig von Brandenburg.

sondern weil benachbarte Fürstenhäuser sich um den Besitz des reichen und wichtigen Landes Tirols stritten. Dennoch war sie wohl die einzige Tiroler Fürstin, die durch persönliche Entscheidung das Schicksal des Landes wesentlich beeinflußte: Nach dem Tod von Mann und Sohn übergab sie

Das Siegel der Margarethe Maultasch. Ihre anmutige Gestalt wird flankiert von den Wappen Tirols und Bayerns. Das Wappen Kärntens ganz unten erinnert daran, daß die Grafen von Tirol-Görz seit Meinhard II. auch Herzöge von Kärnten waren. Das Land war jedoch 1335 an die Habsburger verlorengegangen. ▷

das Land 1363 mit Zustimmung der Räte und Ständevertreter dem Habsburgerherzog Rudolf IV. und besiegelte somit die Verbindung Tirols mit Österreich.

Eleonore von Schottland, Tochter König Jakobs I. aus dem Hause Stewart und erste Frau des Tiroler Landesfürsten Sigmund des Münzreichen.

Teilungen unter habsburgischen Brüdern verdankt Tirol zweimal durch jeweils rund hundert Jahre eigene Landesfürsten (1406–1490 und 1564–1665) und somit auch eigene Fürstinnen. Die Kriterien der Brautsuche blieben die gleichen. Was den Prestigegewinn betraf, so dokumentierte etwa die Ehe des Tiroler Habsburgers Sigmund (des Münzreichen) mit der Königstochter Eleonore von Schottland die wachsende Bedeutung des Landes in der europäischen Politik. Bis ins 15. Jahrhundert war die Tiroler Heiratspolitik nach Norden ausgerichtet. Die Bräute kamen aus Bayern, Braunschweig, Schlesien, Böhmen. Im 16. und 17. Jahrhundert stammten die Ehepartnerinnen aus den Dynastengeschlechtern der italienischen Stadtstaaten: Bianca Maria Sforza aus Mailand, Anna Katharina aus Mantua, Claudia und Anna aus Florenz; dafür heirateten auch die tirolischen Damen vielfach nach dem Süden.

Bei dieser intensiv betriebenen Heiratspolitik nimmt es nicht wunder, daß letztlich jeder mit jedem verwandt war. Erz-

Eleonore von Schottland, Königstochter mit kulturellen Ambitionen

Eine der interessantesten Gestalten unter Tirols Fürstinnen war Eleonore von Schottland, die Tochter König Jakobs aus dem Hause der Stewart und die erste Frau des Tiroler Landesfürsten Sigmund des Münzreichen, der vorher mit Radegund, der Tochter des französischen Königs Karl VII., verlobt gewesen war. Diese Prinzessin starb aber bereits 1445, kurz nachdem Herzog Sigmund aus der Vormundschaft entlassen worden war und die Herrschaft in Tirol übernommen hatte. Daß es im Frühjahr 1449 durch Vermittlung des französischen Königs und nach langen Verhandlungen zur Vermählung mit der schottischen Königstochter Eleonore kam, bedeutete für den jungen Tiroler Fürsten einen enormen Prestigegewinn, wenn auch kaum finanzielle Vorteile, da die Braut, entgegen der damaligen Gepflogenheiten, keine Mitgift erhielt.

Eleonore hatte bereits im Alter von vier Jahren ihren Vater verloren. Jakob I. Stewart war 1437 einem politischen Mord zum Opfer gefallen. 1445 kam die Prinzessin zur Erziehung an den Hof König Karls VII. von Frankreich. Dort konnte sie nicht nur jeden denkbaren Luxus genießen, sondern lernte auch ein glänzendes Gesellschaftsleben kennen und wurde mit den Kultur- und Bildungsgütern ihrer Zeit vertraut.

Als die 18jährige Eleonore schließlich nach Tirol heiratete, war sie eine gereifte Persönlichkeit, die Charakter, eigenen Willen und vor allem weitgehende kulturelle Interessen zeigte. Aber auch in politischen Angelegenheiten wurde die Fürstin mehrmals aktiv und konnte ihren Gemahl bei heiklen Verhandlungen vertreten. Für den Tiroler Hof und für das ganze Land entscheidend war jedoch die Beschäftigung der kinderlos gebliebenen Herzogin mit Literatur, Wissenschaft und Kunst. Man kann wohl annehmen, daß sie wesentlich dazu beitrug, Innsbruck zu einem Kulturzentrum, zu einem Treffpunkt für geistig hochstehende Männer und schöpferische Menschen zu machen. Auch ließ sie sich Handschriften und Bücher aus den großen Städten Deutschlands bringen, wobei alte Ritterdichtungen und Volkslieder genauso ihr Interesse erregten wie zeitgenössische humanistische Literatur. Entgegen früherer Annahme scheint jedoch die 1485, also fünf Jahre nach ihrem Tod, unter ihrem Namen in Augsburg gedruckte Übersetzung des französischen Romans „Pontus und Sidonia" nicht wirklich ein Werk der Tiroler Fürstin zu sein.

Eleonore von Schottland starb 1480 und wurde in der Fürstengruft in Stams begraben.

Sigmund der Münzreiche mit seiner früh verstorbenen Braut Radegund von Frankreich (ganz links), der ersten Frau Eleonore von Schottland (Mitte) und seiner zweiten Frau Katharina von Sachsen (aus dem Porträtstammbaum auf Schloß Tratzberg im Unterinntal).

herzog Ferdinand II. heiratete in zweiter Ehe seine eigene Nichte, Ferdinand Karl seine Kusine. Die Habsburger heirateten auch untereinander, wobei die „Tirolerinnen" jeweils gute Partien machten: Anna, die Tochter Ferdinands II., war die Gattin von Kaiser Matthias; Maria Leopoldine, Tochter Leopolds V., heiratete Kaiser Ferdinand III., und Claudia Felicitas, Tochter von Landesfürst Ferdinand Karl, den Kaiser Leopold I., der nach dem Tod des letzten Erzherzogs aus der Tiroler Habsburgerlinie (1665) von Wien aus auch über Tirol regierte. Claudia Felicitas wurde auf diesem Weg sozusagen wieder Tiroler Landesfürstin.

Bei der Ehe als politischem Geschäft galten Liebe und Zuneigung zwar als angenehme Zutaten, bedeuteten aber keinen berücksichtigungswürdigen Faktor. Eine Liebesheirat wie zwischen Ferdinand II. und der Augsburger Kaufmannstochter Philippine Welser war unter diesen Voraussetzungen schlichtweg eine Katastrophe, die Kaiser Ferdinand I. ziemlich verärgerte. Erst nach der Geburt zweier Söhne akzeptierte er die Heirat, machte aber ihre weitge-

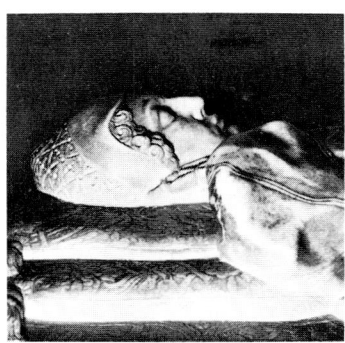

Oben: Philippines Grabplastik, ein Werk des bedeutenden Künstlers Alexander Colin, in der Silbernen Kapelle der Hofburg.

Links: Medaille mit dem Porträt Philippine Welsers, geprägt kurz nach ihrem Tod im Jahre 1580.

hende Geheimhaltung zur Bedingung. Die Kinder blieben von der Regierungsnachfolge ausgeschlossen.

Die Kinder der Landesfürsten wuchsen am Hof unter Obhut eigener Angestellter auf. Die Töchter erhielten eine gute Erziehung. Sie konnten zumeist lesen und schreiben, manchmal auch etwas Latein. Sie lernten Reiten und waren gute Jägerinnen. Hochgebildet waren die nach Tirol heiratenden Töchter der italienischen Renaissancefürsten. Sie diskutierten mit Gelehrten philosophische und theologische Probleme, kannten die zeitgenössische Literatur, beherrschten mehrere Sprachen.

Die Mädchen wurden sehr jung verheiratet, meist zwischen 14 und 18. Die auserwählten Ehemänner waren entweder kaum älter oder dreimal so alt. Johann Heinrich von Luxemburg, der erste Gemahl von Margarethe Maultasch, war

Philippine Welser, eine Bürgerstochter als Landesfürstin

Von 1564 bis 1580 war eine Augsburger Bügerstochter Landesfürstin von Tirol. Wann und wie Erzherzog Ferdinand II. das blonde, von Zeitgenossen als überaus schön beschriebene Kind des Augsburger Patriziers Franz Welser kennengelernt hatte, ist nicht bekannt. Die heimliche Trauung des Fürsten mit der zwar wohlhabenden und gebildeten, jedoch in der gesellschaftlichen Rangordnung nicht ebenbürtigen Philippine fand 1557 in Böhmen statt, wo Ferdinand damals Statthalter war. Erst zwei Jahre später wurde Ferdinands Vater, Kaiser Ferdinand I., eingeweiht. Es wurde festgelegt, daß die Ehe „ewig" geheim bleiben müßte und daß die Kinder von einer Erbfolge ausgeschlossen bleiben würden.

Ferdinand, der seine Frau innig liebte, verteidigte seine Ehe mit allen ihm zur Verfügung stehenden Mitteln und erreichte schließlich, daß Philippine in der Praxis als dem höchsten Adel gleichberechtigt anerkannt wurde. Als er 1567 nach Tirol übersiedelte, ließ er die alte Burg oberhalb Amras zu einem komfortablen Schloß ausbauen und schenkte es seiner Gemahlin. Als Schloßherrin bewährte sich Philippine bestens, war Gastgeberin glanzvoller Feste und sorgte sich rührend um das leibliche Wohl ihrer Familie. Sie verstand sich auf das Zubereiten von Arzneien für ihren oft kränklichen Mann und gab den Köchen höchstpersönlich Anweisungen. Aus ihrer Feder ist ein reichhaltiges Kochbuch überliefert.

Philippine Welsers Persönlichkeit und Wesen waren so recht nach dem Herzen des Volkes. Der Sieg der Liebe über Standeskonventionen und das innige Verhältnis der beiden Ehegatten rührten die Gemüter. Zuneigung und Verehrung der ganzen Bevölkerung gewann sich Philippine Welser aber durch ihren herzensguten, mildtätigen und frommen Charakter. Das einfache Volk erfand für die Landesherrin, die sich mit großer Fürsorge der Bedrängten, Armen und besonders der Kranken annahm – Schloß Ambras glich zeitweise einem Lazarett –, den Ehrentitel „Liebhaberin aller betrübten Herzen". Das Idyll auf Schloß Ambras erregte auch die Phantasien und ließ Geschichten, Sagen, Legenden, Gedichte, Dramen und Romane rund um die „schöne Welserin" entstehen. Die gestrenge Geschichtsforschung stellt fest: »Sie war der Besten eine, welche die Vorsehung zur Lebensgefährtin eines Fürsten auserkoren hat« (Hirn).

Als Philippine Welser 1580 im Alter von nur 53 Jahren starb, war Ferdinands Schmerz übermächtig. Es war daher auch nichts anderes als Staatsraison, daß er schon ein Jahr später wieder heiratete. Seine beiden Söhne aus der Ehe mit der Bürgerlichen – der ältere Andreas, schon in jungen Jahren mit der Würde eines Kardinals bedacht, und der jüngere Karl, der zum Markgrafen von Burgau ernannt wurde – waren ja nicht erbberechtigt. Nach Philippine Welsers Tod zog sich Ferdinand II. vom geselligen Hofleben immer mehr zurück, auf Schloß Ambras wurde es ruhig.

Leonhard von Görz, der letzte des in Lienz residierenden Fürstengeschlechts, mit seiner aus Mantua stammenden Frau Paula von Gonzaga auf einem Fresko des Malers Simon von Taisten in der Kapelle von Schloß Bruck.

bei seiner Eheschließung erst neun Jahre, ihr Sohn Meinhard III. wurde mit 15 verheiratet. Besonders große Altersunterschiede herrschten bei Katharina von Sachsen (15) und Sigmund dem Münzreichen (56), bei Paula von Gonzaga (15) und dem bis 1500 in Lienz regierenden Leonhard von Görz (über 30 Jahre älter), bei Anna Katharina von Mantua (16) und Ferdinand II. (52). Selten erfährt man, daß eine Braut die Zustimmung zur Ehe verweigert hat. Eine Abfuhr erlitt nur Landesfürst Heinrich, der den Titel eines Königs von Böhmen trug; zwei luxemburgische Prinzessinnen gaben ihm bei seiner Suche nach einer dritten Ehefrau einen Korb. Eine mehrmalige Verheiratung der Männer war bei der damals hohen Sterblichkeitsrate – vor allem im Kindbett – eher die Regel als die Ausnahme.

Eheverhandlungen zogen sich oft über Jahre hin mit wechselnden Partnern; manchmal starb die in Aussicht genommene Braut, manchmal der Bräutigam, manchmal änderten sich die politischen Verhältnisse. Acht Jahre dauerten die Verhandlungen über die Eheschließung Maximilians I., der als allein übriggebliebener Habsburger nach dem Ende der ersten Tiroler Linie alle österreichischen Länder wieder ver-

Briefe von Fürstinnen

Brief der Gräfin Katharina von Görz vom 2. Mai 1462 an ihren Sohn Leonhard, den letzten selbständigen Stadt- und Landesherren von Lienz. Nach seinem Tod kam das heutige Osttirol zu Tirol. (TLA, Sigmundiana XVI)

Hochgeborner Fürst, herzenlieber Sohn, mütterliche Lieb und Treu wisst allzeit bevor. Dein Schreiben von wegen des Todes unsers herzenlieben Sohns, Deines Bruders Johannes, Grafen zu Görz etc. löblichen Gedächtnisses haben wir mit Herzeleid vernommen. Doch danken wir dem tiefmächtigen Gott, daß er mit guter Andacht, Vernunft und allen christlichen Sakramenten versehen sein letztes Ende in dieser Welt beschlossen hat. Wir sind auch Deinethalben von Herzen froh, daß das Gerücht über Deine Krankheit nicht zutrifft. Da Du uns bittest, Dich und die Deinen uns mütterlich und freundschaftlich anbefohlen zu sein, sollst Du zweifellos wissen, daß Du und die Deinen uns allezeit nach unserm besten Vermögen treulich anbefohlen seid.
Und dann bitten und mahnen wir Dich auf kindliche Treu und Lieb, daß Du den allmächtigen Gott vor Augen und besonders lieb habest vor allen Dingen und in solchen Deinen jungen Tagen wollest Deinen Landleuten und treuen Rittern folgen und nach ihrem Rat handeln. Dadurch beweist Du uns Deine Liebe und großes Wohlgefallen.

Brief der Eleonore von Schottland an ihren Ehemann Herzog Sigmund von Tirol, zweite Hälfte 15. Jh. (TLA Autographen A/6)

Mein Herzen lieber Herr. Ich befiehl mich mit aller Demütigkeit Euer Lieb und Freundschaft und tue Euch zu wissen, daß ich ein wenig Blut hab im Husten. Sonst gefällt mir das Bad gar wohl und man hat uns überall, wo wir sind gewesen gar wohl empfangen und erboten, wo wir sind gesessen bisher. Und haben kein andern Abgang, denn daß Ihr uns zu fern seid. Ich wollt gern, möcht es mit Fug sein, daß ihr kommt und uns das Bad gesegnet. Wenn mich bedunkt, viel Leut sähen es gern und begierlich wären, Euch zu sehen hier.
Mein Herr, mehr weiß ich Euch jetzt nit zu schreiben, dann laßt mich Euch befohlen sein. Damit bewahr Euch Gott.

einte. Schließlich klappte es, und Maximilian heiratete die „beste Partie" seiner Zeit, die reiche und reizende Maria von Burgund. Acht Bräute präsentierte man dem bereits heimlich mit Philippine Welser verheirateten Ferdinand II., nach 1654 neuer Landesfürst von Tirol
Die Vertragsverhandlungen über Fürstenehen wurden von diplomatischen Gesandtschaften geführt. Manchmal brachten sie ein Porträt des zukünftigen Partners mit, denn selten kannten sich die Eheleute schon vor der Hochzeit. Vertragspartner waren — falls volljährig — der Bräutigam und der

Vater der Braut, sonst beide Väter. Nur Albrecht von Bayern heiratete die Kaisertochter Kunigunde, Schwester Maximilians, gegen den Willen ihres Vaters.

Der wichtigste Punkt der Heiratsverhandlung betraf die Mitgift der Braut. Sie hing ab vom Wert, den der Brautvater dieser Verbindung beimaß. Am meisten zahlten die italienischen Fürsten, einerseits weil die reichen Städte ihnen große Einnahmen verschafften, andererseits weil diese Geschlechter, meist zwielichtiger Herkunft, durch die Heirat mit habsburgischen Fürsten auf entsprechenden Prestigegewinn und militärische Unterstützung hofften. Bernabo Visconti versprach dem Habsburger Leopold III., zu dessen Herrschaftsbereich Tirol gehörte, für seine Tochter 100.000 Dukaten, die er später nur widerwillig zahlte. Ludovico Moro war die Heirat seiner Nichte Bianca Maria mit König Maximilian sogar 400.000 Gulden Mitgift und 40.000 Golddukaten an Aussteuer wert. Auch Anna Katharina von Mantua brachte 120.000 Gulden und für 40.000 Golddukaten Schmuck nach Innsbruck. Im allgemeinen schwankte die Mitgift zwischen 20.000 und 60.000 Gulden, wobei die Geldentwertung im Laufe der Jahrhunderte zu berücksichtigen ist.

Vorderseite eines goldenen Schaupfennigs von 1506 mit Maximilian I. und seiner zweiten Frau, der reichen Bianca Maria Sforza aus Mailand. (Originaldurchmesser 28 mm)

Als Gegenleistung verschrieb der Bräutigam seiner Braut die „Widerlage" in entsprechender Höhe. Sie bestand aus den Einkünften namentlich aufgezählter Schlösser und war vor allem als finanzielle Absicherung für die Witwenschaft gedacht. Am Morgen nach der Hochzeitsnacht zahlte der Ehemann eine weitere Summe als Morgengabe. Die Morgengabe und der Schmuck waren das Vermögen der Frau, über das sie frei verfügen konnte. Doch oft genug standen die Einkünfte nur auf dem Papier. Hochverschuldete Fürsten wie Sigmund, Maximilian oder Ferdinand hatten ihre Einkünfte schon längst anderwärtig verpfändet. Kluge Fürstinnen verschafften sich zusätzlich eigene Einnahmen. Am lukrativsten waren Bergwerksanteile, über die Anna von Braunschweig, die zweite Gemahlin Friedrichs IV., und Sigmunds erste Frau Eleonore von Schottland verfügten.

Für die jungen Fürstinnen war das Leben in einem fremden Land, dessen Sprache sie erst mühsam lernten, nicht einfach. Wohl um den Schock der Eingewöhnung zu lindern, reisten sie mit ihrem eigenen Gefolge an. Sie brachten ihre gewohnte Dienerschaft und die Freundinnen, die „Jungfrauen" mit. Diese Mädchen blieben dann im Land und heirateten vielfach landsässige Adelige. So sorgten die ausländischen Fürstinnen indirekt für eine Blutauffrischung in Tirols höchster Gesellschaftsschicht.

Aufwendig und prunkvoll inszeniert waren die Hochzeiten. Der Adel wurde aufgeboten, befreundete Fürsten waren als Ehrengäste geladen, die Stadt Innsbruck zeigte sich geschmückt mit Fahnen, Tannenreisig und Triumphbögen, an der Hochzeitstafel saßen Hunderte von Gästen. Tagelang dauerten die Festlichkeiten mit Turnieren, Jagden, Bällen

Doppelporträt des Landesfürsten Leopold V. und seiner Gemahlin Claudia von Medici auf einem 1635 geprägten Halbtaler. (Originaldurchmesser 38 mm) ▷

Die aus Florenz stammende Tiroler Landesfürstin Claudia von Medici zu Lebzeiten ihres Gemahls Leopold V. Nach seinem Tod im Jahr 1632 trägt sie den Witwenschleier.

und dramatischen Darstellungen. Alles bisher Dagewesene überbot die Hochzeit Leopolds V. mit Claudia von Medici im Jahr 1626. Rund 2400 Gäste, darunter 150 Grafen und Freiherren, waren nach Innsbruck gekommen. Als die Braut in ihrer prächtigen Sänfte, getragen von zwei weißen Maultieren, in Wilten eintraf, begrüßten sie Kanonendonner und Gewehrsalven. Bis zum Bergisel standen 2600 Schützen aus den angrenzenden Gerichten. Die heutige Maria-Theresien-Straße war mit drei haushohen Triumphpforten geschmückt, unter denen hindurch sich der Festzug zur

Claudia von Medici, Landesregentin statt ihrer Söhne

Wie Ferdinand II. in zweiter Ehe heiratete auch Erzherzog Leopold V., der von 1619 bis 1632 die „vorder- und oberösterreichischen Länder", also Tirol und die habsburgischen Vorlande an Bodensee und Rhein regierte, eine Italienerin, und zwar die Tochter des Großherzogs von Toscana, Claudia von Medici. Die Hochzeit wurde 1626 unter großer Prachtentfaltung in Innsbruck gefeiert. Claudia zog eine ganze Reihe italienischer Künstler und Geistliche an den Innsbrucker Hof. Musik und Theater im italienischen Stil wurden zur großen Leidenschaft des Adels und der Hofgesellschaft in der Tiroler Landeshauptstadt.

Als Leopold V. im Jahr 1632 plötzlich starb, übertrug Kaiser Ferdinand II. als Chef des Hauses Habsburg, dem auch die Vormundschaft über den unmündigen Erbprinzen Ferdinand Karl zustand, die Regentschaft an Claudia von Medici, die sich als überaus gebildete, tatkräftige und umsichtige Frau dafür bestens eignete. Claudia verstand es auch, qualifizierte und dem Land treu ergebene Berater heranzuziehen, vor allem den Schwaben Wilhelm Bienner, der als Kanzler die Regierungsgeschäfte leitete, bis er von persönlichen und politischen Feinden verleumdet, nach Claudias Tod in einen Hochverratsprozeß verwickelt, unter Mißachtung aller Rechtsnormen zum Tode verurteilt und schließlich 1651 in Rattenberg hingerichtet wurde. Aus Bienners nahem Verhältnis zur Fürstin machte die Überlieferung eine Liebesbeziehung.

Claudias Regierung ist von zielbewußten Maßnahmen gekennzeichnet. Es war die Zeit der Schwedengefahr (Dreißigjähriger Krieg 1618 – 1648), kriegerischer Auseinandersetzungen mit den Graubündnern und ernster Zwistigkeiten mit den Bischöfen von Brixen und Trient über Fragen der Landeshoheit. Wegen der ungünstigen wirtschaftlichen Situation des Landes – der Dreißigjährige Krieg ließ den Durchzugshandel zum Stocken kommen – verfügte Claudia ernste Sparmaßnahmen bei Regierung und Hofhaltung. Zur Förderung der Wirtschaft schuf sie in Bozen den sogenannten Merkantilmagistrat. Claudia starb 1648, nachdem sie 1646 ihrem Sohn Ferdinand Karl die Regierung übergeben hatte.

Claudia von Medici (mit Witwenschleier) und ihr Sohn Ferdinand Karl auf einem im Jahr der Regierungsübergabe (1646) geprägten Halbtaler (Originaldurchmesser 38 mm).

Die Landesregentin Claudia von Medici und ihr Kanzler Wilhelm Bienner während einer turbulenten Landtagssitzung, dargestellt auf einem um 1890 entstandenen Gemälde des Tiroler Künstlers Karl Anraiter (Ausschnitt).

Trauung in die Hofkirche bewegte. Danach folgte das Hochzeitsmahl in der Hofburg, musikalisch umrahmt von einem 40köpfigen Orchester. Die folgenden Tage und Wochen waren ausgefüllt mit den verschiedenen Belustigungen: Da traten Narren aus verschiedenen Ländern mit ihren Possen auf, fand ein Wettkampf mit Mohren und Türken auf dem Rennplatz statt, gab es eine Gemsenjagd und am Abend die erste Innsbrucker Stadt- und Festbeleuchtung, wurden Feuerwerke, Schauspiele, Bälle oder gar eine Bärenhatz geboten.

Das mitgebrachte Gefolge einer Fürstin bildete den Grundstock für ihren eigenen Hofstaat, das „Frauenzimmer", eigentlich eine Frauenwohngemeinschaft mit männlichem Personal. Dieser Hofstaat war getrennt von dem des Fürsten. In der herzoglichen Burg bewohnten die Frauen einen Trakt mit einem eigenen Türsteher. Der Hofstaat der Fürstin umfaßte ca. 40 bis 50 Personen in einer streng gegliederten Hierarchie. An der Spitze stand der Hofmeister, ein langgedienter Hofbeamter, der diese Stelle nur ein paar Jahre versah. Er verwaltete die Finanzen, ihm unterstand das Gesinde. Der Küchenschreiber besorgte die Einkäufe, der Silberkämmerer verwahrte die Wertsachen: Silbergeschirr, Schmuck, teure Kleider, Konfekt. Der Schenk führte die Aufsicht über den Weinkeller, der Marstaller über Pferde und Pferdeknechte. Dazu kamen noch Türhüter, Heizer, Schneider, Friseure, Knechte, Mägde, der Hauskaplan und die Edelknaben für den Tischdienst.

Die adeligen Hofjungfrauen unterstanden dem strengen Regiment der Hofmeisterin – zumindest theoretisch. Ihr Tagesablauf war mit heiliger Messe, gemeinsamen Mahlzeiten, Handarbeiten und gemeinsamer Nachtruhe genau geregelt. Sie begleiteten die Fürstin auf die Jagd, bei Wallfahrten und Reisen. Nicht selten kam es in diesem Kreis zu unehelichen Kindern. Sie wurden ohne weiteres Aufsehen in Pflege gegeben. Nach dem Tod Sigmunds des Münzreichen im Jahr 1496 bat Albrecht von Sachsen den bereits 1490 Landesfürst von Tirol gewordenen König Maximilian, die Jungfrauen seiner nun verwitweten und heimreisenden Tochter Katharina dem Hofstaat der Königin Bianca Maria einzuverleiben. Aus diesem Anlaß beklagte sich Maximilian bitter über die Frauen, denen das Hofleben bestens gefiel, die ihre Liebschaften pflegten und sich zu heiraten weigerten, ja ihren weniger erfahrenen Mitbewohnerinnen im „Frauenzimmer" die Ehe richtiggehend ausredeten. So seien im Laufe der Zeit aus den Hof-„Jungfrauen" längst „Altfrauen" geworden.

Da die Ehefrauen der Tiroler Landesfürsten zumeist auch Künstler aus ihrer Heimat mitbrachten oder fallweise für Auftragsarbeiten beriefen, spielen die Landesfürstinnen auch in der Kunst- und Kulturgeschichte des Landes eine bedeutende Rolle. Das gilt für die bildende Kunst genauso wie für die Musikpflege. Die verwandtschaftlichen Beziehungen zu den oberitalienischen Fürstenhöfen machten Innsbruck im 17. Jahrhundert zu einem Zentrum der frühbarocken Opernpflege. Der zahlreiche ausländische Hofstaat beein-

▷

Prunkvolle Opernaufführungen (Szenenbild aus „L'Argia" von Antonio Cesti) im damals modernen italienischen Stil kennzeichnen die Kulturpflege zur Zeit Leopolds V., Claudias und ihrer Söhne, die ebenfalls mit italienischen Prinzessinnen verheiratet waren.

flußte letztlich auch die Mode, vor allem der Innsbrucker, wo man dem Vorbild des Hofes gerne nacheiferte. Das ging bis zum bevorzugten Gebrauch der italienischen Sprache in gebildeten Kreisen, wie es unter der Regentschaft der Claudia von Medici (1632–1646) üblich wurde.

Da die höfische Gesellschaft die Ehe als politische Notwendigkeit betrachtete, stellte sie auch keine Ansprüche an die eheliche Moral – soweit es die Männer betraf. Alle Tiroler Landesfürsten hatten illegitime Kinder, zumeist eine erkleckliche Zahl. Über 50 angebliche Kinder Herzog Sigmunds bezogen Alimente aus der landesfürstlichen Finanzkammer, was den Verdacht nährte, der großzügige Fürst zahle auch für Kinder, die ihm gar nicht gehörten. Für die unehelichen Kinder wurde immer gesorgt. Die Mädchen erhielten eine anständige Mitgift, die Söhne eine Stelle bei Hof. Von Protesten der legitimen Gattin wissen die Quellen nichts, doch ist sicher, daß ihnen die gleiche Freizügigkeit nicht zugestanden wurde. Wenn das Eheleben nicht funktionierte, gingen sich die Partner aus dem Weg, ja lebten zeitweise an verschiedenen Orten. Da damals viel und zu allen möglichen Anlässen gereist wurde, fiel es auch weiter nicht auf. Eleonore von Schottland wich ihrem Ehemann Sigmund jahrelang aus. War er in Innsbruck, reiste sie nach Meran oder in die Vorlande. Der Tiroler Hof war im übrigen mehrmals Zuflucht für auswärtige Prinzessinnen, die ihre gewalttätigen Ehemänner verlassen hatten. Maria Christierna hatte nach vierjähriger Ehe mit Sigmund Bathori von Siebenbürgen so genug, daß sie ins Haller Damenstift eintrat, Elisabeth von Brandenburg floh vor ihrem Ehemann Cagrande aus Verona zu ihrer Schwägerin Margarethe Maultasch. Letztere wiederum setzte ihren ersten Ehemann Johann Heinrich von Luxemburg, einen 19jährigen Flegel, schlichtweg vor die Tür. Als er eines Abends von der Jagd nach Hause kam, blieben die Burgtore verschlossen. Der Hinauswurf hatte allerdings neben persönlichen auch politische Gründe und war mit den mächtigen Adelsherren abgesprochen.

In vielen Bereichen herrschte schon damals geschlechtsspezifische Arbeitsteilung. Fürstinnen waren zuständig fürs Soziale und die informellen Kontakte zur Kirche. Der größte Teil ihrer erhaltenen Korrespondenz betrifft Bittgesuche: um Unterstützung in einer Notlage, um Amnestie für Gefangene, um eine Stelle bei Hof oder die Pfründe einer Kirche. Fromme Stiftungen gehörten zum guten Ton. Kirchen und Klöster profitierten davon. Adelheid, letzte Gräfin der reinen Tiroler Linie, begründete 1241 das Dominikanerinnenkloster in Steinach bei Algund; Elisabeth, Ehefrau Meinhards II. von Tirol-Görz, war Mitstifterin des Klosters Stams (1273); Euphemia und ihr Ehemann Otto von Tirol-Görz gründeten 1290 das Klarissenkloster in Meran, Anna Katharina, Ehefrau Ferdinands II., stiftete 1610 das Regelhaus und das „versperrte Kloster" der Servitinnen in Innsbruck, Maria Anna von Pfalz-Neuburg – die Frau des damaligen Tiroler Gubernators, Landesfürst gab es keinen mehr – 1699 das Kapuzinerkloster in Klausen.

Töchter waren zwar erbberechtigt am Privatvermögen ihrer Väter – meist wurde das Erbe bei der Hochzeit als Mitgift ausgezahlt –, aber von der Nachfolge in der Regierung waren sie ausgeschlossen. Erst Kaiser Karl VI. gelang es mit seiner „Pragmatischen Sanktion", seiner Tochter Maria

Viele Landesfürstinnen erwarben sich als Gönnerinnen und Stifterinnen Verdienste um Religion und Kirche: Erzherzogin Anna Katharina von Mantua, Witwe nach Ferdinand II., und ihre Töchter mit einem Modell für den Bau des Innsbrucker Servitinnenklosters (1606).

Theresia die Herrschaft in Österreich zu sichern. Falls ein Herrschergeschlecht im Mannesstamme ausstarb, gingen die Herrschaftsrechte an den Ehemann der Tochter und an ihre Söhne. Der Tiroler „Freiheitsbrief" von 1342 ist vom Wittelsbachischen Markgrafen Ludwig von Brandenburg ausgestellt und nicht von seiner Ehefrau Margarethe, der eigentlichen Landeserbin. Für die Zeit seiner Abwesenheit setzte Ludwig einen Landeshauptmann ein. Margarethe Maultasch führte die Regierungsgeschäfte nur in der kurzen Zeit zwischen dem Tod ihres Mannes und der Volljährigkeit ihres Sohnes Meinhard III. und nach dessen frühem Tod bis zur Übergabe des Landes an die Habsburger. Das gleiche galt für Claudia von Medici, die als Regentin bis zur Volljährigkeit ihres Sohnes Ferdinand Karl amtierte, nicht ohne häufige Einmischung des Kaisers in Wien, des eigentlichen Vormunds. Herrscherinnen waren nur Zwischenlösungen, bis der geeignete Mann erschien.

Der Mangel an Männern brachte 1665 das Ende der Tiroler Habsburger. Der Kaiser in Wien war von nun an auch Landesfürst von Tirol. Als Maria Theresia 1740 die Herrschaft in den Erbländern gemäß der erwähnten „Pragmatischen

Sanktion" antrat, wurde sie selbstverständlich auch in Tirol als Landesfürstin anerkannt und meist als „allergnädigste und allermildeste Landesmutter" tituliert. In Wahrheit konnten die Tiroler mit ihrer neuen Regentin kaum sehr zufrieden sein. Im Sinne des Absolutismus und des damals in Österreich seiner Hochblüte zustrebenden Zentralismus wollte sie von der traditionellen Sonderstellung des Landes nichts wissen, fand es nicht der Mühe wert, die Erbhuldigung der Stände entgegenzunehmen, berief nicht ein einziges Mal in ihrer langen Regierungszeit eine Vollversammlung des Landtags ein und schränkte die Bedeutung der landständischen Selbstverwaltung schrittweise ein. Mit ihren verschiedenen verwaltungstechnischen und kulturpolitischen Reformen ging sie über Willen und Meinung der führenden Tiroler und gewiß auch der Bevölkerungsmehrheit ohne Zögern hinweg und nahm auch sonst keinerlei Rücksicht auf etwaige Wünsche ihrer Untertanen im Lande Tirol, das nun endgültig vom stolzen und relativ selbständigen Landesfürstentum zur bedeutungslosen Provinz herabsank. Dennoch ließ Maria Theresia die alte Innsbrucker Residenz von Grund auf erneuern und im höfischen Stil des Wiener klassizistischen Rokoko ausstatten, obwohl sie nie die Absicht hatte, einen fürstlichen Regenten für das Land einzusetzen oder gar selbst für längere Zeit nach Innsbruck zu übersiedeln. Die neue Hofburg sollte jedoch ein möglichst großartiges Symbol habsburgischer Herrschaft in der wichtigsten westösterreichischen Provinzhauptstadt sein, was am augenfälligsten im prunkvollen Riesensaal mit Porträtgemälden der kaiserlichen Familie und einem das Herrscherhaus verherrlichenden Deckenfresko zum Ausdruck kommt.

Maria Theresia kam nach ihrem Regierungsantritt nur ein einziges Mal nach Tirol, nämlich im Jahr 1765, als in Innsbruck die Vermählung ihres zweiten Sohnes Leopold mit der spanischen Prinzessin Maria Ludovica gefeiert wurde, ein Ereignis, an das der berühmte Innsbrucker Triumphbogen erinnert. Während der festlichen Woche starb Maria Theresias Gemahl, Kaiser Franz I. Stephan. Im Gedenken an ihn gründete die Herrscherin in der Tiroler Hauptstadt ein adeliges Damenstift, zu dessen erster Äbtissin sie ihre Tochter Elisabeth bestimmte.

Mit Erzherzogin Elisabeth kam eine Frau nach Tirol, die bald schon die Zuneigung der Bevölkerung gewann und die

▷

Drei der Gemälde aus dem Riesensaal der von Maria Theresia neu gestalteten Innsbrucker Hofburg. Sie zeigen links ihren Sohn Joseph II., in der Mitte ihren Gemahl, Kaiser Franz I. Stephan, und rechts die Kaiserin und Tiroler Landesfürstin Maria Theresia.

auf Grund ihrer Herkunft und ihrer persönlichen Autorität fast so etwas wie eine letzte Landesfürstin war. 1790 nahm sie immerhin nach dem Tod ihres Bruders Joseph II. in Stellvertretung ihres an die Regierung gekommenen Bruders Leopold II. die Erbhuldigung der Tiroler Stände entgegen, was fast ein Jahrhundert lang nicht mehr geschehen war. Der Volksmund traf die inoffizielle Stellung sehr gut, wenn er die Erzherzogin in Anlehnung an den Titel „Gouverneur", den der offizielle Vertreter der Wiener Regierung und des Kaisers führte, als die „Gouvernante von Tirol" bezeichnete. Gerne nannte man sie aber auch die „kropferte Liesl", was durchaus liebevoll gemeint war. 1796 paradierten die gegen den Feind ziehenden Schützen und Landstürmer vor ihr. Schließlich war sie tatsächlich die Seele des

Zur Landesverteidigung ausrückende Tiroler Schützen paradieren vor Erzherzogin Elisabeth, der Tochter Maria Theresias und Äbtissin des Damenstifts (1796).

Widerstandes gegen die ins Land einrückenden Franzosen und hatte mit ihrem Aufruf wesentlich zur Weckung der Verteidigungsbereitschaft beigetragen. Ohne dazu gesetzlich autorisiert zu sein, wurde sie damit eindeutig auch politisch aktiv.

An die in Bozen versammelten Landstände schrieb Erzherzogin Elisabeth im Juni 1796: „Der Eifer, mit welchem jeder treue Tyroler für den besten Kaiser, und für das Vaterland die Waffen ergreift, hat mich schon öfters bis zu Tränen gerührt, ich wünschte, reich genug zu seyn, diese vortrefflichen Männer alle zu belohnen." Da dies aber nicht der Fall war, stellte sie wenigstens den tapfersten Schützen eine Belohnung in Aussicht. Weiter heißt es: „Lassen Sie dieses den gesammten Scharfschützen, und übrigen Landesvertheidigern zu wissen machen, mit der Versicherung, daß ich ihren Muth, und ihre Treue bey Seiner Majestät dem Kaiser, meinen liebsten Neffen, mit allem Nachdruck anrühmen werde."

Klosterfrauen

Klösterliches Leben, ernst genommen, war immer schon ein Stück weiblicher Selbstverwirklichung außerhalb der traditionellen Frauenrolle, und die Vielfalt der weiblichen Orden und Kongregationen gibt einen Hinweis auf die Vielfalt weiblicher Lebensentwürfe, die sich hinter Klostermauern verwirklichen lassen.

Bis auf das Benediktinerinnenkloster Sonnenburg, eine Gründung der Lurngauer Grafen aus dem 11. Jahrhundert, verdanken die mittelalterlichen Frauenklöster in Tirol ihre Entstehung der weiblichen Frömmigkeitsbewegung des 13. Jahrhunderts. Das Anwachsen der Städte und die größeren rechtlichen Freiheiten ihrer Bürger boten auch den Frauen eine Chance, neue Lebensformen zu versuchen. Da die wenigen bestehenden Klöster hochadeligen Damen vorbehalten waren, bildeten sich Wohngemeinschaften von Frauen, die ohne Ordensregeln ein Leben in klösterlicher Enthaltsamkeit führten. In Innichen legten fromme Frauen ihr Vermögen zusammen und begannen ein gemeinschaftliches Leben. Erst 40 Jahre später verlieh ihnen Bischof Bruno von Brixen eine Ordensregel. Auch in Algund und Lienz entstanden auf diese Weise ordensähnliche Gemeinschaften, alles spätere Dominikanerinnenklöster, die sich häufig aus solchen Vorformen entwickelten. Der ursprünglich gebräuchliche Name Magdalenerinnen oder Reuerinnen spricht für Vereinigungen von Frauen, die für einen leichtfertigen Lebenswandel zu büßen bereit waren.

Franziskus und Dominikus, die Gründer der Bettelorden, sympathisierten mit dieser religiösen Frauenbewegung, hat doch Franziskus selbst die hl. Klara mit der Gründung eines Frauenordens nach seinen Regeln beauftragt. Die Klarissen in Brixen waren seine erste Niederlassung auf deutschem Boden (gegründet 1230). Sechzig Jahre später berief Herzogin Euphemia, die Gemahlin des Landesfürsten Otto von Tirol-Görz, für ihre Meraner Gründung Nonnen aus Brixen und dem Klarissenkloster Dürnstein. Im frühen 18. Jahr-

Die heilige Magdalena zeigt das älteste Konventsiegel des Lienzer Dominikanerinnenklosters, das sich aus einer Gemeinschaft von „Magdalenerinnen" oder „Reuerinnen" entwickelt hat.

Eines der ältesten Frauenklöster von Tirol: das Dominikanerinnenkloster in Algund.

hundert gründeten die Brixner Klarissen ein Filialkloster in Hall. Was die erwähnte Frauengemeinschaft in Lienz betrifft, so war es der heilige Hyazinth, der sie 1218 auf der Durchreise durch die Stadt kennenlernte und dem erst zwei Jahre vorher gegründeten Dominikanerorden anschloß. Ebenfalls bereits im 13. Jahrhundert holten die Freundsberger für ihr Kloster Mariatal bei Kramsach die Dominikanerinnen aus dem bayerischen Altenhohenau.

Der Lebensunterhalt aller Bettelorden wurde anfangs aus mildtätigen Spenden bestritten. Die sechs Minoriten, die in Brixen die Klosterseelsorge versahen, waren durch eine päpstliche Bulle gleichzeitig zum Almosensammeln für die Schwestern angehalten. In Brixen scheint es sich anfangs um ein Doppelkloster gehandelt zu haben, da die Mönche ein abgesondertes Haus nahe bei den Schwestern bewohnten. Ein Schenkungsbrief der Agnes von Gernstein ist an die

„Brüder und Schwestern" gerichtet (1245). Die Klöster waren exemt, d. h. sie unterstanden nicht dem Pfarrer, sondern die Seelsorge wurde von Mönchen des entsprechenden Männerklosters geleistet, bei der Dominikanerinnen von den Dominikanern, bei den Klarissen in Meran von den Minoriten. Sie waren es auch, die das Klarissenkloster in Meran der Jurisdiktion des Churer Bischofs entziehen wollten, was zu jahrhundertelangen Streitigkeiten führte.

Die Benediktinerinnen von Sonnenburg und die Meraner Klarissen waren die einzigen Frauenklöster, die dem Prälatenstand im Tiroler Landtag angehörten. Die Äbtissinnen nahmen ihre Funktionen im Landtag jedoch nicht persönlich wahr, sondern schickten männliche Vertreter. In den Ausschüssen, wo die wichtigen Entscheidungen fielen, hatten sie weder Sitz noch Stimme.

Die Konvente in Tirol zählten 20 bis 30 Mitglieder. In Brixen war ihre Zahl eine Zeitlang durch eine päpstliche Bulle auf 30 beschränkt. Die harten Ordensregeln der Bettelorden: Klausur, häufiges Fasten, Breviergebet, Stillschweigen, wurden durch päpstliche Anordnungen gemäßigt, ebenso der strenge Armutsbegriff. Die Päpste erlaubten die Annahme von Geschenken und Legaten, befreiten von Zehent und Abgaben. Einer speziellen päpstlichen Genehmigung bedurfte auch die häufig geübte Praxis, frommen Frauen, die nicht der Ordensgemeinschaft angehörten, Wohn- und Begräbnisrecht zu geben. Herzogin Euphemia lebte mit ihrer Tochter bei den Klarissen in Meran und wurde auch dort begraben. Margarethe Maultasch verlangte in ihrem Testament die Übertragung ihres Herzens ins selbe Kloster, was 1369 auch geschah. Die Ehefrau des in Lienz regierenden Görzers Albrecht II., ebenfalls eine Euphemia, fand ihre letzte Ruhestätte im Kreuzgang der Lienzer Dominikanerinnen, denen sie zuvor zwei Häuser vermacht hatte. Landesfürsten und Adel sorgten durch Stiftung von Grundstücken, Häusern, Zinsen, Lebensmittel für wachsenden Wohlstand. Weitere Einnahmen flossen aus der Mitgift der eintretenden Novizinnen. Die reiche Haller Bürgerswitwe Magdalena Götzner baute sich 1497 gegen den Willen des Brixner Bischofs ihr eigenes Kloster in St. Martin in Gnadenwald, nachdem sie die Waldschwestern im Halltal – Angehörige des Ordens der Augustiner-Eremiten – nicht zur Priorin gewählt hatten.

Dem religiösen Niedergang im Spätmittelalter konnten sich

Das Siegel der Euphemia, der Ehefrau des in Lienz regierenden Görzers Albrecht II., auf einer Schenkungsurkunde an die Lienzer Dominikanerinnen. Die Gräfin ist im Kreuzgang des Klosters begraben.

auch die Frauenklöster nicht entziehen. Sie wurden mehr und mehr zu Versorgungsanstalten für unverheiratete Adelige. Eine Sonderstellung beanspruchte das Kloster Sonnenburg. Die Benediktinerinnen nahmen bis zu ihrer Aufhebung unter Joseph II. nur Adelige in ihre Reihen auf. Die Klosterfrauen verfügten über reichen Grundbesitz im Puster- und Gadertal und in Enneberg. Zu dessen Verwaltung beschäftigten sie eine Anzahl von Beamten. Die Quellen vermitteln den Eindruck einer geradezu fürstlichen Hofhaltung. Alle Nonnen hatte ihren eigenen Haushalt mit Garten und Kammerzofe. Sie ritten aus, empfingen Gäste, gaben aufwendige Festessen. Daran fanden sie nichts Ungewöhnliches, im Gegenteil, sie verteidigten ihre Lebensweise gegenüber den bischöflichen Vorhaltungen. Seit dem 16. Jahrhundert führten sie ein Pensionat für adelige Töchter, denen sie neben Handarbeiten und Musik auch höfisches Benehmen beibrachten. Dazu brauchten sie ungehinderten Ausgang und gesellschaftlichen Verkehr mit den Adelsfamilien der Umgebung.

Das Kloster war sehr beliebt und konnte sich des Ansturms an Novizinnen aus den besten Häusern kaum erwehren. Seit seiner Gründung gab es jedoch Reibereien mit dem Bischof

Das bereits halb verfallene Kloster Sonnenburg auf einem Stich des frühen 19. Jahrhunderts.

Äbtissin Verena klagt an und bittet um Beistand

Schreiben der Äbtissin Verena von Stuben vom Kloster Sonnenburg an Eleonore von Schottland, 10. April 1458 (TLA Sigm. IX/62).

Durchlauchtige hochgeborene Fürstin, besonder gnädige Frau. Unser demütiges Gebet mit williger Gehorsam.
Gnädige Frau, wir klagen Euer Gnaden mit großer Klag, daß der Bischof die Velseckerin hat gesetzt und geben unser Gottshaus. Damit ist er kommen und eingeben die Willen, die er von unserm heiligen Vater, dem Papst, erlangt hat auf unredlich Vorbringen. Und dieselbe will uns knechten in unsrer Ehre und nimmt allein unsere Gewalt und gibt sie dem Bischof wider all unsere Freiheitsbrief unwiederbringlich. Gnädige Frau, nun weiß Euer Gnaden und Euer Gnaden Räte wohl, daß wir allweg willig sein der geistlichen Ordnung. Sondern die Prozesse des Kardinals darum über uns ausgehend, daß wir der obgemeldeten Will nicht eingehen mögen noch wellen. Auch ist ehrbaren Gnaden Räte wohl wissentlich, wes wir in diesen Sachen von unserem gnädigen Herrn vertröstet sein. Und rufen Euer Gnaden an lauterlich durch Gottes Willen, Euer Gnad woll daran sein, daß unserm Herrn sein fürstlich Wort und Brief nicht zurückgetrieben werden. Gnädige Frau, möcht es aber je zu diesen Zeiten nicht anderst sein, so rueffen wir Euer Gnaden an um ein Sicherheit uns und den unsern, daß wir zu unsern Freunden kommen mögen. Wenn uns gedroht ist, uns um unser Leben zu bringen und in Kerker zu legen, und weiß Gott, daß wir unschuldig. Item am Freitag ist man vor unser Gottshaus zogen. Da haben sich die Gesellen, so in Gottshaus gewesen sind, zur Wehr wellen stellen und von uns nicht weichen. Da sein wir mit ihnen herausgewichen, daß nicht großer Schad daraus ergehe. Da hat der Welsberger und der Liechtenstainer die Sach angestellt an Euer Gnad und an Bischof zu bringen. Und sein darin vertröst bis auf Euer Gnaden Antwort. Am Samstag spät ist man wieder vor uns zogen. Sein wir gewarnt worden, man woll etliche töten, etliche zu Kerker legen. Da sein wir gewichen und ins Holz (= Wald) gangen bis gegen Mitternacht. Da sein wir in eines Biedermanns Haus kommen und sein da verraten worden. Und sind die Feind am Sonntag über uns auszogen, da haben wir getrachtet zu unseres gnädigen Herren von Görz Schloß. Da seindt uns die Feind nachgeeilt bis in Burgfrieden desselben Schloß. Wir befehlen uns und unser armes Gottshaus in Euer fürstlich Gnad.

von Brixen, teils wegen der strittigen Jurisdiktion, die die Bischöfe von Trient und von Brixen beanspruchten, teils wegen der verschachtelten Rechtsverhältnisse zwischen den Untertanen des Klosters Sonnenburg und jenen des angrenzenden Bistums Brixen. Mehr als eine Äbtissin wurde vom Bischof von Brixen gefangengesetzt. Immer wieder gab es infolge der Streitigkeiten rivalisierende Parteien innerhalb der Klostermauern. Die Auseinandersetzungen erreichten ihren Höhepunkt, als Mitte des 15. Jahrhunderts der Brixner Bischof Nikolaus Cusanus im Auftrag des Papstes zur Klosterreform schritt. Cusanus verlangte von allen Klöstern strikte Beachtung der Klausur. Die Äbtissin Verena von Stuben betrachtete diese Forderungen als Beschneidung ihrer althergebrachten Rechte und wandte sich an Herzog Sigmund als den Vogt, den Schutzherrn des Klosters, um Hilfe. Der Bischof seinerseits verhängte den Kirchenbann über die unbotmäßige Nonne und ihren Anhang. Gleichzeitig ernannte er Afra von Velseck zur neuen Verweserin. Bedrängt von den Knechten des Bischofs, verließ Verena samt den ihr ergebenen Klosterfrauen fluchtartig die Sonnenburg. Ein paar Jahre später resignierte sie und trat aus dem Orden aus. Die Probleme blieben. Noch im späten 18. Jahrhundert, vor der Aufhebung unter Joseph II., schrieb die letzte Äbtissin: „Das Institut hat seine Richtung nach der Regel des hl. Benedikt, jedoch mit der Abweichung, daß bei diesem Stift seit dem ersten Dasein niemals die sogenannte Clausur angenommen, sondern immerhin die jedem Menschen kostbare Freiheit der Luft und des menschlichen Umgangs behauptet worden sind."

Wenig Glück hatte Nikolaus Cusanus mit seiner Reform auch in den anderen Klöstern gehabt. Die Brixner Klarissen akzeptierten sie zwar und ließen zur geistlichen Erneuerung sieben Schwestern aus einem reformierten Kloster in Nürnberg kommen, wurden aber dafür in den Streit zwischen Landesfürst Sigmund und dem Bischof gezogen. Sie hielten sich strikt an das verhängte Interdikt und verweigerten alle liturgischen Feiern. Dafür schickte sie Sigmund in eine dreijährige Verbannung. Einen weiteren Tiefpunkt im Leben der Klöster brachten die Plünderungen während der Bauernunruhen des Jahres 1525. „Am Sonntag Cantate", schreibt der Chronist der Meraner Klarissen, „sind um zehn Uhr vormittags ganz unerwartet ungefähr 200 Bauern mit Gewalt und bewaffneter Hand in das Kloster eingebrochen,

▷
Votivtafel der streitbaren Sonnenburger Äbtissin Verena von Stuben mit einer spätgotischen Darstellung des Martyriums der heiligen Ursula und ihrer Gefolgschaft. Bemerkenswert ist die Porträtfigur der Stifterin.

während die Nonnen alle in der Kirche beim Gottesdienst versammelt waren. Die Türen wurden aufgerissen, die Kästen erbrochen, das Getreide verschüttet, der Wein aus den Geschirren ausgelassen und alle Lebensmittel zugrunde gerichtet oder geraubt. Die Nonnen trieb man zusammen und führte sie in die Kirche, wo sie von den Wütenden mit bloßem Schwert zu Tode geängstigt wurden. Viele wurden von Gichtern befallen, andere verloren ihre Besinnung. Endlich jagten die Empörer die Nonnen aus der Kirche und dem Kloster."

Die Visitationsprotokolle nach dem Reformkonzil von Trient (1545–1563) zeigen ein sehr unterschiedliches Bild vom Zustand der Tiroler Frauenklöster. Die Klarissen in Brixen und die Augustinerinnen, ehemals Waldschwestern, in St. Martin bei Schwaz waren in vorzüglicher Ordnung. Das Kloster Mariathal war verlassen, im Kloster der Dominikanerinnen in Algund lebte nur mehr eine einzige Frau, Sonnenburg war in die üblichen Streitigkeiten mit dem Brixner Bischof verstrickt.

Erst die Gegenreformation brachte eine Wiederbelebung der alten Klostertraditionen und eine Reihe von Neugründungen. Die beiden wichtigsten stammten aus dem Umkreis von Ferdinand II. Sowohl seine Schwestern Magdalena, Helena und Margarete wie auch seine Witwe Anna Katharina Gonzaga suchten eine Form des Gemeinschaftslebens, die sie nach eigenem Gutdünken gestalten konnten. Magdalena und ihre Schwestern lebten bereits in der Innsbrucker Hofburg inmitten ihres Hofstaates in klösterlicher Zurückgezogenheit. Nach längerem Suchen und diversen Einwänden ihrer kaiserlichen Verwandtschaft übersiedelten die beiden – Margarete war inzwischen gestorben – 1569 zusammen mit sechs ihrer Hofdamen ins neuerrichtete Damenstift nach Hall, Tür an Tür mit den von Magdalena als geistliche Berater herbeigerufenen Jesuiten. Magdalenas Ordensregeln waren streng und entsprachen den klösterlichen Idealen, allerdings fehlte das Gelübde der Armut. Im Stift herrschte strenge Klausur, Besuche waren nicht erlaubt. Die Stiftsdamen selbst – ihre Äbtissinnen nicht ausgenommen – besorgten die häuslichen Arbeiten nebst täglich sechsstündigem Gebet. Es gab weder üppige Mahlzeiten noch überflüssigen Luxus. Die Vorsteherin wurde von den Stiftsdamen gewählt. Während ihrer Lebenszeit bekleidete Erzherzogin Magdalena dieses Amt.

Erzherzogin Magdalena von Österreich, die Gründerin des Haller Damenstiftes – als Tochter eines Königs trägt sie den Titel „Königin" bzw. „Regina" –, und (daneben) ein Ausschnitt aus den handgeschriebenen Ordensregeln.

Obwohl die Haller Bürger dieser Einrichtung mißtrauisch gegenüberstanden und sie ursprünglich auch nur für die Lebenszeit der Erzherzoginnen gedacht war, entwickelte sich das Stift während der 170 Jahre seines Bestehens zu einem kulturellen und karitativen Zentrum, nicht zuletzt bedingt durch die ansehnlichen finanziellen Mittel, die ihm zur Verfügung standen. Ausgedehnter Grundbesitz rund um die Stadt Hall und die Herrschaften Lienz und Heinfels in Osttirol waren die Grundlagen des Wohlstandes. Die Stiftsdamen richteten ein Gymnasium ein und eine Musikschule – dem Zug der Zeit entsprechend nur für Knaben. Sie besaßen reiche Kunstschätze, vergaben bedeutende Aufträge an Künstler und verfertigten schöne kunstgewerbliche Arbeiten, noch heute die Zierde des Haller Stadtmuseums. Beispielgebend war auch die Musikpflege des Haller Damenstiftes.

Die zweite fürstliche Stiftung war das Doppelkloster „Regelhaus" und „Versperrtes Kloster" der Servitinnen in Innsbruck. Anna Katharina lebte nach dem Tod Ferdinands II. die ersten zehn Jahre ihrer Witwenschaft mit ihren beiden Töchtern Anna und Maria auf ihrem Witwensitz Ruhelust nächst der Hofburg. 1606 bestimmte sie Teile ihres Gartens als Baugrund für das Kloster der Servitinnen. Daran angrenzend ließ sie das Regelhaus errichten, in das sie zusammen mit ihrer Tochter Maria und 15 weiteren Frauen einzog. Im „Versperrten Kloster", hinter einer hohen Mauer, lebten die Nonnen nach den strengen Regeln der Servitinnen, wobei für die Gründung Klosterfrauen aus St. Martin in Schwaz verpflichtet wurden. Für das „Regelhaus" entwarf Anna Katharina, mit Klosternamen Anna Juliana, eigene Statuten, die denen des Damenstiftes glichen. Verpflichtend waren nur die Gelübde der Keuschheit und des Gehorsams, nicht aber der Armut. Die großzügige Dotierung beider Klöster stammte aus dem Vermögen der Erzherzogin, für das die Landstände aufkommen mußten.

Viktoria, Gräfin von Sarnthein, die erste Äbtissin des Cölestinerinnenklosters in Rottenbuch bei Bozen.

Angeregt vom guten Beispiel der Landesfürstinnen, wollten manche Adelige und Geistliche nicht zurückstehen. Die Grafen Sarnthein richteten Ende des 17. Jahrhunderts ein Cölestinerinnenkloster in Rottenbuch bei Bozen ein, dem ihre Schwester Viktoria als erste Äbtissin vorstand. Zur selben Zeit entstand auf den Ruinen der alten bischöflichen Burg das Benediktinerinnenkloster Säben auf Initiative des damaligen Klausner Stadtpfarrers und Spitalsverwesers Dr. Mathias Jenner, der auch eine Verwandte, seine Kusine Agnes Zeiler von Zeilheim, an die Spitze des Konvents wählen ließ. Ebenfalls in dieser Zeit stiftete Hieronymus Graf Ferrari d'Occhieppo die ersten 30.000 Gulden für das Ursulinenkloster in Innsbruck.

Während des gesamten 17. und der ersten Hälfte des 18. Jahrhunderts riß der Zuwachs an neuen Instituten nicht ab. Hatte es 1550 nur acht Frauenklöster in Tirol gegeben, so war ihre Zahl 200 Jahre später auf 20 angestiegen. Adelige Töchter wurden nun aber nicht mehr im Kloster versorgt, sondern im Damenstift. Das erste nach den Haller Stiftsdamen, eigentlich noch ein Mittelding zwischen Kloster und Damenstift, war das Maria-Theresianische Damenstift in Innsbruck, eingerichtet zur Versorgung unverheirateter,

Gräfin Agnes Gleisbach, verehelichte Baronin Berger, vor ihrer Hochzeit Oberdechantin des k. k. Damenstiftes in Innsbruck.

vermögensloser, adeliger Mädchen. Seine Gründung verdankt es einem traurigen Anlaß, dem Tod Kaiser Franz' I. Stephan 1765 in Innsbruck. Maria Theresia entschloß sich, zu seinem Andenken in der Innsbrucker Hofburg ein Stift für zwölf adelige Fräulein einzurichten. Diese brauchten keinerlei Gelübde abzulegen, konnten jederzeit wieder austreten und in Maßen an allen gesellschaftlichen Veranstaltungen des Adels teilnehmen, aus dessen Reihen sich immer wieder Bewerber um eine der Stiftsfräuleins einstellten. Nur der Besuch von Maskenbällen und Komödien war verboten, einmal wöchentlicher Opernbesuch hingegen erlaubt. Die erste und einzige von der Kaiserin ernannte Äbtissin war deren Tochter Maria Elisabeth. Während ihrer Regierungszeit bildete das Damenstift einen gesellschaftlichen Mittelpunkt der Stadt. Ähnliche Institutionen, zugänglich auch für Bürgerliche, waren das Wolkensteinische Damenstift in Innsbruck und das Haller Fräuleinstift.

Kaiser Joseph II. ging nach 1780 rigoros daran, alle in den Augen der aufgeklärten Zeitgenossen unnützen Klöster aufzuheben. Unnütz waren jene, die keinem karitativen Zweck dienten. Von den alten Klöstern hatten sich die Lienzer Dominikanerinnen schon seit längerer Zeit der Mädchenbildung verschrieben. Die Klarissen in Brixen wandelten ihr „Versperrtes Kloster" schnell in ein „Institut der Elisabethinerinnen" mit einem angeschlossenen Spital für arme und kranke Frauen um und konnten dadurch der Aufhebung entgehen, ein Trick, der anderen Klöstern mißlang. Die Hälfte der 20 Frauenklöster wurde aufgehoben. Die Nonnen mußten ausziehen, die Sachwerte wurden verkauft und versteigert, die Bibliotheken inventarisiert und der Universitätsbibliothek Innsbruck zur Begutachtung übersandt. Das Vermögen des Klosters Sonnenburg belief sich bei der Aufhebung auf 333.833 Gulden; ein Drittel ging an den Religionsfonds, ein Drittel an den Schulfonds und ein Drittel an den Haller Damenstiftsfonds. Den Sonnenburger Sitz im Landtag erhielt die Dechantin des Innsbrucker Damenstiftes. Der Kirchenschatz und die Paramente wurden um 11.413 Gulden verkauft, die ziemlich umfangreiche Bibliothek für wertlos erachtet. Ähnlich verfahren wurde auch mit den Kunstschätzen der anderen Klöster. Im Inventar des Dominikanerinnenklosters von Algund sind 262 Zinnteller, 119 Gemälde, eine reichhaltige Bibliothek mit seltenen Drucken und zahlreiche Gegenstände aus Silber angeführt.

Die Klosterbibliotheken der Frauenklöster waren zwar nicht so umfangreich wie die der Männerklöster, umfaßten aber durchschnittlich 900 Bände. An Hand der erhaltenen Bibliothekskataloge wird deutlich, daß hier vor allem Erbauungsliteratur des 17. und 18. Jahrhunderts gesammelt war. In Mariathal war zumindest die Hälfte in lateinischer Sprache, selbstverständlich fehlten nicht ein paar deutschlateinische Wörterbücher. Als einziges Frauenkloster besaß Mariathal eine Sammlung von Rechtsliteratur, darunter auch die Tirolische Landesordnung. Die Innsbrucker Servitinnen lasen vorzugsweise Biographien heiliger oder heiligmäßiger Frauen. Bei den meisten Inventaren werden pauschal 200 bis 300 Breviere, Betrachtungsbücher, Predigtbücher, Exerzitienbücher angeführt. Überall finden sich ein oder zwei Kräuterbücher. Da der Wert der liturgischen, asketischen und homiletischen Literatur damals sehr gering veranschlagt wurde, wanderte fast alles auf den Trödelmarkt. Als „zur Makulatur gehörig" wurden z. B. summarisch 260 Bände aus St. Martin angeführt.

Bereits im 17. Jahrhundert wurden die Bettelorden und die beschaulichen Orden überflügelt von Instituten mit ausgeprägt frauenspezifischer sozialer Zielsetzung. Noch vor der Maria-Theresianischen Schulreform kümmerten sich verschiedene Orden um die Mädchenbildung. Sie alle stießen bei ihren Unternehmungen auf erheblichen Widerstand von seiten der Gemeinden, die solches Unterfangen meist als unnotwendig betrachteten und die Kosten eines neuen Klosters höher veranschlagten als den Nutzen der Schulbildung. Nach dem Vorbild des 1700–1702 durch Maria Hueber in Brixen gegründeten, mit einer Mädchenschule verbundenen Klosters der Tertiarinnen des heiligen Franziskus wurden solche Ordensgemeinschaften in Bozen (1712) und Kaltern (1730) errichtet, die wiederum Niederlassungen mit Schulen und mit z. T. Internaten in verschiedenen anderen Orten (1851 Hall, 1856 Mühlbach, 1867 Kronburg) ins Leben riefen. Ihre Tätigkeit brachte den Tertiarinnen (siehe auch Kapitel „Frauenbildung", S. 109) den Namen Schulschwestern ein, wobei ihre Zielgruppe die Mädchen aus den ärmeren Schichten waren. Ähnliche Intentionen verfolgen auch die Armen Schulschwestern, die seit 1865 in Pfaffenhofen ansässig sind.

Für adelige und bürgerliche Mädchen war der Schulunterricht der Ursulinen und der Englischen Fräulein bestimmt.

Maria Hueber, „Schwester Anfängerin" genannt, Gründerin der Schulschwestern oder Tertiarinnen in Brixen, und die Statuten dieser Gemeinschaft von 1724.

Eine Klosterfrau unterrichtet Mädchen. Gemälde aus dem 18. Jahrhundert im Innsbrukker Ursulinenkloster.

Bei den Ursulinen

Paula Kravogl (1856 – 1916) schildert ihren ersten Schultag bei den Ursulinen in Innsbruck (Aus: „Jungmädchenjahre", 1917)

Rechts an der Stiege zur Volksschule stand Mater Filumena, die Präfektin, links Mater Floriana, die Leiterin der Töchterschule. Weiter zurück stand ein kleines schiefgezogenes Nönnchen: die gewöhnliche Assistenz der Pfortschwester, Mater Augustina. Schon wollte ich Schwester Thekla die Hand küssen, da übergab mich Lina an Mater Filumena, der ich dann diese Huldigung nicht schenkte, und bat im Auftrage der Mutter, mit mir und meiner Lebhaftigkeit Geduld zu haben. Ihre kühle, weiße Hand umschloß meine bebenden Finger; sie hielt mich an sich, bis der Kinderstrom sich verflutet hatte, und stieg ganz langsam mit mir die Treppen empor. Als sie mich um die Schule in Mals fragte, war mein Erzählen kaum einzudämmen. Von den Schulschwestern bekam sie zu hören, vom Herrn Kooperator, unserm Katecheten; gerade wollte ich sie einweihen in die Namen der verschiedenen Bänke, als wir den Schulgang betraten; dort legte sie mir den Finger an den Mund, zum Zeichen, daß man schweigen müsse. Aus den Klassenzimmern tönte Lärm der werdenden Ordnung, die Stimmen der Lehrerinnen schwebten darüber wie hochfliegende Vögel. Klosterfrauen gingen aus und ein, weitere Nachzügler kamen die Stiege herauf, fortwährend mußte Mater Filumena Auskunft geben, schlichten und entscheiden.

An der Tür zur zweiten Klasse übergab sie mich einer jungen, mädchenhaft lieblichen, aber sehr zart aussehenden Nonne mit Namen Cölestine. Die Arme war krank, und schon nach ein paar Wochen legte sie sich nieder, um zu sterben. Die Oberleitung der Klasse hatte Mater Ignazia; ihr wurde später Mater Marianne, die allzeit Sanfte, zugeteilt.

Mater Ignazia lebt heute noch, soviel ich weiß. Sie war eine liebenswürdige Frau, eine Lehrerin mit Talent und Beruf und eine Kinderfreundin, die Liebe gab und Liebe erwarb. Ihrer Sprache nach war sie von der Reuttener Gegend, eine schlanke, große Erscheinung mit einnehmenden Gesichtszügen und den Kindern gegenüber von einer beneidenswerten Sicherheit und Ruhe. Sie setzte mich als die erste in die dritte Bank. Genau weiß ich noch die Namen der meisten von uns; die beiden begabtesten und bravsten waren Maria Schuchter und Friederika Schneller. Viele meiner damaligen Mitschülerinnen leben noch und sind treffliche Frauen und Mütter geworden, viele nahmen den Schleier oder haben sich sonst einen selbständigen Beruf geschaffen.

Katharina Lins, erste Oberin der Barmherzigen Schwestern in Zams.

Erstere richteten schon 1691, im Jahr ihrer Ankunft in Innsbruck, eine Mädchenschule ein; eine Filiale besteht in Bruneck seit 1744. Ihre Konkurrenz waren die Englischen Fräulein, die sich kurze Zeit später in Meran niederließen, dort 1720 die erste und 1739 in Brixen die zweite Mädchenschule einrichteten. (Siehe auch das Kapitel „Frauenbildung".)

Eine zweite Welle karitativer Ordensaktivitäten brachten die Barmherzigen Schwestern, die mit ihrer ersten Niederlassung 1826 in Zams begannen. Der Zammer Dekan Nikolaus Schuler gründete mit Hilfe seiner Nichte Katharina Lins, der ersten Ordensoberin, gleichzeitig Kloster, Krankenhaus und Schule in Zams. Die Kongregation verbreitete sich innerhalb weniger Jahre über ganz Tirol, führte in den meisten Dörfern allgemeinbildende Mädchenschulen, in manchen Orten auch „Industrieschulen" für die hauswirtschaftliche Ausbildung. Dem Zammer Kloster folgte 1836 die Genehmigung für eine Niederlassung in Innsbruck. Hier betreuten die Schwestern ein Armenhaus, richteten die Lehrerinnenbildungsanstalt ein und bauten 1910 das Sanatorium. In der Krankenpflege arbeiten auch die zuerst in Innsbruck, seit 1910 in Hall ansässigen Kreuzschwestern. Neben den Genannten haben sich in den letzten hundert Jahren eine Reihe verdienstvoller Kongregationen in Tirol angesiedelt, die Alte, Kranke, Behinderte und Kinder betreuen.

Viele Tiroler Ordensfrauen haben sich auch in der dritten Welt engagiert. Eine von ihnen, Dr. Anna Dengel aus Steeg im Lechtal, hat sogar nach zehnjährigem Kleinkrieg mit der Kurie die Aufhebung des jahrhundertealten Verbotes ärztlicher Tätigkeit für Ordensfrauen erreicht. Sie gründete die „Missionsärztlichen Schwestern", einen Orden, der sich der vernachlässigten medizinischen Betreuung der Frauen in den extrem männerdominierten Gesellschaften der Entwicklungsländer widmet.

Durch private Initiative haben sich im 19. Jahrhundert wieder zwei beschauliche Orden in Innsbruck niedergelassen: 1846 die Karmelitinnen und 1870 die Schwestern der Ewigen Anbetung. Die Gesamtzahl der Klosterfrauen ist im Laufe der letzten zwei Jahrhunderte weiter gestiegen, von 475 im Jahr 1774 kurz vor der Klosteraufhebung über 1178 im Jahr 1860 auf 1740 im Jahr 1890 und schließlich trotz eines 20prozentigen Rückgangs in den letzten 15 Jahren auf jene 2300 Nonnen, die heute in den Klöstern Nord-, Ost- und Südtirols leben, beten und arbeiten.

Anna Dengel – Ärztin und Ordensgründerin

Tausende Tirolerinnen haben nicht in ihrer Heimat Einfluß auf die Geschichte des Landes, auf die sozialen und wirtschaftlichen Verhältnisse oder auf die Kultur genommen, sondern sind im Dienste von Mission und Entwicklungshilfe in alle Welt gezogen, um den Menschen der Dritten Welt Beistand zu leisten. Für all diese Frauen steht beispielhaft Anna Dengel, Ärztin und Ordensgründerin, wohl die bedeutendste in der Kirche engagierte Frau, die Tirol je hervorgebracht hat.

Geboren wurde Anna Dengel 1892 in Steeg im Lechtal als Tochter eines Paramentenmachers, also eines Erzeugers von Meßgewändern, von dessen neun Kindern sich bereits vor der ältesten Anna eines für den Priesterberuf und eines für das Klosterleben entschieden hatten. Für ihr späteres internationales Wirken wurde Anna in Tirol bestens vorbereitet. Sie besuchte in Hall die Internatsschule der Salesianerinnen, in der größter Wert auf Fremdsprachen gelegt wurde; nur am Sonntag durfte deutsch gesprochen werden. Als 17jähriges Mädchen nimmt sie eine Stelle in einem Haushalt in Frankreich an und absolviert dann das Medizinstudium, das damals für junge Frauen noch alles andere als selbstverständlich war, an der Universität Cork in Irland. 1919 promoviert sie „summa cum laude". Da man damals an normalen Krankenhäusern keine weiblichen Ärzte wollte, wurde sie zunächst Hilfsärztin im Kohlenrevier von Derbyshire und ging 1920 nach Indien, wo sie in Rawalpindi in einem Spital mit 16

Die Tirolerin Anna Dengel nach ihrer Promotion zum Doktor der Medizin an der Universität Cork in Irland.

Betten und unvorstellbaren hygienischen Verhältnissen arbeitete. Vor allem das Leid der moslemischen Frauen, die von keinem Mann medizinisch behandelt werden durften und denen auch keine ausgebildeten Hebammen zur Verfügung standen, berührte Anna Dengel zutiefst. Nur Frauen konnten diesen Frauen helfen.

So beschloß die Tiroler Ärztin nach tagelangen Exerzitien und einer Aussprache mit dem Innsbrucker Jesuiten Jochus Rimml, eine Ordensgemeinschaft für das missionsärztliche Apostolat zu gründen. Obwohl das Kirchenrecht damals den Ordensfrauen eine medizinische Tätigkeit verbot, ging Anna Dengel ans Werk und erreichte die Unterstützung und Rückendeckung eines

Dr. Anna Dengel, zweite von links, im Jahr 1925 mit den ersten Mitgliedern ihrer neugegründeten Ordensgemeinschaft.

Anna Dengel, Ordensgründerin und Ehrenringträgerin des Landes Tirol.

amerikanischen Bischofs für ihren Plan. Der 30. September 1925 ist schließlich das Gründungsdatum der „Gesellschaft katholischer ärztlicher Missionarinnen", kurz „Missionsärztliche Schwestern" genannt. Zwei Ärztinnen und zwei Krankenschwestern waren die ersten Mitglieder, die zunächst in den USA Öffentlichkeitsarbeit betrieben, um Geld für ein erstes Spital in Rawalpindi aufzutreiben und neue Mitglieder für die Gemeinschaft zu werben. Schließlich konnte man sogar den Vatikan umstimmen, das diesbezügliche Gesetz wurde aufgehoben und Anna Dengels Orden 1936 anerkannt.

Bald schon dehnten die Missionsärztlichen Schwestern ihren Wirkungskreis von Rawalpindi über ganz Indien aus — in der Krankenschwesternschule von Kalkutta war die heute berühmte und mit dem Friedensnobelpreis ausgezeichnete Mutter Teresa Anna Dengels Schülerin — und bezogen auch Afrika in ihren Wirkungsbereich ein. Heute gehören dem Orden 700 Ärztinnen und Krankenschwestern an, die insgesamt 18 Spitäler betreiben und daneben noch in zahlreichen privaten und öffentlichen Krankendiensten arbeiten, auch in Europa übrigens, da auch hier die Krankenhausseelsorge von Frau zu Frau ein Anliegen ist. So arbeitet die einzige Österreicherin in Anna Dengels Orden, Schwester Erna aus Osttirol, in der Hauskrankenpflege in Essen.

Die Generaloberin Dr. Anna Dengel übersiedelte 1959 mit der Ordensleitung aus den USA nach Rom. 1967 trat sie von ihrem Amt zurück. Ein Jahr vorher hatte sie von ihrer Heimat Tirol den Ehrenring des Landes verliehen bekommen. Anna Dengel starb im Jahr 1980, ihr Werk lebt weiter.

Heilige und heiligmäßige Frauen

Bei der Heiligenverehrung macht das angeblich „heilige" Land Tirol seinem Attribut alle Ehre. In ganz Tirol (Diözesen Brixen und Innsbruck sowie Tiroler Anteil der Erzdiözese Salzburg) gibt es Kirchenpatrozinien von 167 verschiedenen Heiligen, aber nur 31 davon sind weiblich. Weitaus führend in der Liste der weiblichen Kirchenpatrone ist selbstverständlich die Gottesmutter, am häufigsten mit Mariahilf und Mariä Himmelfahrt, aber es gibt auch ungewöhnliche Marien-Patrozinien wie Maria Schnee, Mariä Namen, Maria vom Siege. An zweiter Stelle steht die hl. Anna, gefolgt von Margarethe und Katharina.
Erst dann findet sich die urtirolische hl. Notburga, Patronin der Dienstmägde und aller Nöte in der Landwirtschaft. Trotz der sehr detaillierten Legende kann man über sie kaum etwas wissenschaftlich Gesichertes aussagen. Der älteste Legendenbericht stammt aus der Mitte des 13. Jahrhunderts. Er wurde vom Haller Damenstiftsarzt Dr. Hippolyt Guarinoni, der sich auch anderer Heiliger literarisch annahm, aufgrund verschiedener historischer Quellen neu interpretiert, wodurch Notburg zu einer rottenburgischen Dienstmagd und Rattenberg zu ihrem Geburtsort avancierte. 1735 fand man bei Grabungen in der Rupertikapelle in Eben am Achensee Gebeine, die drei Jahre später als hl. Notburga auf dem Hochaltar der neuen Kirche in einem Glasschrein beigesetzt wurden. Nach heutigem Maßstab als historisch gesichert gilt aber nur die Existenz einer rottenburgischen Eigenkirche in Eben und die Beisetzung einer im Rufe der Heiligkeit verstorbenen Person, die mit dem Kirchengründer in rechtlicher Verbindung stand.
Als zweite kirchlich anerkannte (Welsch-)Tiroler Heilige gilt die hl. Maxentia, Mutter des hl. Virgilius, Bischof von Trient im 4. nachchristlichen Jahrhundert. Nach dem Märtyrertod ihres Sohnes lebte sie zurückgezogen am Toblinosee. 1130 ließ Bischof Altmann ihre Gebeine nach Trient übertragen.

▷

Die heilige Notburga auf einem Gemälde des Schwazer Malers Johann Georg Höttinger d. J. (um 1740).

Die Legende von der heiligen Notburga

Es gibt keinerlei Aufzeichnungen aus der Zeit, in der jene Person gelebt hat, die in Eben am Achensee begraben liegt und seit bald einem Jahrtausend als heilige Notburga in Tirol, Bayern und weit darüber hinaus verehrt wird. Die älteste schriftliche Fassung der Notburga-Legende stammt aus der zweiten Hälfte des 13. Jahrhunderts und lautet (in heutiges Deutsch) übersetzt:

„Es war einmal ein Edelmann, der hatte eine gottesfürchtige, fromme Dienerin. Sie hieß mit Namen Notburga und war seine Köchin. Was beim Essen übrigblieb, gab sie armen Leuten, ohne ihrem Herrn zu schaden. Trotzdem wurde dessen Frau darüber sehr zornig und befahl, Notburga soll das Übriggebliebene in den Schweinetrog schütten. Als Notburga wieder einmal mit Speiseresten in das Armenhaus gehen wollte, begegnete sie ihrem Herrn, der sie fragte: Notburga, was trägst du? Da sagte sie aus Furcht: Ich trage Hobelspäne. Als er nachschaute, war es wirklich so. Notburga ging wieder heim, wo sie die Frau sehr schalt. Darauf starb die Frau und kam jede Nacht in den Schweinestall, wo sie wie eines der Tiere grunzte. Als sie der Herr beschwören ließ, antwortete sie: Ich hab mich versündigt, indem ich Speise den Armen wegnahm und in den Schweinetrog habe schütten lassen.
Danach verdingte sich Notburga bei einem Bauern und behielt sich ausdrücklich vor, nach Feierabend nicht mehr arbeiten zu müssen. Da begab es sich, daß sie an einem

Zwei Bilder aus der Legende der hl. Notburga, entnommen der Umrahmung eines barocken Notburgastiches.

Samstag Weizen schnitten auf dem Feld. Als es Feierabend war, hängte Notburga die Sichel auf, ging davon, betete und tat ihre Hausarbeit wie üblich. Als sie von dem Bauer wegging, litt dieser an Leib und Gut. Der Edelmann aber nahm eine andere Frau und stellte Notburga wieder ein. Er sagte zu ihr: Notburg, was du früher getan hast, das tue wieder. Alsdann bat Notburga ihren Herrn, wenn sie sterbe, solle er zwei Ochsen vor einen Wagen spannen, sie darauflegen und die Tiere gehen lassen. Wo die Ochsen die Notburga hinziehen und stillstehen, da solle man sie begraben. So geschah es. Da zogen die zwei Ochsen den Wagen durch den Innstrom und auch über einen hohen Berg und standen still. Dortselbst begrub man den Leichnam, und der Edelmann ließ aus eigenen Mitteln eine Kirche bauen, Gott dem Allmächtigen zum Lob, im Namen der heiligen Notburga."

Diese Form der Notburga-Legende wurde in der zweiten Hälfte des 13. Jahrhunderts niedergeschrieben. Die früher in der Kirche zu Eben aufbewahrte Tafel ist nicht mehr erhalten, doch gibt es authentische Abschriften. Die sprachliche Form des Textes und historische Überlegungen weisen darauf hin, daß die zugrundeliegenden Ereignisse in das 9. oder 10. Jahrhundert zu datieren sind. Wahrscheinlich war die hier begrabene, als Heilige verehrte Person Mitglied einer adeligen Familie. Sie stand vermutlich wegen ihrer besonderen Mildtätigkeit beim Volk im Rufe der Heiligkeit. Erst die Legende machte sie zu einer Angehörigen des einfachen Volkes, zur Köchin und zur Bauerndirn, wobei dieser mittlere Teil der Legende mit dem ersten und letzten überhaupt nicht in Zusammenhang steht und auch von völlig anderen Tugenden der Heiligen berichtet, nicht mehr von Mildtätigkeit, sondern von Gebetseifer, der sie – was übrigens hier nicht ausdrücklich erwähnt ist – in Widerspruch zu ihrem bäuerlichen Dienstgeber brachte. Denn der Feierabend war für sie Zeit des Gebetes. Die Legende des 13. Jahrhunderts kennt noch nicht das später wichtigste Motiv, das sogenannte Sichelwunder. Noch wird das Arbeitsgerät ganz einfach aufgehängt und bleibt nicht in der Luft stehen oder an einem Sonnenstrahl hängen. Dagegen wird bereits vom Wunder der Hobelspäne berichtet, das sicher auch nicht zur ältesten Legende gehört und hier noch zur Entschuldigung einer für eine Heilige eher unziemlichen Notlüge dient. In späteren Fassungen der Legende wird eine solche der heiligen Notburga nicht mehr zugemutet. Da sagt sie nichts mehr oder die Wahrheit, und der von Gott verblendete Herr hält die Speisereste für Hobelspäne und den Wein für bittere Lauge. Später wird auch die Person der Heiligen und ihrer Arbeitgeber mit historischen Namen und Daten versehen, wobei es sich trotz aller versuchten Wissenschaftlichkeit um reine Erfindungen handelt.

Eine offizielle Selig- oder Heiligsprechung der vom Volk so tief verehrten Tirolerin erfolgte nie, doch erkannte die Kirche mit päpstlichem Dekret vom 27. März 1862 den Kult wegen seines hohen Alters an und nahm Notburga in das Verzeichnis ihrer Heiligen auf (Festtag am 13. oder 14. September). Hilfe für Bedürftige, Frömmigkeit und Selbstbewußtsein der Arbeiterin gegenüber ihrem Dienstgeber, von dem sie Einhaltung der vertraglich vereinbarten Arbeitszeit fordert, sind die Tugenden dieser echten Volksheiligen. Sie gilt als Patronin aller Dienstnehmer, vor allem der landwirtschaftlichen Arbeiter und der Hausangestellten, aber auch des gesamten Bauernstandes, auch als Schutzheilige der Armen, und sie wird in vielerlei Nöten und Gefahren und bei Krankheiten von Mensch und Vieh angerufen.

Auch ohne kirchliche Anerkennung haben sich in der Barockzeit um eine Reihe historischer und pseudohistorischer Persönlichkeiten und ihre der Kirche dienlichen Wohltaten Legenden gebildet. Insgesamt 93 solcher heiligmäßiger Personen nennt Jacobus Schmid SJ in seinem umfangreichen „Heiligen Ehren-Glantz der Gefürsteten Grafschaft Tyrol", erschienen 1732; davon sind 23 Frauen, fast alle adeligen Standes:

Uta, Ehefrau des Ulrich von Tarasp;
Kunigunde, Schwester Kaiser Maximilians und Ehefrau des Herzogs Albrecht von Bayern;
Maxentia, Mutter des hl. Virgilius von Trient;
Maria von Meran, Gattin des hl. Domitian, Herzog von Kärnten;
Wilburg und Adela, erste und zweite Ehefrau des Stifters von Kloster Sonnenburg namens Volkhold;
Agathe, Ehefrau des Pfalzgrafen Paul von Kärnten;
Wiltraud, Gräfin von Thaur;
Hedwig, Prinzessin von Meran;
Sibylle von Lodron;
Anna Katharina von Mantua, zweite Gemahlin Erzherzog Ferdinands II. von Tirol;
Magdalena, Margaretha, Helene, Maria Christierna und Eleonore, habsburgische Prinzessinnen und Haller Stiftsdamen;
Lucia, Begründerin des Servitinnenklosters in Bagolino, und Deodetia, ihre Freundin;
Agnes Mentin, Klarissin in Brixen;
Johanna vom Kreuz, Gründerin und erste Äbtissin der Klarissen in Rovereto;
Notburga, Margarethe Huberin, Ursula von Lienz.

Die geschilderten Lebensläufe der heiligmäßigen adeligen Damen gleichen sich wie ein Ei dem anderen. Alle stammen aus einem gläubigen Elternhaus. Schon im Kindesalter zeigen sie große Frömmigkeit, beten, fasten und enthalten sich aller weltlichen Freuden, die ihnen als adeligen Töchtern zustehen. Meist befällt sie eine gefährliche Krankheit, Heilung finden sie durch ein Gelübde. Schon in jungen Jahren wünschen sie sich ein enthaltsames, zurückgezogenes Leben. Die Ehe wird als notwendige Pflicht angesehen, der man sich nicht entziehen kann. Von Hedwig wird sogar berichtet, sie habe nach drei Kindern „beständige Enthaltung aller ehelicher Beiwohnung" geübt und 30 Jahre lang mit ihrem Ehemann nur im Beisein Dritter gesprochen. Schon während ihrer Ehe widmen sie sich der Armenfürsorge und Krankenpflege. Nach dem Tod des Ehemannes kann die Frau dann endlich ihrer wahren Berufung leben. Entweder sie gründet ein Kloster und tritt dort ein oder sie verbringt die letzten Jahre zurückgezogen mit guten Werken auf ihrem Witwensitz – aber jedenfalls enthaltsam. Kein leichter Tod ist Dank für dieses vorbildliche Leben. Fast immer be-

Titelseite der Sammlung von Lebensbeschreibungen und Legenden heiligmäßiger Personen aus Tirol, verfaßt vom Jesuiten Jakob Schmid und erschienen 1732 in Augsburg.

Die Jugend der heiligmäßigen Haller Stiftsdame Margaretha

Aus der Vita der Erzherzogin (hier „Königin" betitelt) und Haller Stiftsdame Margaretha (Jacobus Schmid S. J., „Heiliger Ehren-Glantz der Gefürsteten Grafschaft Tyrol", 1732)

Neben deme ist dise schneeweiße Lilie ihrer jungfräulichen Keuschheit auch von dahero desto höcher zu achten, weilen sie unter dem Hof-Leben, will sagen an einem Orth gegründet und zu so ausbündiger Vollkommenheit gelanget, wo sonsten bey vilen anderen Frauenbildern diser engelreiche Schatz und Schnee der Jungfrauschafft ehender zerschmolzen als erhalten und verteidiget wird. Allein die Königin Margaretha wußte diese edle Blum mitten unter solchen Gefahren mit Dörnern also zu umgeben, daß sich von weitem nichts anmelden durfte, was nach dem widrigen Laster schmecke. Und dise Dörner waren die Strengheit des Leibs und Abtötung ihrer Sinnen. Sie hatte nämlich von Jugend auf zur stillen Einsamkeit gewöhnet, umb mit Gott alein zu handlen. Zu disem Ende sie ihro ein eignes Betzimmerl einzurichten ließe, in welchem sie einen guten Theil mit solcher heiligen Übung verbrachte. Während dem Gebetts aber, daß sie vilfältig auf denen Knien ligend verrichtete, gebrauchte sie sich keines Kissens, wie es sonsten bey solchen hochen Personen gebräuchlich, sondern lage der Andacht ob auf blossen Knien und so gar offtermahls auf einem harten Stein, welchen sie, damit die Sach von andern nit vermerkt wurde, gar arthlich unter die Tapetzerey verhüllet. Die Strengheit lockte ohne Zweifel umb so vil mehr die göttliche Augen zu sich, je mehr Margaretha selbige vor denen Augen der Menschheit verborgen zu seyn verlangte. Ferners pflegte die gottseeligste Fürstin mit öfterem Fasten und Abbruch im Essen und Trinken sich selbst zu überwinden. Und wußte gar trefflich ihren Geschmack zu bemeistern, wann sie etwan bey großen und köstlichen Mahlzeiten erscheinen mußte, allda sie sich von jenen Speisen und niedlichen Bisslein enthielte, welche den Mund und Geschleckrigkeit vorderist anlachten.

richten die Viten von einem langen schmerzvollen Sterben, ja die Klarissin Agnes Mentin hat überhaupt nur wegen ihres demütig ertragenen Leidens Vorbildfunktion. Der Leichnam bleibt längere Zeit unverwest. Von der Haller Stiftsdame Margaretha wird berichtet, ihr Leichnam sei noch nach sechs Jahren unversehrt gefunden worden: „Als einer aus denen vornehmsten Hofherren sich erkühnet mit seiner Hand das Wang des verblichnen Angesichts Margarethe zu berühren und siehe Wunder! In Gegenwart aller Anwesenden und zusehendes Auges hat sich das Wang, nicht anderst als an einer noch lebendigen Jungfrau, gleichsam aus Schamhaftigkeit ganz rot gefärbt." Am Grab verdorren die Blumen nicht, und es geschehen allerlei wundersame Heilungen.

Die Lebensbeschreibungen spiegeln das barock-katholische Frauenideal: ein braves, gottesfürchtiges Mädchen, dessen ganzes Streben auf christliche Vollkommenheit gerichtet ist, zu verwirklichen nur in der klösterlichen Gemeinschaft. Die Ehe ist eine manchmal unabweisbare Pflicht, aber beileibe kein Vergnügen. Wahrhaft fromme Eheleute vereinbaren die Tugend der Enthaltsamkeit, nachdem der nötige Nachwuchs gezeugt ist.

Nur drei Viten weichen von diesem Schema ab: die der heiligen Notburga, der Ursula Pöck und der Margarethe Huberin, der „frommen Siecherin" aus St. Nikolaus in Innsbruck. Ihr Sarg soll 1662 beim Umbau der Kirche mit frischen Rosen und unversehrtem Leichnam gefunden worden sein. Bei Ursula Pöck handelt es sich um ein drei oder vier Jahre altes Mädchen aus Lienz, dessen ungeklärten Tod im Jahre 1443 man den in der damaligen görzischen Residenzstadt lebenden Juden zur Last legte. Über den angeblichen „Ritualmord" wurde gut dreißig Jahre später ein Protokoll verfertigt, aus dem hervorgeht, daß das Kind in einem zum Betrieb von Mühlrädern angelegten Kanal mit tödlichen Verletzungen aufgefunden worden war, daß man sofort die Juden verdächtigte, die unter der Folter gestanden, das Christenmädchen am Karfreitag ermordet zu haben. Alle Beschuldigten wurden hingerichtet, den Juden für „weltewige Zeiten" der Verbleib in Lienz untersagt und Ursula Pöck in der Lienzer Pfarrkirche St. Andrä beigesetzt. 1739 sollte in Rom ein Seligsprechungsprozeß eingeleitet werden, wozu der Innsbrucker Historiker Anton Roschmann alle wesentlichen Unterlagen sammelte. Zwar kam es dann doch nicht dazu, doch wurde die Verehrung der Ursula Pöck in der Lienzer Pfarrkirche weiterhin geduldet. Eine Ausschmückung der Legende durch schlimme antisemitische Details war die Folge. Nach dem Zweiten Vatikanischen Konzil entfernte man die Gedenktafel an Ursula Pöck aus dem Seitenschiff von St. Andrä, ohne daß Gegenstimmen in der Bevölkerung laut geworden wären.

Doch zurück zum Tiroler Heiligenbuch von 1732. Unter all den dort erwähnten und beschriebenen frommen Frauen ist zweifellos die erste Äbtissin des Klarissenklosters in Rovereto, Johanna vom Kreuz (1603–1673), die interessanteste. Ihre Biographie fand sich in der Bibliothek vieler Tiroler Frauenklöster. Bernardina Floriani, so hieß sie mit ihrem weltlichen Namen, war die Tochter eines Malers aus Rovereto. Unter dem Einfluß eines missionierenden Kapuzinermönchs gründete sie im Alter von 15 Jahren eine Mädchenschule, später eine Ordensgemeinschaft. Die kränkelnde, stigmatisierte, von Depressionen und Visionen heimgesuchte Mystikerin verfaßte theologische Werke und korrespondierte mit geistlichen und weltlichen Fürsten. Claudia von Medici, Leopold V., Kaiser Leopold I., die Herzöge von Bayern und ihre Frauen zählten zu ihren Gesprächspartnern. Ihre theologischen Arbeiten wurden in kirchlichen Kreisen mißtrauisch betrachtet, ihre weitverzweigten Kontakte und ihre unverblümten Stellungnahmen brachten ihr Ärger von seiten ihrer Kirchenoberen ein. Das Volk hingegen verehrte sie schon bei Lebzeiten. Mit einem nicht zu Ende geführten Kanonisierungsprozeß wollten sich die Trentiner eine ähnliche Heilige sichern wie Katharina von Siena und Teresa von Avila.

Relativ häufig bezeugt im 19. Jahrhundert sind die stigmatisierten Jungfrauen. Zwei von ihnen verschwanden, als eine Kommission ihre „wunderbaren Zustände" überprüfen wollte, andere müssen nach modernen medizinischen Erkenntnissen wohl als geisteskrank eingestuft werden. Doch bei zweien, Maria von Mörl aus Kaltern und Maria Domenica Lazzari aus dem Fleimstal, wußten auch aufgeklärte Geister wie der Bozner Bürgermeister Dr. Josef Streiter nur die Erklärung, sie seien nervös und überspannt und obendrein sei an allem die Kirche schuld. Der Arzt Dr. Johann Marchesani, den Maria von Mörl in ihrer Jugend konsultierte, erklärte sie für unheilbar krank. Ihre Beichtväter, Freunde und die Tertiarschwestern in Kaltern, bei denen sie lebte, sa-

Die stigmatisierte Jungfrau Maria von Mörl in Kaltern auf einem zeitgenössischen Andachtsbildchen.

„... den Tod des Herrn mit dem innern Auge gesehen"

Bericht über einen Besuch bei der stigmatisierten Maria von Mörl in Kaltern (E. V. Hartwig, „Briefe aus und über Tirol", geschrieben in den Jahren 1843–1845)

Wir traten in die Kirche ein, wo uns Pater Capistran empfing und uns dicht am Hochaltare vorbei eine schmale Treppe aufwärts zu der Zelle Maria's führte. Ein kleines Gemach, welches durch die geschlossenen Fensterladen im ersten Augenblicke vollkommen dunkel erschien, that sich uns auf, und wir sahen der Thür gegenüber auf einem nach italienischer Weise ziemlich hohen Bette die Umrisse einer hoch aufgerichteten knieenden Gestalt. Erst allmählich, nachdem sich das Auge an das Halbdunkel gewöhnt hatte, erkannte ich deutlicher die mir so oft geschilderte Maria Mörl. Ein weißes Nachtkleid umschloß ihren, wie es schien, äußerst zarten Körper. Ihr Kopf, von dem das dunkle Haar lang herabhing, war nach oben gerichtet, und ich konnte von ihrem Gesichte nur so viel unterscheiden, daß es äußerst bleich, doch nicht auffallend abgemagert war. Die Augen schienen unverwandt auf einen festen Punkt gerichtet zu sein, und meine näher stehenden Freunde sagten mir hernach, daß dieselben weit geöffnet, aber vollkommen ohne Bewegung geblieben wären. Vor der Brust hatte sie die Hände in der hier üblichen Weise zu beten gefaltet – so nämlich, daß die ausgestreckten Finger flach auf einander gelegt erscheinen – die ganze Haltung des Körpers in ihrer etwas nach vorne gebeugten Stellung hatte, bei der langen Dauer derselben, etwas Unnatürliches – ein gewöhnlicher Mensch hätte darin kaum fünf Minuten verharren können, ohne zu wanken.

Nachdem wir in der unheimlichen Stille beinahe eine Viertelstunde lang die unbewegliche Beterin betrachtet hatten, bemerkten wir dann und wann Zuckungen, denen bald ein Röcheln nachfolgte, welches immer mehr und mehr zunahm. Es war dies der von ihr nachempfundene Todeskampf des Erlösers, den sie in so lebendiger, innerer Anschauung vor sich hatte, daß er sich an ihrem Körper darstellte. Endlich ließ sie den Kopf auf die Brust sinken, während gleichzeitig die jetzt ineinandergeschlungenen Hände herabfielen – sie hatte den Tod des Herrn mit dem innern Auge gesehen.

Noch einige Zeit blieb sie in dieser Stellung, dann trat der Pater Capistran, ein großer, hagerer Mann, der den vollen Eindruck eines gläubigen Asketen gibt, an das Bett, hauchte ein paar uns allen kaum hörbare Worte aus, und sie sank mit einer ebenso übernatürlichen Schnelligkeit und Leichtigkeit auf ihr Bett zurück, indem sie die Arme, wie ans Kreuz geheftet, von sich streckte. Der Pater sagte uns, daß er sie augenblicklich aus dem verzückten Zustande, in welchem sie mit geschlossenen Augen bewegungslos lag, zu sich rufen könne, jedoch thäte er dies an dem heutigen Tage nicht gern, wo sie so ganz in der betrachtenden Anschauung der Leiden des Herrn versenkt wäre. Gegen fünf Uhr indes käme sie von selbst zu sich.

hen in ihr eine „hochbegnadete Jungfrau". Die Krankheitsbilder der Stigmatisierten gleichen sich. Sie leiden unter Krämpfen und Blutungen, essen nur das Allernötigste, meist Brot und Obst, oft tagelang gar nichts. Schwere Angstzustände wechseln mit ekstatischen Verzückungen. Dabei sind sie kaum ansprechbar. Maria von Mörl sprach jahrelang zu niemandem, außer zu ihrem Beichtvater. Sowohl die Mörl wie die Lazzari zogen eine große Besucherzahl an. 1833 sollen es 40.000 gewesen sein, danach wurde der Zutritt nur mehr mit kirchlicher Erlaubnis gestattet, denn auch dem zuständigen Trienter Bischof war die Sache nicht geheuer. Bischöfe und gekrönte Häupter, Schriftsteller, Gelehrte und Künstler planten den Besuch der stigmatisierten Jungfrauen geradezu als „Sehenswürdigkeiten" in ihr Reiseprogramm ein und berichteten darüber.

In den Widerstreit der öffentlichen Meinung geriet auch die Verehrung der 1816 ermordeten 18jährigen Gertraud Angerer, der Nichte Josef Speckbachers. Auf dem Heimweg vom Haller Markt nach Tulfes überfiel sie der Salinenarbeiter Ignaz Mader, genannt Bugazi, und erschlug sie mit einer Axt, da sie sich gegen eine Vergewaltigung heftig zur Wehr setzte. Der Täter, schon früher durch sexuelle Belästigungen von Frauen aufgefallen, wurde noch im selben Jahr verurteilt und gehängt. Die Verehrung des Opfers initiierte ihr ehemaliger Religionslehrer P. Siard Haser, ein tapferer Landesverteidiger aus dem Jahr 1809. Sein Gegenspieler war der Kaplan Rudolf Gasser von Tulfes. Dieser fand den Lebenswandel des Mädchens nicht makellos genug, da sie „nächtliche Heimgarten", also abendliche Geselligkeiten, geliebt habe und auch sonst keinerlei Anzeichen eines heiligmäßigen Lebenswandels zu finden seien. Den geschäftstüchtigen Vater Andreas Angerer verdächtigte er finanzieller Überlegungen bei der sich anbahnenden Verehrung seiner Tochter. Der Streit spitzte sich zu bei der Formulierung der Grabinschrift, wobei Abt Röggl von Wilten schlichtend eingreifen mußte. Trotz mehrfacher Initiativen, die sich bis ins frühe 20. Jahrhundert hinein wiederholten, kam es nie zur Einleitung eines Seligsprechungsprozesses.

Grabstein des Mordopfers Gertraud Angerer in Tulfes bei Innsbruck, deren Seligsprechung von einigen angestrebt wurde.

Aubet, Cubet und Quere, die drei heiligen Jungfrauen von Meransen, auf dem rechten Seitenaltar der Kirche dieses Südtiroler Ortes.

Die Jungfrauen von Meransen

Ganz ungewöhnliche weibliche Kirchenpatrone gibt es in der Pustertaler Ortschaft Meransen. Sie heißen Aubet, Cubet und Quere und sind als die „drei heiligen Jungfrauen von Meransen" bekannt. Der Legende nach waren die drei Mädchen vor dem Wüten des Hunnenkönigs Attila oder – nach einer anderen Version – vor einer Christenverfolgung in Italien in die Berge geflohen und hatten in Meransen, wo die Erschöpften wunderbar gelabt wurden, Schutz und Unterkunft gefunden. Irgendwelche Anhaltspunkte für historische Hintergründe gibt es nicht, außer eventuelle Zusammenhänge mit der Missionierung unseres Gebietes von Aquileia aus. Die Verehrung der heiligen Jungfrauen in Meransen kann seit über 600 Jahren nachgewiesen werden. Sonst kommen sie in Tirol nur noch in Obsaurs vor. Unter dem Namen Embede, Warbede und Wilbede sind sie in Deutschland bekannt, vor allem am Rhein. Sie werden mit vorchristlichen Fruchtbarkeitskulten und mit den christlichen Tugenden Glaube, Hoffnung und Liebe in Zusammenhang gebracht. Um ihre Verehrung als Heilige zu rechtfertigen, wurden die drei Jungfrauen schließlich zu jenen Begleiterinnen der heiligen Ursula gezählt, die zusammen mit dieser britannischen Königstochter im 4. Jahrhundert zu Köln den Martertod erlitten.

Opfer des Hexenwahns

Der Hexenwahn und die Verfolgung angeblicher Hexen durch die kirchliche und weltliche Justiz gehören zu den traurigsten Kapiteln der Geschichte des Abendlandes. Da die Betroffenen zum guten Teil Frauen waren, kann man darüber nicht schweigen, wenn von der Frau in der Geschichte Tirols die Rede ist. Zwei Jahrhunderte hindurch, vom Beginn des 16. bis zum Ende des 17. Jahrhunderts, fanden auch in Tirol Hexenprozesse und Hexenverbrennungen statt, wenn sie auch nicht jenes Ausmaß erreichten wie in anderen deutschen Ländern.
Schon zu Anfang des 15. Jahrhunderts hat der Tiroler Dichter Hans Vintler in seinem epischen Lehrgedicht „Blumen der Tugend" den althergebrachten und weitverbreiteten Aberglauben seiner Zeitgenossen aufs Korn genommen. Er bezweifelte die Wirksamkeit von Vieh- und Wetter-, Liebes- und Krankheitszauber nicht grundsätzlich, lehnte aber ihre Anwendung ab, weil dies den kirchlichen Lehren widerspreche. Konsequent setzte die Kirche solche Delikte dem Ketzertum gleich und stellte beides unter Todesstrafe. Nicht so die tirolischen Landrechte. Weder in der Halsgerichtsordnung Maximilians I. von 1499 noch in den Landesordnungen von 1526 und 1532 werden derartige Vergehen erwähnt. In der „Constitutio Criminalis" Kaiser Karls V. hingegen, dem ersten allgemein gültigen Strafgesetzbuch (1532), wird Hexerei zum Nachteil und Schaden von Mitmenschen mit dem Tod, andere Zauberei mit Geldstrafen geahndet. An diese Verordnung hielt man sich teilweise auch in Tirol. Nicht jede Anklage wegen Zauberei endete mit dem Todesurteil. Geldstrafen führten auch die Landesordnung von 1573 und die Polizeiordnung von 1603 für Wahrsagerei und Zauberei an.
Trotzdem hat sich im Laufe der Zeit eine wesentlich strengere Praxis herausgebildet, gestützt auf Präzedenzfälle und Expertengutachten. Aus diesen Teilen baute der Tiroler Regimentsrat Johann Fröhlich von Fröhlichsburg im Jahre

Ausschnitt aus einer Seite von Hans Vintlers epischem Lehrgedicht „Blumen der Tugend" (Anfang 15. Jahrhundert), auf der von Hexerei die Rede ist. ▷

1696, als das Ende der Hexenverfolgung bereits absehbar war, seine Gesetzessammlung. Dabei definierte er die Delikte und legte den Verfahrensverlauf fest. Folgende Punkte führte er an:

Wie vielfältig die Zauberei sei. Von ausdrücklichen und geheimen Teufelsbündnissen. Von der Hexenausfahrt. Von der wesentlichen Umwandlung oder Transsubstantion (Verwandlung in ein Tier). Von den Indizien zur Inquisition und der Vorsorge dazu. Vom Gewicht der Aussage einer Hexe über Mitschuldige. Von der Feindseligkeit der Hexen. Von den Töchtern der Hexen und den jungen Hexenbuben. Von den Hexenmalen. Von besonderen Vorsichtsmaßnahmen bei der Gefangennahme. Vom Verhör. Von der Wasserprobe (sie bestand darin, daß man eine Person mit gebundenen

Händen und Füßen ins Wasser warf, ging sie nicht unter, war sie eine Hexe). Von Hexen, die nicht weinen können. Von unterschiedlichen Spezialgriffen, die Wahrheit zu erforschen, und Gegenmittel wider die Unempfindlichkeit der Tortur.
Am Ende des 15. Jahrhunderts, beim Ausbruch der Hexenverfolgungen, regierte in Tirol Erzherzog Sigmund, ein damals zwar noch nicht 60jähriger, aber seniler Mann. Die Regierungsgeschäfte lagen in den Händen einer kleinen, unbeliebten Hofclique. Sie nützte die Angst des Herzogs vor Dämonen und seine Leichtgläubigkeit für ihre Zwecke. Berüchtigt war eine ehemalige herzogliche Mätresse, Anna Spiess, die samt vier Freundinnen mit allerlei Zauberspäßen das Hofleben verunsicherte.
In dieser gespannten Atmosphäre erschien 1485 der berüchtigte Hexenjäger Heinrich Institoris mit der soeben erlassenen Hexenbulle Papst Innozenz' III. Zum ersten Mal listete diese Bulle alle Verbrechen von Hexen und Zauberern auf. Durch seine Predigten verursachte Institoris in Innsbruck und Umgebung eine Denunziationswelle größeren Ausmaßes. Die etwa 50 Verdächtigen waren fast lauter Frauen, der Großteil der Anzeigerinnen ebenfalls. Der Prozeß, vorerst gegen sieben Angeklagte, wurde freilich zum Fiasko für den Hexenjäger. Bischof Georg Golser von Brixen beauftragte mit Dr. med. Johann Mervais von Wendingen einen geschickten Verteidiger, der das Verfahren des erlauchten Richterkollegiums (drei Theologen, zwei landesfürstliche Beamte, zwei Notare, drei Dominikaner) wegen gravierender Verfahrensmängel einstellen ließ. Erzherzog Sigmund verpflichtete sich, die aufgelaufenen Prozeßkosten, zu deren Bezahlung bereits das Vermögen der wohlhabendsten Angeklagten bestimmt war, zu übernehmen.
Dieser Prozeß blieb – was seinen Ausgang betrifft – ein Einzelfall. Zwanzig Jahre später endeten auch in Tirol die ersten Hexen auf dem Scheiterhaufen. Zwischen dem Beginn des 16. und dem Ende des 17. Jahrhunderts fanden im ganzen Land ca. 300 Menschen wegen solcher Delikte den Tod. Betroffen waren zu etwa gleichen Teilen Frauen, Männer und Kinder. Die Zahl ist verhältnismäßig niedrig, verglichen mit anderen Ländern, beispielsweise wurden etwa in Würzburg allein zwischen 1623 und 1631 rund 900 Personen hingerichtet. Die Prozesse verliefen in drei großen Wellen: von 1505 bis 1540, von 1590 bis 1640 und von 1679 bis 1685.

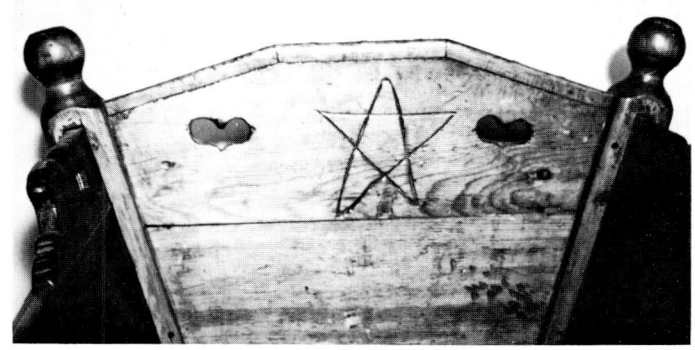

Magische Zeichen („Drudenfüße") zur Abwehr bösen Zaubers auf Schlüssel und Wiege.

In die Mühlen des Gesetzes konnten die Opfer auf mehrfache Weise geraten: Eifersucht, eine im Streit unbedacht ausgestoßene Drohung, eine unerklärliche Krankheit, Dorftratsch, ein schlechter Ruf genügten. Dazu ein Beispiel: „Als ich in der Fasten verschienen 1627 Jahres von Kirchen anheim gangen", klagt die Innsbruckerin Maria Scharffin, „hab ich auf der Innbrucken des Elias Burger Ehewirtin Ursula Schleifferin in Fürgehen antroffen und wie ich also fort hinab in die Kotlacken, ist die Burgerin hernachgangen, hat dieselb gleich nächst unten an der Kotlacken mich unversehens hinterrucks mit ihren Händen auf beiden Seiten in der Weich umfangen und angriffen. Aus was Ursach oder Meinung mehr solches sie getan, kann ich zwar nit wissen, aber ungefähr über zwei oder meistens drei Tag ist mir auf der rechten Seiten gleich unter der Brust, allbei ich davor das wenigst Bös gehabt, ein großer Flecken aufgefahren, daraus ein großer Knopf und letzlich ein Geschwür worden, welches erst neuerlicher Zeit aufbrochen und zu fließn angefangen hat." Hebamme und Wundarzt bestätigen die Existenz dieses Geschwürs. Die Krankheitsgeschichte reichte von 1627 bis 1629. Erst zu diesem Zeitpunkt wurde die Beschuldigte festgenommen, mit den Vorwürfen konfrontiert und verurteilt. Sie büßte mit lebenslanger Haft auf Schloß Vellenberg. Oft lagen einer Denunziation ungelöste Beziehungskonflikte zugrunde. Eine ungeliebte Schwiegermutter oder eine verlassene Geliebte wurden verdächtigt, sich mittels Hexerei wieder ihre alten Rechte zurückzuholen.

War eine Frau einmal in Verruf geraten (im „bösen Geschrei"), so genügte ein schweres Unwetter, um aus vagem

Gerede handfeste Anschuldigungen zu konstruieren, wie es der Barbara Pachlerin, vulgo Pachler-Zottel, Bäuerin im Sarntal, im Jahr 1540 ergangen ist. Besonders gefährdet waren „umziehende Personen", Vaganten, arbeitslose Dienstboten, Hüterbuben, Bettelkinder. Da genügte es bereits, wenn man der falschen Person über den Weg lief. Der 12jährige Josef Esser bettelte eines Abends im Juni 1580 eine heimkehrende Gruppe von Gerichtsbeamten an. Verdächtig machte er sich, als er den Inhalt seiner Hosensäcke ans Tageslicht beförderte: Fensterblei, Ringlein, Flintensteine, Federmesser, bunte Steine. Eingesperrt und verhört, gestand er allerlei Bubenstreiche, darunter auch den Versuch, mit ein paar Freunden Wetter zu machen. Am Berg ober Marling hatten sie Holz und Steine in die Luft geworfen, worauf ein Unwetter mit Blitz und Hagel entstanden sei. Zu seinem Unglück waren seine Freunde wegen solcher Delikte bereits im Vorjahr hingerichtet worden, ein Schicksal, das er mit ihnen teilen mußte.

Meist hatte das fahrende Volk sowieso etwas auf dem Kerbholz: Diebstähle, Betrügereien, Bettelei. Zur Anklage wegen Zauberei war es nur ein kleiner Schritt. Auch Familienstreit konnte bös enden. Zwei Prozesse kamen in Gang, weil die Tochter die Mutter anzeigte, hingerichtet wurden beide. Ein weiterer großer Kreis von Verdächtigen ergab sich aus der Art der Prozeßführung. Selbst wenn die Beschuldigten anfangs alle Vorhaltungen bestritten, der Folter widerstanden nur die wenigsten. Bei der „inquisitorischen" Befragung, beim sogenannten „peinlichen Verhör", wurden wahllos Namen von Bekannten und Freunden genannt. Zehn bis zwölf weitere Verhaftungen waren keine Seltenheit. Im Salzburger Zauberer-Jakl-Prozeß wurden zwischen 1675 und 1681 auf Grund dieses Schneeballsystems und der unter der Folter erzwungenen Geständnisse 133 Personen hingerichtet. Da die Salzburger Behörden die Anzeigen auch nach Tirol weiterleiteten, kamen auch Emerentiana Pichler in Defereggen und zwölf Hüterbuben in den Kreis der Verdächtigen. Alle wurden hingerichtet.

Auch bei vorsichtiger Interpretation der Quellen steht fest, daß es sich bei den Opfern in Tirol nur selten um wohlhabende und angesehene Personen handelt, keiner der bisher bekannten Fälle stammt aus dem Kreis der Adeligen. Meist waren es Witwen, arme Bäuerinnen, Pächtersfrauen, landwirtschaftliche Dienstboten, Landfahrerinnen, nur selten aber eine der von Hexenverfolgern als besonders verdächtig angesehenen Hebammen. Immer wieder kehrt die Aussage, die Angeklagten hätten den Pakt mit dem Teufel wegen materieller Vorteile geschlossen. Die Hexenritte führten in die gutbestückten Nachbarskeller, wo die gelagerten Lebensmittelvorräte verzehrt wurden. Die Hexenfeste wurden weniger als sexuelle Orgien geschildert, vielmehr als üppige Gelage mit Wein, geschlachteten Ochsen und Schweinen, auch gesottenen kleinen Kindern.

Eine vermögendere Bevölkerungsschicht trafen die Hexenprozesse in Trient. Dort kassierte Bischof Emanuel von Ma-

Ausschnitt aus den Akten des Hexenprozesses gegen Emerentiana Pichlerin: Beginn des Verhörs vom 2. Oktober 1679.

Das Schicksal der Emerentia Pichlerin

Dank vollständig erhaltener Prozeßakten sind wir über das Schicksal der Emerentia(na) Pichler(in) genau unterrichtet, die 1680 in Lienz hingerichtet wurde.

Um 1633 in St. Veit im Defereggen geboren, wuchs Emerentia Pichler im Widum auf, wo ihre Mutter den Dienst einer Häuserin versah. Der Vater war im Krieg umgekommen. Als der Vikar nach Leisach versetzt wurde, zogen Emerentia und ihre Mutter ebenfalls dorthin. Emerentia wurde schwanger, heiratete, doch verließ sie der Mann nach einigen Wochen. Offenbar war sie als Hilfskraft im Widum nun nicht mehr erwünscht und mußte sich sonst irgendwie durchs Leben schlagen. Sie tat sich mit Veit Kramer, einem abgehausten Bauern aus St. Veit, zusammen und führte mit ihm durch fast zwei Jahrzehnte ein unstetes Vagantenleben, wobei sie mehreren Kindern das Leben schenkte. Auf ihren Fahrten durch Tirol, Kärnten, Steiermark und Salzburg begleitete sie auch ihre Mutter. Emerentia und ihr Lebensgefährte verstanden sich auf allerlei Quacksalberei und die Anwendung von Naturheilmitteln, wobei abergläubische Beschwörungsformeln eine große Rolle spielten.

Als der Name der Pichlerin im Verlauf eines Hexenprozesses in Salzburg von einem Angeklagten genannt wurde, erfuhr dies über Innsbruck das Landgericht in Lienz. Gerichtsschergen wurden ausgeschickt und griffen die Landfahrerin mit einigen ihrer Kinder am Perloger-Hof in Oberlienz auf. Nach zwei Monaten Wartezeit im Verlies von Schloß Bruck begann am 7. März 1679 der Prozeß. Obwohl Emerentia zuerst ihre Unschuld beteuerte und Gott und Maria als Zeugen dafür anrief, machte sie bereits nach der Androhung der Tortur die ersten „Geständnisse", die sich auf das „Krummachen" von Mensch und Tier, auf „Wettermachen", Hexenritte, die Schändung von Hostien und andere für Hexen typische Missetaten bezogen. Zwar widerrief Emerentia später alles wieder, doch schilderte sie unter der Folter erneut die verschiedensten schrecklichen Dinge. Noch heute staunen wir über die lebendige Sprache und den Detailreichtum ihrer Aussagen. Wenn die aus der armen Frau im Laufe von mehr als 60 „peinlichen Verhören" innerhalb von fast einem Jahr herausgepreßten „Geständnisse" Widersprüche merken ließen, war dies schon wieder ein Grund für Richter und Beisitzer, sich durch die Folter „Klarheit" zu verschaffen. Während der Lienzer Arzt Dr. Gabriel Verzi sowie Dekan Dr. Paulus von Dinzl eher mäßigend auf das Verfahren einwirkten, legte der aus Innsbruck kommende Rechtskonsulent Stefan Kurz besondere Härte an den Tag. Schließlich kam es, wie es nach damaligem Rechtsbrauch kommen mußte: Emerentia Pichler wurde zum Tod verurteilt. Ihr Schicksal teilten zwei ihrer Kinder, während die siebenjährige Maria mit ein paar Rutenstreichen davonkam. Emerentias Mann und die älteren Kinder waren der Verhaftung entgangen und hatten nicht aufgestöbert werden können. Die ebenfalls angeklagte Mutter sowie ein Sohn waren während des Prozesses gestorben.

druzz allein zwischen 1615 und 1630 an die 90.000 Gulden, wobei die Prozesse nicht unbedingt mit dem Tod, aber jedenfalls mit Vermögensverfall der Angeklagten endeten.

Junge Frauen fand man nur dann unter den Beschuldigten, wenn die ganze Familie auf der Anklagebank saß. Zumeist waren die weiblichen Angeklagten über 50, mit Kindern und Enkelkindern, manchmal auch mit einem Ehemann, dem aber selten der Prozeß gemacht wurde. Bisher ist nur ein Ehepaar aus Heinfels bekannt, das 1637 gemeinsam hingerichtet wurde.

Die Verfahren waren Geschworenenprozesse unter dem Vorsitz des Landesrichters. Sie wurden in Verhörform geführt, begannen aber nicht mit konkreten Beschuldigungen. Die Fragen kreisten immer um folgende Themen: Wettermachen, Herbeizaubern von Mäusen, Lebensmitteln und Krankheiten, Hexenritt, Hexenfest und Teufelspakt. Dabei erstreckte sich die Befragung über Jahre zurück. Da Hexerei als vor allem über die Mütter vererbbar angesehen wurde, maßen die Richter den Kindheitserlebnissen große Bedeutung zu. Viele Frauen bekannten auch, sie hätten das Zaubern, insbesondere das Herbeizaubern von Nahrungsmitteln, schon bei ihrer Mutter gelernt. Beliebt war dabei das „Fernmelken" fremder Kühe: Durch imitiertes Melken soll Milch aus der Mauer oder einem Baumstamm geflossen sein. Um die religiösen Kenntnisse der Beschuldigten zu prüfen, wurden „Vater unser" und „Ave Maria" abgefragt, ebenso das Datum der letzten Beichte und Kommunion. Viele verdächtigte Frauen gingen zwar zu den Sakramenten, gaben aber an, sie bewahrten die Hostie unter der Zunge und spuckten sie später wieder aus. Solche Erzählungen waren Grund genug, der Geistlichkeit nahezulegen, die Art des Kommunionempfanges genau zu beobachten.

Voraussetzung für alle Zauberkünste war der Pakt mit dem Teufel, der erst zu weiteren Fähigkeiten verhalf. Den Frauen erschien — laut der durch die Folter erpreßten Geständnisse — der „böse Geist", wie er allgemein genannt wurde, als Jäger, als Soldat, als unbekannter Besucher in ungewöhnlicher Kleidung. Immer überraschte er sie allein: im Haus, im Garten, beim Holzklauben, auf dem Feld; oft waren sie zu der Zeit mit Problemen belastet: ein böser Ehemann, nichts zu essen. Der Teufel befahl ihnen, der katholischen Religion abzuschwören und besiegelte den Pakt durch den Beischlaf, wobei die Frauen immer fanden, der Teufel sei kalt, habe einen kalten Samen. Manchmal verschwand er daraufhin auf Nimmerwiedersehen, meistens kam er regelmäßig vorbei. Dabei brachte er diverse Pulver und die Hexensalbe. Die sehr realistischen Schilderungen dieser Begegnungen lassen den Schluß zu, daß manch schlauer Vagant die Rolle des Teufels benützte, um an eine Frau heranzukommen. Bei einem Prozeß am Nonsberg lassen die Aussagen der etwas einfältigen Frau auf einen Zuhälter schließen, der regelmäßig Kunden schickte.

Als äußeres Zeichen des Paktes hinterließ der Teufel ein schmerzunempfindliches Merkmal am Körper seiner neuen Gefolgsfrau. Nach diesem Teufelszeichen wurde bei den Prozessen gesucht: Narben, Warzen, Leberflecken, Muttermale mußten dafür herhalten. Bei der Nadelprobe (Hineinstechen mit einer Nadel) schmerzten sie freilich, ein Umstand, den das Gericht großzügig negierte. Der Lienzer Arzt Dr. Gabriel Verzi untersuchte die vom Gerichtsdiener bei Emerentiana Pichler und ihren Kindern entdeckten Teufelszeichen und erklärte sie als ganz normale Narben und Äderchen unter der Zunge, bei deren Entfernung die Kinder Sprachschäden erlitten.

Kein Hirngespinst war jedenfalls die Hexensalbe. Ihre Zusammensetzung aus narkotisierenden Pflanzenstoffen von Tollkirsche, Schierling, Bilsenkraut, vielleicht auch Opiaten, verursacht bei der Einreibung, insbesondere im Genitalbereich, Halluzinationen mit starker erotischer Komponente. Das erklärt auch die Funktion des Schemels oder Besens, der vor dem Hexenritt mit der Salbe eingerieben wurde, und macht die vermeintlichen Orgien zu einer medikamentös erzeugten Traumwelt. Die Rezepturen waren durchaus bekannt, nicht nur durch mündliche Überlieferung, sondern auch schriftlich festgehalten in diversen Kräuterbüchern.

Standen die Anklagepunkte fest, wurden dazu die Geschädigten als Zeugen einvernommen. Sie erinnerten sich zwar an eine verendete Kuh, an eine Mäuseplage, eine Krankheit, an Unwetter oder an schlecht butternde Milch, aber an keinen logischen Zusammenhang zwischen dem Ereignis und der Verdächtigen. Nach den damaligen Rechtsgebräuchen war dem Beklagten ein Verteidiger beigestellt. Da aber bei einem Hexenprozeß der Verteidiger sehr leicht selbst in den Verdacht des Vergehens geraten konnte, haben sich dazu nur wenige bereit gefunden.

Daumenschrauben, eines der Folterwerkzeuge, die bei den Hexenprozessen verwendet worden sind.

Hexenprozesse sind undenkbar ohne Anwendung der Folter oder ihrer Androhung. Kinder unter 14 durften nicht gefoltert werden, doch waren sie leicht einzuschüchtern und erzählten schon aus Angst allerhand Schauermärchen. Erwachsene haben bei den Verhören mit wenigen Ausnahmen zuerst nur tatsächlich begangene Delikte eingestanden. Zu den Ausnahmen zählt Maria Lorenz aus dem Gericht Deutschnofen, Tochter der Dorothea Gerberin, die ihre Mutter schon beim ersten Verhör schwerstens belastete. Sie ersparte sich selbst dadurch zwar die Folter, nicht aber das Todesurteil. Zwar haben die tirolischen Landesordnungen die „peinliche Befragung" als Bestandteil der Prozeßführung ausgewiesen, doch keine näheren Angaben über Methoden und Ausführung erlassen. An sich war für Frauen nur der erste Grad der Folterung, die Daumenschraube, vorgesehen, doch haben sich die Richter nicht immer daran gehalten. Eine Frau in Karneid wurde zweimal aufgezogen, einmal mit einem schweren Gewicht behängt und beim dritten Mal mit bloßen Füßen „drei Vater unser und drei Ave Maria lang" auf eine heiße Platte gestellt, dann noch einmal für eine kürzere Zeit. Erst danach war sie zu einem Geständnis bereit, wobei ihr diese Standhaftigkeit bei der Urteilsfindung als besonderes Verstocktsein angelastet wurde. Das Aufziehen der Angeklagten erfolgte mittels eines Seiles, das durch die am Rücken zusammengebundenen Hände geführt wurde. Eine Instruktion von 1637 legte eine dreimalige Verwendung der Tortur auf je eine Stunde fest. Doch hat man sich offenkundig nicht daran gehalten.

Die Folter diente der Herbeischaffung eines Geständnisses. Immer wieder kam es vor, daß die Frauen trotzdem nicht gestanden. Daraufhin wurden sie aus dem Gefängnis entlassen. Kam es bei den Aussagen zu Widersprüchen, trat die peinliche Befragung neuerlich in Aktion. Dabei mußten einige der zwölf Geschworenen anwesend sein. Oft genug erreichte die Tortur ihr Ziel, nämlich ein möglichst detailreiches „Geständnis". Die meisten Gepeinigten waren wohl bereit, alles Mögliche zu gestehen, um das Ende der Qualen herbeizuführen. Dabei waren viele der abstrusen Selbstbezichtigungen nicht Ausgeburt einer individuellen Phantasie, sondern entsprachen landläufigen Vorstellungen vom Hexenunwesen.

Beim Todesurteil für Hexen und Zauberer gab es zwei Variationen: lebendig verbrannt oder zuerst enthauptet und

Tochter macht Mutter zur Hexe

Auszug aus dem Verhör der Dorothea Gerber und ihrer Tochter Maria Lorenz vom 27. Juni 1637 (TLA Lepold. CK 67)

Der Landrichter hält der Mutter das Geständnis ihrer Tochter vor, das sie schwer belastet.

Dorothea: Ich bin keine solche. Wann es von Gott möglich wäre, daß ich mein Herz herausgeben könnte, weiß ich einmal, daß man sehen würde, daß ich kein solche bin. Man hat mich ja der gleichen Sach bezichtigt, sowohl mein Mutter. Ich hab aber von ihr nichts Unrechts gesehen oder gelernt. Mir beschieht ganz unrecht. Ich kann nichts sagen, man tue mir und führe die Sach aus wie man well. *(Wird abgeführt.)*

Landrichter zu den Geschworenen: Was ist, das ferners der zwei Personen halber fürzunehmen eures Gutachtens und Gerichtsbescheid?

Geschworene: Sie sollen persönlich gegeneinander confrontiert und gehört werden. *(Beide werden vorgeführt.)*

Maria (zu ihrer Mutter): Ihr habt mich die Sach gelernt und kein anders. Ihr habt mir gesagt: Wir haben schlecht zu leben und wenig zu essen. Wann du mir folgest, will ich dich lernen, daß wir immer miteinander in die Keller fahren und guet leben. Und leider, Gott erbarm's, daß ich euch gefolgt hab. Das ist einmal wahr auf meine Seel, ich will sterben darauf.

Dorothea: Es ist nit wahr, ich weiß mich des einmal nit schuldig. Ich trau mir's auch zu sterben darauf. Wie kannst du das sagen. Bist du doch nicht bei mir blieben und hast nicht gefolgt. Als was will ich sein in die Keller gefahren, ich trink nicht gern Wein. Du sagst desgleich aus Zorn, daß ich dich bisweilen gestraft, daß du nit guet tuen wellen.

Maria: Mein Mutter leugnet wohl mehrdings. Sie trinkt den Wein gleichviel, wenn sie den mithat. Ich vermein, es stekke, Gott behüt uns, der böse Geist in ihr. Sie soll mir nit also leugnen, sie weiß wohl, was sie tan hat. *(Wird abgeführt.)*

verbrannt. Letzteres galt als Urteilsmilderung, die geständnisfreudigen Hexen gewährt wurde. In einem Fall wurde der Frau auf dem Scheiterhaufen „aus besonderer Gnad auf die Brust ein Säckel Schießpulver zur fürdersamen Abkürzung des Lebens und Verhütung der Verzweiflung" umgebunden. Das Schießpulver sollte wohl in der Hitze explodieren und einen schnellen Tod herbeiführen.

Die Verkündigung der Urteile erfolgte meist ohne Berufung auf kodifiziertes Recht, nur hin und wieder berief sich ein Richter dabei auf die „erneute Landesordnung". Verhörprotokolle und Urteile kamen zur Bestätigung nach Innsbruck an die Regierung. Manchmal verlangte diese weitere Untersuchungen, manchmal stellte sie Verfahrensmängel fest, oft änderte sie das Urteil „Verbrennen bei lebendigem Leib" durch „Enthaupten und Verbrennen" ab. In jedem Fall wird Wert auf Beichte und Kommunion der Verurteilten gelegt, um ihre Seele vor der ewigen Verdammnis zu retten. Vorhandenes Vermögen wird teilweise vom Gericht eingezogen, teilweise den Hinterbliebenen überlassen.

Die Motive der Hexenverfolgung sind zu verschiedenen Zeiten verschieden interpretiert worden. Als schmachvolle Verirrung des menschlichen Geistes von den Aufklärern, als Ausrottung des mythisch-magischen Frauenwissens durch die Feministinnen, auch als bevölkerungspolitisches Regulans durch junge ostdeutsche Wissenschaftler. Solche Interpretationen leiten sich her aus dem umfangreichen theologischen Schrifttum, aus Hexenbüchern und Hinrichtungsstatistiken, aus geistlicher und weltlicher Gesetzgebung. Sie sagen wenig aus über die Gründe der Anklageerhebung, über Zeugen, tatsächlichen Prozeßverlauf, Verantwortung und die Leiden der Betroffenen.

Die Rechtsstellung der Frau

Bis ins 20. Jahrhundert war die Frau von vielen Rechten ausgeschlossen, aber auch von den damit verbundenen Pflichten. Nach der auch in Tirol gültigen germanischen „lex baiuvarorum" unterstand die Frau als Mitglied des Familienverbandes der umfassenden Verfügungsgewalt des Hausvaters, der „munt", die ursprünglich ein weitgehendes Straf- und Züchtigungsrecht beinhaltete. Töchter gingen bei der Eheschließung von der „munt" des Vaters in jene des Ehemannes über. Falls ein Mädchen ohne väterliche Zustimmung heiratete, verlor es seinen Anspruch auf Heiratsgut und Erbe.
Eheverträge wurden zwischen dem Bräutigam und dem Vater der Braut abgeschlossen. Sie enthielten genaue Regelungen über Art und Höhe des Heiratsgutes und der Widerlage. Ersteres galt als finanzieller Beitrag der Frau zum gemeinsamen Haushalt und gleichzeitig als ihr väterliches Erbe; letzteres – zumeist dieselbe Summe – diente als Witwenversorgung und wurde erst nach dem Tod des Ehemannes fällig.
Über gemeinsames Vermögen verfügten die Eheleute gemeinsam, auch Lehen wurden im Mittelalter in manchen Fällen beiden gemeinsam übertragen. Verwaltung und Nutzung verblieb in der Regel beim Mann. Erbberechtigt waren die Söhne. Erst wenn männliche Nachkommen fehlten, erbten die Töchter – die begehrten „Erbtöchter". Die Witwe erhielt neben dem Witwengut bestimmte, genau bezeichnete Stücke aus der fahrenden Habe, bei Adeligen ihre Kleidung und ihr Schmuck, Bettzeug, die Brauttruhe samt deren in die Ehe mitgebrachten Inhalt, das beste Pferd und das beste Stück vom Silbergeschirr, den Frauen der anderen Stände stand in der Regel ein Drittel aller fahrenden Habe zu.
Über eigenes Vermögen, herrührend aus Schenkungen, Erbschaften, Morgengabe, verfügte die Frau allein. Sie konnte ihre Güter verschenken, verkaufen, vertauschen, vererben, doch sind entsprechende Urkunden im Mittelalter praktisch

Erstmals eine Frau als Vertragspartner

Urkunde vom 2. Juni 857, ausgestellt in Bodmann, in der König Ludwig einen Tauschvertrag bestätigt, den Bischof Esso von Chur mit Frau Waldrada betreffend Güter im Etschtal bei Bozen abgeschlossen hat. Es ist die erste erhaltene Tiroler Urkunde, in der eine Frau als Vertragspartner auftritt. (Franz Huter, Tiroler Urkundenbuch, 1. Bd. Teil 1, S. 11 – 12.) Die Urkunde ist in lateinischer Sprache abgefaßt. Übersetzung:

Im Namen der heiligen und alleinigen Dreifaltigkeit. Wir Ludwig, durch die Weisheit Gottes König, tun hiermit allen unseren Getreuen, den jetzigen und den zukünftigen, kund, daß Waldrada ihre Güter im Etschtal bei Meran, die bewirtschafteten und unbewirtschafteten, die Weinberge, Felder, Wiesen, Wälder, Weiden und Gewässer, der Kirche von Chur und ihrem Bischof übergeben hat. Dafür erhält sie den Hof Tscherms mit allen Zugehörungen an Ländern, Gebäuden, Weinbergen, Feldern, Wiesen, Wäldern, Weiden und Gewässern und einen Weinberg in Anives. Dies alles besitzt sie zu Lehen auf Lebzeiten. Nach ihrem Tod fällt es ohne jede Widerrede an den genannten Bischof zurück.
Bischof Esso hat uns gebeten, diesen Lehensvertrag kraft unserer Autorität zu bestätigen. Dies tun wir hiermit gerne, damit dieser Vertrag sicher und in Zukunft unangefochten bleibt. Damit er auch weiterhin sicheren Bestand hat, haben wir befohlen, ihn mit unserem aufgedrückten Siegel zu bestätigen.

nur über die Besitzverhältnisse des Adels überliefert. Dabei fällt auf, daß die Position der Frau in den Urkunden immer durch den Mann definiert wurde. Sie war Tochter, Ehefrau, nachgelassene Witwe. Zwar ist sie selbst siegelfähig, doch mußten die Urkunden der adeligen Damen auch mit dem Siegel eines Mannes ihrer Verwandtschaft gefertigt werden, Rechtsgeschäfte der Bürgersfrauen bestätigte der zuständi-

ge Richter. Diese Rechtsgrundsätze finden sich auch in den tirolischen Landesordnungen des 16. Jahrhunderts. In den Zeugenreihen der Urkunden tauchen Frauennamen kaum auf.
Die Landesordnungen brachten den Frauen eine rechtliche Schlechterstellung. Nun wurde ihnen auch die Verfügungsgewalt über ihr eigenes Vermögen entzogen – sie bedurften des Beistandes eines „Anweisers", wie ihn alle jene erhielten, die ihre Rechtsgeschäfte nicht ordnungsgemäß führen konnten: Verschwender, Stumme, Taube, Alte, Kranke, Jugendliche zwischen 16 und 25 Jahren und eben die Frauen. Der Anweiser mußte beim Abschluß jedes rechtsgültigen Geschäftes persönlich anwesend sein und seine Zustimmung geben, was in den Verträgen immer festgehalten wird. Bei verheirateten Frauen war der Anweiser in der Regel der Mann, nur bei Vermögensverträgen zwischen Eheleuten mußte die Frau einen eigenen Anweiser beibringen, wohl um sie und ihre Erben vor Übervorteilung durch den Ehemann zu schützen. Blieb die Ehe kinderlos, so fiel die Erbschaft der Frau an ihre Familie zurück.
In den Weistümern, die das dörfliche Zusammenleben regelten, war auch die Position der Frau im Dorf festgelegt. Sie besaß die Schlüsselgewalt im Haus und nahm gegenüber dem Gesinde eine ähnliche Position ein wie der Hausvater, konnte aber nur über einen verschwindend kleinen Geldbetrag aus seinem Vermögen verfügen. „Item mag kein Frau ohn ihres Ehemanns Willen und Wort nit verkommen noch anwenden über drei Kreuzer. Und ob sie mehr vertut oder verkommt, das soll weder Kraft noch Macht nit haben", bestimmten die Weistümer von Wangen, Brixen, Sterzing und anderen Orten im Eisacktal.
Das Vermögen wurde mit ihrer Zustimmung vom Ehemann verwaltet. War sie Schuld an der Zerrüttung der Ehe, verlor sie ihren Anspruch, lag die Schuld beim Mann, so wurde der Frau und ihrem Anweiser die Vermögensverwaltung übertragen. Im Münstertal wurde das Vermögen der älteren, kinderlosen Ehefrau mit Rücksicht auf ihre Erben ganz besonders geschützt. „Item wenn ein Frau über vierzig Jahr alt oder unfruchtbar ist und ein Mann bei derselben keine Kinder hat und sie liegende Güter, es sei Eigentum oder Lehen, und er wenig hat, so möge ihre Verwandtschaft, von der die Güter herrühren, ihr einen Vormund geben gegen ihren und ihres Mannes Willen, daß nichts verkauft, noch versetzt

noch vertan wird. Denn eine Frau muß tun, was ein Mann will und ein alter Mann mag wohl fruchtbar sein und ein Frau nit. Und besonders ein junger Mann, der jünger denn sie ist, derselbe hat kein Treu nit. Denn es geschieht oft, daß einer ein unfruchtbares Weib nimmt, nit anders, denn um ihres Gutes willen, daß er das Ihre nach seinem Willen verwenden kann und damit eine fromme Frau oft betrogen und ihr das Ihre entfremdet wird und in fremde Hände kommt, daß sie und ihre Erben es verlieren, was nit billig noch recht ist." – Auch in den Weistümern bevorzugt das Erbrecht die Männer. Frauen bekommen die „gewohnliche Ausfertigung nach des Tals Gebrauch", nämlich Federbetten, Polster, Decken, Leintücher, Unterwäsche, ein bis zwei Überröcke, einen Mantel, Stoffe, Küchengeschirr, eine Kuh und etliche Schafe.

Die Arbeitskraft der Frau wurde nur halb so hoch bewertet wie die des Mannes. In St. Johann in Tirol galt 1561 eine Weibschicht 7½ Kreuzer, eine Mannschicht 14 Kreuzer und eine Roßschicht 22 Kreuzer. Die Imster bestimmten in ihrer Almordnung, daß jeder Bauer jährlich dort einen Tag zu arbeiten habe. Er konnte an seiner Statt zwar einen Taglöhner, aber keine Frau verpflichten. Zuzügler, die sich in einem Dorf niederlassen wollten, mußten Einkaufsgeld entrichten. Auch hier zahlten die Frauen nur die Hälfte bis zwei Drittel: in Scharnitz 15 Gulden, in Mieming 10, in Silz 8, Seefeld war mit 20 Gulden besonders teuer.

Zum Taiding, der Dorfversammlung, waren die Frauen in der Regel nicht geladen. Falls sie dennoch teilnehmen wollten, mußten sie in Fassa drei Kreuzer zahlen. Verantwortliche Ämter innerhalb der Dorfgemeinschaft wurden ihnen im allgemeinen nicht zugewiesen, doch tauchen für das jährlich neu zu besetzende Amt des Dorfmeisters vereinzelt auch Frauen auf; ohne daß bisher geklärt werden konnte, wie sie in dieses Amt gelangten: in Baumkirchen 1666 Barbara Meitinger, 1808 und 1809 Elisabeth Plattner, in Wattens 1641/42 Christine Eder, die Besitzerin der dortigen Papiermühle.

Als Geschworene waren Frauen bei Gericht nicht zugelassen. Ihre Glaubwürdigkeit rangierte hinter jener der Männer. Im Münstertal zählte die Aussage dreier „ehrbarer Frauen" soviel wie die Aussage eines Mannes. Ihre „kuntschaft", d. i. die rechtsverbindliche Aussage über Sachverhalte, galt nur in bestimmten Angelegenheiten, und die waren von Dorf zu Dorf verschieden: in Salern und Vahrn „um Geschäft, um Unzucht, um Heirat und um Zehent". Das heißt, Frauen konnten verbindliche Aussagen nur abgeben über finanzielle Transaktionen, Sexualdelikte, Heiratsabreden und Steuerleistungen.

Auch die Strafjustiz behandelte Frauen anders. Die Prangerstrafe – die öffentliche Zurschaustellung des Täters – kam bei Frauen verhältnismäßig öfter zur Anwendung als bei Männern; überhaupt läßt sich die rechtliche Schlechterstellung der Frau an den unterschiedlichen Strafen für die gleichen Delikte ablesen. Die Strafen für die Frau waren oft weniger „ehrenvoll". Zwar durfte die Folter nur im ersten Grad (mit Daumenschrauben) angewandt werden, doch hat man sich daran – wie die Hexenprozesse zeigen – nicht ge-

Kupferstiche aus dem vom Innsbrucker Regimentsrat Johann Christof Fröhlich verfaßten Kommentar zur Halsgerichtsordnung Kaiser Karls V., gedruckt 1741. Links ein Ausschnitt mit Blick auf Pranger, Rad und Galgen, rechts eine Gerichtsszene mit Delinquentin und symbolischen Gestalten. Im Hintergrund ist eine Folterkammer mit den entsprechenden Werkzeugen dargestellt.

halten. Für Schwangere und stillende Mütter gab es Einschränkung bei den Körperstrafen, denn den unschuldigen Kindern sollte kein Leid geschehen. Daher wurde auch die Vollstreckung des Todesurteils aufgeschoben, bis eine Schwangere ihr Kind geboren hatte. Vollstreckt wurde die Todesstrafe bei Frauen durch Ertränken, Verbrennen oder durch das Schwert, wobei letzteres als humanste Todesart galt. Oft wurden Frauen „zum Schwert begnadigt", d. h. mit dem Schwert gerichtet, statt ertränkt oder verbrannt. Hängen als Todesart war für Frauen verpönt, wohl aus Gründen der Sittlichkeit. Für die frauenspezifischen Verbrechen Abtreibung und Kindesmord war zwar in der Landesordnung das Pfählen vorgesehen, aber de facto wurde diese Hinrichtungsart nicht praktiziert. Beim Strafausmaß gab es theoretisch keinen Unterschied der Geschlechter. Ob aber die Urteile beim gleichen Delikt wirklich gleich lauteten, könnte nur eine genaue Untersuchung der erhaltenen Gerichtsakten zeigen, ebenso wie bisher noch nicht geklärt ist, ob es beim Zugang zum Recht geschlechtsspezifische Unterschiede gab.

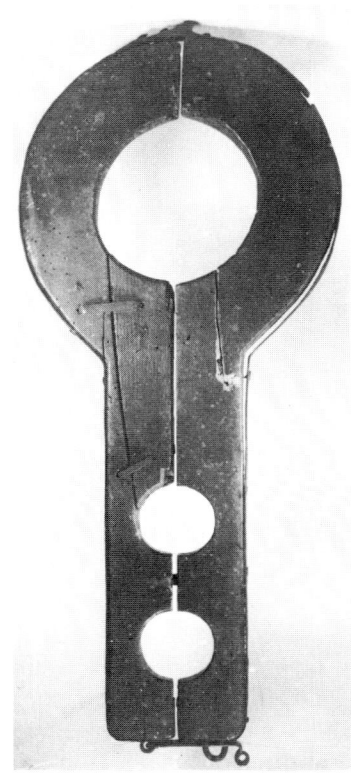

Die sogenannte Schandgeige, mit der Hals und beide Arme gemeinsam gefesselt werden konnten.

◁

Ausschnitt aus der gedruckten Halsgerichtsordnung Maximilians I. aus dem Jahr 1499 mit einigen frauenspezifischen Delikten.

Auf dem Land und in der Stadt

Die überwiegend bäuerliche Bevölkerung Tirols lebte noch bis ins 20. Jahrhundert in streng hierarchisch gegliederten „Haushaltsfamilien" auf ihren Höfen. Diese Großfamilien waren nicht nur wirtschaftliche und soziale Einheiten, sondern spiegelten in ihrer innerfamiliären Struktur auch die staatliche Rechtsordnung. Der Hausvater war absoluter Herr am Hof, Familie und Gesinde waren nicht nur wirtschaftlich von ihm abhängig, sondern auch seiner Disziplinargewalt unterstellt. Zwar verfügte die Bäuerin über die „Schlüsselgewalt" im Haus, hatte aber de facto nur ein sehr beschränktes Verfügungsrecht.

In der Dienstbotenhierarchie rangierten die Knechte vor den Mägden, sowohl was die Bezahlung als auch was die Qualität der Arbeit betraf. Die Arbeitsteilung am Bauernhof wies den Frauen die typisch weiblichen Dienstleistungen zu: die Sorge für Verpflegung und Bekleidung. Mittlere Bauernhöfe hatten früher zwei bis drei Mägde: eine für die Hausar-

Frauen mußten am Feld auch harte Arbeiten verrichten, wie dieses in Tux aufgenommene Bild aus den vierziger Jahren zeigt.

beit, eine für Stall und Feld und die jüngste – die »Gitsche«, wie sie im Pustertal genannt wurde – als eine Art hauswirtschaftlichen Lehrling. Gekocht wurde zumeist von der Bäuerin selbst. Den Küchendienst samt Tischdecken, Servieren und Abräumen besorgte die »Kuchldirn«. Das mühselige wöchentliche Scheuern der Holzfußböden mit Wurzelbürste und Aschenlauge war gerecht unter den Mägden verteilt, ebenso die Arbeit bei der monatlichen großen Wäsche. Bettenmachen, Waschen, Flicken wurde nicht nur für die Familienmitglieder besorgt, sondern auch für das männliche Gesinde. Der Feld- und Stalldirn unterstand das mindere Getier, die Schweine und das Geflügel. Auf dem Feld waren ihr in der Regel die körperlich weniger anstrengenden, aber mühsameren Arbeiten zugeteilt: Heurechen, Unkrautjäten, Kartoffelsetzen. Wenn Not am Mann war, mußten Mägde aber sogar den Pflug ziehen. Die Bearbeitung von Hanf, Flachs und Wolle fiel ebenfalls in den weiblichen Zuständigkeitsbereich.

Frauenarbeit war schlechter bezahlt. Im allgemeinen erhielten die weiblichen Dienstboten nur die Hälfte bis zwei Drittel des Lohnes ihrer männlichen Kollegen. Das galt nicht nur am Bauernhof, sondern auch für die Dienstboten in den städtischen Haushalten.

Durch ihre Arbeitsleistung trugen die Mägde gleich wie die Knechte, die Bäuerinnen nicht weniger als die Bauern, zur laufenden Wirtschaftsführung und zur Erhaltung eines starken Bauernstandes bei. Ja man kann sogar sagen, daß die Bäuerinnen eigentlich die entscheidende Rolle spielten. Dies zeigt sich nicht zuletzt in der Geschichte der Tiroler Erbhöfe, die seit mindestens 200 Jahren in Familienbesitz sind. Auf fast jedem der rund 740 Nord- und Osttiroler Erbhöfe – und in Südtirol war es sicher nicht anders, doch gibt es für diesen Landesteil noch keine derartige Untersuchung – sorgte mindestens einmal, meist jedoch mehrmals im Laufe der Hofgeschichte die Frau für die Weiterführung des Betriebes, nämlich immer dann, wenn der Bauer starb und die Kinder allesamt noch minderjährig waren, was wegen der meist späten Heirat und der geringen Lebenserwartung nicht ungewöhnlich war. In diesem Fall lasteten für viele Jahre die volle Verantwortung für Haus, Hof und Familie und der größte Teil der Arbeit auf den Schultern der Bäuerin. Falls kein anderslautendes Testament vorhanden war, trat die Witwe jedoch nicht in die Eigentumsrechte ein, son-

Verwitwete Bäuerin mit lauter unmündigen Kindern. Für Jahre trägt nun sie alle Verantwortung (Familienfoto der Anna Oblasser in St. Johann im Walde, Osttirol, mit ihren Kindern, 1886).

dern bewirtschaftete das Gut für die Kinder oder zusammen mit ihnen. Dafür stand ihr der Fruchtgenuß zu. Die gesetzliche Erbfolge mit der Bevorzugung des ältesten Sohnes, des Anerben, trat in Kraft, wenn alle Kinder volljährig waren.

Noch heute sind die allermeisten Erbhöfe in männlichem Besitz. Manchmal ist das Eigentum geteilt, nur bei etwas über fünf Prozent sind Frauen die alleinigen Eigentümer. Daß der Titel Erbhof heute auch dann verliehen wird, wenn in den vorgeschriebenen 200 Jahren statt der Erbfolge Vater-Sohn einmal oder öfters eine Tochter — meist zusammen mit ihrem Mann — den Hof übernahm und sich der Besitzername dementsprechend wandelte, ist erst einer Gesetzesänderung von 1957 zu verdanken. Vorher war für die Verleihung des ehrenden Titels nur die männliche Erbfolge anerkannt.

Eine zweite Tatsache läßt den nicht wegzudenkenden Beitrag der Frau am Bauernhof deutlich werden. Immer wieder war sie es, die entweder den in Kriegszeiten oder in Ausübung eines notwendigen Nebenerwerbs abwesenden Mann teilweise oder ganz ersetzen mußte, oder sie mußte ihrerseits neben all ihrer Arbeit am Hof für einen entsprechenden Zusatzverdienst sorgen und damit das Anwesen vor Überschuldung oder gar vor Versteigerung bewahren. Im Grunde hat sich dies bis heute nicht grundlegend geändert, wenn man die Überlastung vieler Bäuerinnen auf Nebenerwerbshöfen oder bei der Zimmervermietung bedenkt. Aber in der Vergangenheit war dies noch viel krasser, weil alle Arbeiten mit wesentlich mehr Zeitaufwand und Mühe verbunden waren. Ganz ohne Nebenerwerb sind in Tirol auch früher nur die wenigsten Bauern ausgekommen, weil der Ertrag der Landwirtschaft nicht ausreichte. Als durch das Versiegen der Bergwerke und Veränderungen im Verkehrswesen viele Verdienstquellen wegfielen, wurde die wirtschaftliche Situation in manchen Landesteilen kritisch. Dazu kam seit dem Beginn des 18. Jahrhunderts eine starke Zunahme der Bevölkerung, was die Krise verschärfte und immer weitere Kreise der Landbevölkerung in Mitleidenschaft zog. Trotz verschiedener Bemühungen um bessere Anbau- und Wirtschaftsmethoden und neue, ertragreichere Produkte, verbesserte sich die Situation kaum, ja die langen Kriegsjahre von 1796 bis 1814 brachten neue Not. Hungerjahre folgten, Katastrophen und erneute Anstrengungen, die Tiroler Landwirtschaft aus der Krise zu führen. Nichts half. Erst gegen Ende des 19. Jahrhunderts, als sich eine neue Politikergeneration intensiv um die Probleme der Landwirtschaft (Verschuldung, Agrarmarkt, Kapitalmangel) kümmerte, landwirtschaftliche Schulen, genossenschaftliche Selbsthilfeorganisationen (z. B. Raiffeisenkassen) und auf Landesebene eine starke Interessensvertretung (Landeskulturrat, später Landwirtschaftskammer) entstanden, besserten sich die Verhältnisse allmählich, konnte die Not des Bauernstandes überwunden werden.

Bis es soweit war, mußte man sich auf den Bauernhöfen eben irgendwie durchfretten. Daß dies überhaupt möglich war, ist – wie gesagt – einer Großleistung der Frauen zu verdanken. Seit dem 18. Jahrhundert, zum Teil schon früher, war es in vielen Gegenden üblich, daß sich die Männer in den Sommermonaten als Saisonarbeiter im Ausland verdingten und den Frauen die Landwirtschaft praktisch allein überlassen war. Am größten war die Wanderbewegung in den Seitentälern des Trentino, im oberen Vinschgau und im Oberinntal, im Zillertal, Lechtal und in Defereggen – lau-

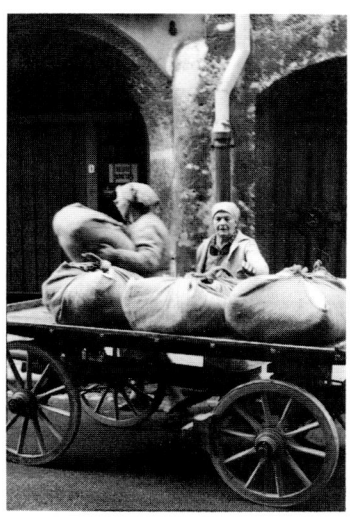

Sellrainer Wäscherinnen vor dem Haus einer Kundschaft in der Innsbrucker Altstadt (mit Pferdewagen); unten ist eine Wäscherin in den fünfziger Jahren noch mit Handkarren unterwegs.

ter Bergbauerngebiete, wo die Höfe klein und ihr Ertrag gering war. Im Oberinntal wanderten auch Frauen im Herbst als Erntearbeiterinnen nach Schwaben. „So um Jakobi", berichtet ein Augenzeuge, „wanderten sie in vier oder fünf Tagen zu einem Bauern ins Schwabenland und verdingten sich dort für die Zeit der Kornernte als Arbeiterinnen, je eine bei einem Besitzer. Einen halben Tag mußten sie dem Bauern bei der Arbeit helfen, den anderen Halbtag durften sie für sich verwenden und auf dem Acker die zurückgebliebenen Ähren sammeln. Bei großem Fleiß brachte so eine Ährensammlerin im ganzen vier bis fünf Streichmaß (72 bis 90 kg) Korn zusammen. Mit dem Erträgnis ihrer Arbeit zogen die Weiber dann wieder heim." Ähnliches war im Iseltal und in seinen Seitentälern üblich. Von dort gingen die Frauen über den Felbertauern in den salzburgischen Pinzgau, um sich im Frühjahr als „Jäterinnen", im Spätsommer und Herbst als Erntehelferinnen zu verdingen.

Bewundernswert ist der Einfallsreichtum und der Unternehmergeist der Bauersfrauen und Kleinhäuslerinnen in manchen Gegenden. Die Sellrainerinnen etwa wuschen die Wäsche für viele Innsbrucker Haushalte, holten sie auf ihren Handkarren aus der Stadt und brachten sie den Kunden wieder zurück. Gerade im Dienstleistungsbereich boten sich in Stadt und Land manche Chancen, auch für alleinstehende Frauen. Die »Bötinnen« etwa brachten in ihren übervoll beladenen Buckelkörben landwirtschaftliche Erzeugnisse von den kleinen Dörfern in die größeren Orte und Städte, wo sie wiederum im Auftrag ihrer »Kunden« am Land diverse Erledigungen tätigten und Einkäufe machten (z. B. Zucker, Salz, Waschmittel, Medikamente).

Eine Sellrainer Wäscherin erzählt

Die Türen der Waschhütten im Sellraintal wurden 1975 zum letztenmal geschlossen. Die moderne Technik in Form der Waschmaschine hat den Frauen im Sellraintal ihre jahrzehntelange Einnahmequelle genommen. Kaum ein Bauernhaus im Sellraintal, wo nicht eine oder mehrere Frauen für ihre Innsbrucker Auftraggeberinnen gewaschen haben. Heute erinnert sich eine dieser Sellrainer Wäscherinnen (Interview aus einem ORF-Film von Gudrun Seelos):

Fünfmal in der Woche sind wir um drei Uhr früh aufgestanden und haben den ganzen Tag durch bis Mitternacht gewaschen. In diesen drei Stunden haben wir uns nicht einmal aufwärmen können, geschweige denn einschlafen. Alle Frauen im Tal waren trotzdem froh über diese Verdienstmöglichkeit, weil es nichts anderes gegeben hat. Die Männer haben die Landwirtschaft geführt, und wir haben das Geld verdient, um den Hof überhaupt halten zu können. Viele Bauern hätten längst aufgeben müssen, wenn wir nicht gewaschen hätten.

Der Arbeitstag hat immer damit begonnen, daß man Feuer gemacht hat, um heißes Wasser zu bekommen. Die Methode des „Seachtlns" hat man nicht nur im Sellraintal angewandt, sondern auch in anderen Teilen des Landes. Aber das Sellraintal war bekannt dafür, daß die Wäsche besonders weiß geworden ist, was mit dem weichen Wasser der Melach zusammenhing. Das Seachtln war die schwierigste Arbeit des ganzen Waschvorganges, da immer wieder Aschenlauge in die hineingeschichtete Wäsche geschüttet werden mußte, so lange, bis die Wäsche so richtig schwarz war. Das war etwas, wobei uns die Männer sogar manchmal geholfen haben, weil sie am Abend nach getaner Stallarbeit ja nichts mehr zu tun gehabt haben. Und wenn sie uns nicht geholfen haben, so sind sie doch in die Waschküche gekommen und haben uns ein Schnapsl gebracht oder haben uns sonst aufgemuntert, was manchmal sehr lustig gewesen ist.

Das Schlimmste war immer die Kälte. Obwohl wir dick angezogen waren, kroch sie nach wenigen Stunden unter die Kleider, und wenn wir nicht aufgepaßt haben, sind die Schuhe am Steinboden der Waschhütten angefroren. Stück für Stück mußte nach dem Seachtln gebürstet werden und dann „gebluit", das heißt, die Wäsche mußte mit einem etwa 1 kg schweren Holzklotz geschlagen werden, sodaß der letzte Schmutz auch wirklich herausgegangen ist.

Nicht nur verheiratete Frauen haben gewaschen, viel schlimmer war es für die ganz jungen Mädchen, die haben mir immer so leid getan, wenn ihnen vor Kälte und Erschöpfung die Tränen heruntergeronnen sind. Tränen, die auch in den kurzen Nachtstunden nicht versiegt sind, wenn jeder Versuch, sich zu erwärmen, in den Strohbetten nichts genützt hat...

Beim bäuerlichen Hausgewerbe, einem durchwegs schlecht bezahlten Nebenverdienst der Kleinbauern, gab es bestimmte Formen, die von Frauen ausgeübt wurden, vor allem die Heimspinnerei und Heimweberei. Die benötigten Rohstoffe – Wolle, Hanf, Flachs, Baumwollgarn – wurden teils selbst erzeugt, teils zugekauft. Bei der Verarbeitung half die ganze Familie mit. Drei Tage bei einer täglich 15- bis 16stündigen Arbeitszeit brauchte eine Familie, um ein Kilo Wolle zu Strickgarn zu verarbeiten. Alle Arbeitsvorgänge, das Aussieden, Reinigen, Kämmen, Spinnen und Aufwikkeln fanden in Küche und Stube statt. Bei 160 Arbeitstagen betrug der jährliche Verdienst um 1900 nur 50 Gulden, ein Betrag, den das k. k. Gewerbeinspektorat als „Hungerlohn" bezeichnete. 60 Gulden verdiente eine Hausweberin bei gleicher Arbeitszeit. Eine Hilfsarbeiterin in einer Fabrik erhielt in einer Woche (sechs Zehn-Stunden-Tage) 5 Gulden, war also besser dran als diese bäuerlichen Heimarbeiterinnen. Acht bis 13 Kreuzer (ein Kilo Zucker kostete 41 Kreuzer) erhielten die Frauen im Fleimstal für 25 Ellen selbstgewebter bunter Baumwollborte, wozu sie acht Stunden benötigten, was einen Wochenlohn von nicht einmal einen Gulden gleichkam. Sie kauften das Baumwollgarn beim Krämer im Dorf und verkauften ihr Endprodukt ebenda oder an durchreisende Hausierer.

Da die meist armen Familien das Rohmaterial nicht selbst bezahlen konnten, entwickelte sich seit dem 17. Jahrhundert das „Verlagssystem". Begüterte Händler, die „Verleger", stellten das Rohmaterial zur Verfügung und übernahmen das Endprodukt zu einem festgesetzten Preis. Zunächst wurde diese Art der Heimarbeit von nichtbäuerlichen weiblichen Arbeitskräften betrieben, vor allem von den Angehörigen der Bergknappen in Schwaz, die nach dem Verfall des Bergbaues ihre Familien nicht mehr ernähren konnten. Kleine Verlegerinnen lieferten die Wolle, und die Frauen und Mädchen strickten daraus Strümpfe, Schlafmützen und die sogenannten Fatzelhauben, die bei der Tiroler Frauentracht im Winter eine wichtige Rolle spielten. Ende des 18. Jahrhunderts waren in Schwaz über 400 Frauen und Kinder mit Stricken und Spinnen beschäftigt.

Auf ähnliche Weise verdienten sich die Paznaunerinnen ihr Zusatzeinkommen. Sie verfertigten Kniestrümpfe, Socken, Handschuhe und Fäustlinge und waren dabei so fleißig, daß „man auf der Straße selten einer Paznaunerin begegnet, die, selbst mit dem Tragkorb auf dem Rücken, nicht eine halbfertige Arbeit und die Stricknadeln in den Händen hält". Teils wurde die Wolle von den eigenen Schafen verstrickt, teils lieferte ein Kappeler Handelsmann das Rohmaterial und sorgte für den Vertrieb. Für ein halbes Kilo verstrickter Wolle — das waren fünf Kniestrümpfe und 20 Stunden Arbeit — erhielten die Frauen 30 Kreuzer; womit sie durchschnittlich 15 Gulden im Jahr verdienten, das ist etwas mehr, als ein Handwerksgeselle in der Woche verdiente und zum Leben auch brauchte. Um 1900 wurden in Kappl von 400 Frauen jährlich 8000 kg Wolle verstrickt. Im Schnalstal strickten die Frauen und Mädchen kunstvoll gemusterte Strümpfe aus weißer und schwarzer Wolle, die auf den Bozner und Meraner Märkten ihre Abnehmer fanden.

Im Brixental, in Alpbach und Passeier wurden aus Weizen- und Roggenstroh Strohhüte geflochten. Auf dem Mieminger Plateau und in Rietz war seit dem Beginn des 19. Jahrhunderts das Rosenkranzketteln weit verbreitet, auch Telfer Fabriksarbeiterinnen verschafften sich damit ein Zusatzeinkommen. Einige Innsbrucker Verleger lieferten die aus dem Ausland bezogenen Körner, und die Frauen fügten sie mit der Kettelzange zu Rosenkränzen zusammen. Mit der Rohstoffverteilung und dem Wiedereinsammeln waren in einzelnen Orten eigene „Meisterinnen" betraut. Für ein Dutzend Rosenkränze erhielten die Frauen um 1900 nur 10 bis 13 Kreuzer, verkauft wurden sie in Innsbruck zuzüglich der Materialkosten um das Drei- bis Fünffache. Manche Frauen arbeiteten auf eigene Rechnung und verkauften ihre Rosenkränze bei den Volksmissionen. Eine geübte Kettlerin konnte bei 13- bis 16stündiger Arbeitszeit höchstens 50 Kreuzer, also einen halben Gulden, täglich verdienen.

In den ladinischen Dolomitentälern Gröden, Enneberg und Fassa wurde Holzspielzeug hergestellt. Am mißlichsten war die Lage der Fassaner; die Schnitzer verarbeiteten entweder das von der Gemeinde gestellte Brennholz oder stahlen das Rohmaterial in den Gemeindewäldern. Daher erlaubten die Behörden das Schnitzen nur in den Wintermonaten, doch niemand hielt sich daran. Heimlich bei Nacht schnitzten ganze Familien ihre ungelenken Holztiere, wobei sie nur bestimmte Formen beherrschten. Der Verkauf der rohen, unkolorierten Ware brachte wenig ein.

Qualitätsvoller waren da schon die über 300 Arten von Grödner Schnitzereien: religiöse Volkskunst, Kinderspielzeug, Gliederpuppen, Puppenköpfe, Krippenfiguren und mit Schnitzereien verzierte Gebrauchsgegenstände. Auch bei den Grödner Schnitzern war die gesamte Familie beschäftigt, Mädchen und Frauen vornehmlich mit dem Bemalen. Diese Arbeit war gefährlich, denn die arsen- und bleihältigen Farben waren gesundheitsschädlich. Daß viele Frauen auch das Schnitzen beherrschten, beweist das Ver-

Zu ihrer Zeit eine der berühmtesten Tirolerinnen: Maria Faßnauer aus Ridnaun bei Sterzing, als „Riesin Mariedl aus Tirol" viel bewunderte Attraktion von Volksfesten und Kuriositätenausstellungen in ganz Europa. Diese Postkartenaufnahme stammt aus dem Jahr 1906.

Beim Figurenschnitzen in Gröden, um 1910.

zeichnis der 1826 vom Tiroler Landesmuseum angekauften 769 Grödner Schnitzereien: 31 davon stammen nachweislich von Frauen.

In Südtirol und im Trentino weit verbreitet war das Spitzenklöppeln, teils aus alter Tradition, teils als Arbeitsplatzbeschaffungsprogramm für Mädchen neu eingeführt. Im Laufe des 19. Jahrhunderts wurden spezielle Schulen und Kurse in Proveis, Predazzo, Primör, Lusern und im Ahrntal eingerichtet. Bei der Bevölkerung war diese Art von Heimarbeit nicht besonders angesehen, ja viele Mädchen mußten sich den Besuch der Klöppelschule förmlich erkämpfen – offensichtlich empfand man auf dem Lande diese filigrane Handarbeit als unangemessen. Nur das von der Schule aufgebaute effiziente Vertriebssystem und die entsprechende Bezahlung konnte die Bauern bewegen, ihren Töchtern den Besuch zu gestatten. Die feinen Baumwollspitzen wurden in ganz Europa verkauft, die Musterkollektionen lagen auch in den Hotels der aufblühenden Fremdenverkehrsorte in Tirol und Kärnten. In Prettau klöppelten um 1900 vornehmlich in den Wintermonaten 100 bis 120 Frauen. Der Verkauf der Waren wurde durch Hausierer besorgt.

Ab der Mitte des 18. Jahrhunderts entstanden neue Großunternehmen, die „Manufakturen", die sich die herkömmliche Heimarbeit zunutze machten. Am verbreitetsten war das Verlagssystem bei den Spinnereien und Webereien. Neben verschiedenen kleineren Verlegern in Innsbruck und

Schon sehr früh begannen die Mädchen im Ahrntal mit dem Klöppeln (Ansichtskarte von ca. 1910).

In einer Klöppelschule

Bericht über die Klöppelschule in Predazzo. (Edgar Astolfi, Das Spitzenklöppeln in Tirol, in: Bericht der k. k. Gewerbe-Inspection über die Heimarbeit in Österreich, Wien 1900)

Die Schule beschäftigt abwechselnd etwa 65 Mädchen im Alter von 12 bis 30 Jahren und vertheilt unter diese nach eigenem Ermessen, je nach der Fähigkeit und Begabung der Einzelnen, die einlangenden Bestellungen. Die Klöpplerinnen erhalten von der Schule das zu den Spitzen erforderliche Garn ausgefolgt, wie ihnen auch die unbrauchbar gewordenen Klöppel gegen neue ausgetauscht werden, indem man ihnen hiefür 10% vom Verkaufspreise der erzeugten Spitzen abzieht. Die Entlohnung geschieht, wie bereits erwähnt, seitens der Schule und stets sofort bei der Ablieferung der Erzeugnisse, welcher Vorgang sich als unumgänglich nothwendig erwies, um die Arbeiterinnen an die Schule zu fesseln. Von den erwähnten Klöpplerinnen haben ungefähr zwei Drittel bereits den eigentlichen Unterricht absolviert, besuchen jedoch auch gegenwärtig noch, nach Maaßgabe des im Schullocale verfügbaren Raumes, abwechselnd die Schule theils um neue Muster zu erlernen, theils um schwierigere Arbeiten unter Anleitung der Lehrerin auszuführen, endlich auch, um nicht in ihren dürftigen Behausungen arbeiten zu müssen.

Das einzige in der Schule vorhandene Local mißt 6 auf 6 auf 3·6 m und beherbergt zeitweilig bis zu 48 Arbeiterinnen, so daß bei voller Besetzung auf den Kopf nur ein Luftraum von wenig mehr als 2·5 m entfällt. Die Beschaffenheit der Luft in diesem Raume ist begreiflicherweise, besonders wenn in Folge ungünstiger Witterung die Fenster geschlossen gehalten werden müssen, eine sehr schlechte und wird zur Abendzeit durch die vielen hier brennenden Petroleumlampen noch unerträglicher gemacht. Die Gemeinde, welcher das Schulhaus gehört, hat sich gegenüber den wiederholten Bitten der Schulleitung um Zuweisung wenigstens noch eines zweiten Locales, trotzdem verfügbare Räume im Hause zur Genüge vorhanden sind, stets ablehnend verhalten, wie sie sich auch weigerte, obwohl alle umliegenden Häuser bereits mittelst Elektricität beleuchtet sind, diese Beleuchtungsart im Schullocale einzuführen.

In der Schule wird während des ganzen Jahres Unterricht erteilt bezw. gearbeitet. Die tägliche Arbeitszeit ist eine 10stündige, fängt um 6 Uhr früh an und dauert, bei Einhaltung einer 2stündigen Mittagspause, bis 6 Uhr abends. Sind dringende Bestellungen zu erledigen, so wird mitunter auch bis 9 und 10 Uhr nachts gearbeitet, was mit Bezug auf die früher erwähnten räumlichen Verhältnisse besonders auf die jugendlichen Arbeiterinnen von höchst nachteiligem Einflusse sein muß. Jene Mädchen, die zu Hause klöppeln, arbeiten mit eigenen Werkzeugen und nur nach Maaßgabe ihrer verfügbaren Zeit, da sie außerdem noch von ihren Eltern zur Verrichtung anderweitiger Arbeiten in Haus und Hof herangezogen werden; sie ersetzen dann durch Zuhilfenahme der Nacht die während des Tages für die Spitzenerzeugung verloren gegangene Zeit. An Sonntagen ist die Schule geschlossen, doch wird zu Hause ab und zu geklöppelt.

Schwaz nutzte die 1756 gegründete Strelesche Handelscompagnie in Imst dieses System in großem Stil. Die vertraglich an die Firma gebundenen Spinner und Spinnerinnen holten Flachs und Baumwolle von der Fabrik, später von eigens eingerichteten Niederlassungen an zentralen Orten im Oberinntal und im Vinschgau. Daheim an ihren Webstühlen stellten sie die Stoffe her, und in der Imster Fabrik wurde dann appretiert, gedruckt, gefärbt. Die Frauen spezialisierten sich auf die feineren Gewebe, auf Flor, Schleier, Musselin und Blumenstickerei. Bezahlt wurde nach dem Gewicht der erzeugten Ware; auch hier reißen die Klagen über die niederen Löhne nicht ab. In ihren besten Zeiten beschäftigte die Strelesche Compagnie 10 Prozent der Oberinntaler Bevölkerung. Ähnliche, aber nicht so große Betriebe gab es in der Wildschönau und in Reutte. Die Erfindung der Dampfmaschine und andere technischen Neuerungen machten dem Verlagssystem im 19. Jahrhundert ein Ende.

Doch blieben die Frauen ihrem Berufsbild treu. Im 19. Jahrhundert befanden sich ihre Arbeitsplätze nicht mehr hinter dem eigenen Webstuhl, sondern in den Textilfabriken, vor allem in Innsbruck, Telfs, Bozen und in einigen Welschtiroler Orten. Rund 5000 Frauen arbeiteten dort um 1900 neben ca. 6000 Männern. Auch die wenigen Fabri-

Das Anrichten des Mörtels war bei fast allen Bauarbeiten Frauenarbeit, hier beim Bau der Pustertalbahn 1870/1871 (Ausschnitt aus einem Foto der Baustelle Bahnhof Innichen). ▷

Frauenarbeit in der Welschtiroler Spinnerei Bozzoni bei Riva (Aufnahme um 1875).

ken anderer Produktionszweige beschäftigten Frauen, die vielfach aus städtischen Randgebieten, Vorstädten und stadtnahen Dörfern kamen. In Innsbruck arbeiteten zum Beispiel viele Mädchen aus St. Nikolaus, der sogenannten „Koatlacken", im 1859 gegründeten Gaswerk. Angesehen war diese Tätigkeit bei allen halbwegs Bessergestellten nicht. Mißtrauisch beobachtete man das Entstehen einer „neuen Menschenklasse" und deren Gewohnheiten, etwa daß „bei den Fabriklern", wie Alois Brandl in seinen Erinnerungen erzählt, „Burschen und Mädeln in einer Schar" gingen, „wie man es bisher nicht gewohnt war. Es mußte einer Familie schon recht schlecht gehen, bis sie erwachsenen Kindern erlaubte, ‚ins Gas' zu gehen."

Viele Frauen vom Land fanden in der zweiten Hälfte des 19. Jahrhunderts beim Eisenbahnbau und um 1900 bei den zahlreichen neuen Straßenobjekten Arbeit. „Mörtel"- oder „Malterweiber" gehörten auch auf anderen Baustellen bis zum Zweiten Weltkrieg zum alltäglichen Bild. Gleichzeitig begann die stete Zunahme des Fremdenverkehrs, was den traditionellen Frauenberufen im Gastgewebe neue Chancen eröffnete, wobei die Anforderungen allerdings enorm, das Verdienst dagegen eher gering war. Aber es war für viele Familien in Stadt und Land eine Hilfe.

Das bäuerliche Hausgewerbe erlebte ebenfalls in manchen Gegenden kurz vor 1900 eine letzte Blütezeit, bevor endgültig die billigere Fabriksware den Markt im eigenen Lande ruinierte und auch den Export unrentabel machte. Bisher wurden die auf den Bauernhöfen erzeugten Produkte von ortsansässigen Händlern vermarktet. Neben den wohlhabenden und gut organisierten Handelskompagnien hatte es eine Unmenge kleiner Hausierer gegeben, die im Frühjahr mit ihrem Rückenkorb loszogen und mit allem handelten, was Gewinn versprach: mit Kastanien aus Südtirol, Handschuhen und Wollteppichen aus dem Pustertal, Enzianwurzeln aus dem Lechtal, Spielwaren aus Gröden, Schmalz, Käse und Heilmittel aus dem Zillertal usw. Frauen der unteren sozialen Schichten stellten einen beträchtlichen Anteil in diesem Gewerbe, wobei sie nicht selten ihr Einkommen durch Kleinkriminalität und Prostitution aufbesserten. Auf den großen europäischen Handelsplätzen verstand man „Tirolerin" oder „Grödnerin" nicht als Herkunftsbezeichnung, sondern als Vertreterin eines gewissen Gewerbes. „Der Liebeshandel ist der Tiroler Mädchen bester Verdienst",

Zillertaler Wanderhändlerin auf einer Zeichnung von Karl von Lutterotti (1823).

schreibt ein unbekannter Autor unter dem Pseudonym Jacques Le Pensif in seinem „Merkwürdigen Leben einer sehr schönen und weit und breit gereisten Tirolerin". Zusammen mit Komödianten, Gauklern, Dieben und Soldaten zählten die Hausierer zum fahrenden Volk, das nirgends für längere Zeit geduldet war. Nur drei Tage durften sich Grödnerinnen und Juden in Meran aufhalten, verfügte 1830 der dortige Stadtrat.

Auch sonst waren die Frauen in den Städten um nichts besser gestellt als am Land. Noch 1849 bestimmte die in Tirol gültige Gemeindeordnung: „Frauenspersonen können selbständig das Bürgerrecht nicht erwerben", sondern nur durch Verehelichung. Dieser Grundsatz galt schon in den vorhergehenden Jahrhunderten im Sinne des Familienprinzips, nach dem der Hausvater seine ganze Familie und das Gesinde vertritt. In Bozen, Innsbruck und Hall finden sich in den Bürgerlisten keine Frauen. Da alle politischen Rechte innerhalb einer Gemeinde mit der Verleihung des Bürgerrechtes verbunden waren, blieben die Frauen automatisch ausgeschlossen. Doch erleichterte die Ehe mit einer Bürgerstochter dem Neuankömmling die Aufnahme in die Bürgerschaft. Offenkundig waren kleinere Städte weniger rigoros. Rattenberg zählte 1550 107 Bürger und 20 Bürgerinnen, letztere alle selbständig erwerbstätig, verwitwet und mit Hausbesitz in der Stadt.

Die Inwohner einer Stadt waren Bürger zweiter Klasse, hatten aber noch immer mehr Privilegien als die übrige städtische Bevölkerung. Im Inwohnerverzeichnis von Bozen finden sich zwischen 1551 und 1806 bei 12.000 Namen rund 1000 Frauen, leider eher selten mit Berufsangaben. In diesen 250 Jahren wurden in Bozen als Inwohner aufgenommen u. a. 12 Hebammen, zwei Häuserinnen, 23 Dienstmägde, 17 Krankenwärterinnen, 120 Näherinnen, zehn Händlerinnen, zwei Schulmeisterinnen, 70 Hilfskräfte, zwei Wirtinnen, eine Buschenkellnerin und sechs Köchinnen.

Die Liste zeigt deutlich, daß die berufstätige Frau durchaus keinen Seltenheitswert hatte. In allen Tiroler Städten waren im Gastgewerbe, im Handel, im Sozialdienst und bei den Kleidermachern zahlreiche Frauen beschäftigt, teils ledig, teils verheiratet, sehr oft verwitwet. Auch bei ungewohnten Tätigkeiten waren sie anzutreffen. Beim Umbau von Schloß Ambras erhielten 1579 die 21 „Mörtelweiber" zwischen fünf und sechs Kreuzer und damit den üblichen Hilfsarbeiter-

Magdalena Gaismair, die Frau des Bauernführers

Aus dem Mittelalter und der frühen Neuzeit wissen wir – von einigen wenigen Landesfürstinnen abgesehen – kaum etwas über die Frauen der „Männer, die Geschichte machten". Eine Ausnahme bildet die Frau Michael Gaismairs, des Bauernführers von 1525. Magdalena Gaismair teilte sein Schicksal und mußte schließlich mitansehen, wie ihr Mann am frühen Morgen des 15. April 1532 in Padua von gedungenen Mördern brutal niedergestochen wurde.

Dabei kam alles ganz unerwartet. Michael Gaismair gehörte als Sekretär des Bischofs von Brixen und Besitzer von Bergwerksanteilen im Sterzinger Raum einer wohlhabenden Mittelschicht an. Anfang 1525 erwartete seine Frau Magdalena ihr erstes Kind. Doch Erfolg, Wohlstand und Familienglück machten Michael Gaismair nicht unempfindlich für Mißstände, Ungerechtigkeiten und soziale Not. So stellte er sich bei Ausbruch des Bauernaufstandes im Mai 1525 den Rebellen als deren Sprecher und Anführer zur Verfügung. Dieser Schritt bedeutete auch für seine Frau, daß sie in den Wirbel der Politik und des Kampfes mit hineingezogen wurde. Im Oktober desselben Jahres wurde sie eingesperrt und verhört, weil man von ihr den Aufenthalt ihres Mannes erfahren wollte, der nach dem Zusammenbruch der Erhebung eingesperrt worden war, aber entfliehen hatte können. Aus seinem Versteck in den Bergen von Sterzing protestierte Michael Gaismair gegen diesen Schritt: Man habe seine Frau „ungestüm" behandelt, sodaß sie und der kleine Säugling krank geworden seien, und vor dem Landrichter zu Sterzing sei ihr durch den Klosteramtmann Kirchmair von Neustift „frävenlich gedroet worden, sy zu klemmen und gewalt an sy zu legen, damit sy seinem lugenhaftigen begern nach wider mich anzaigung thun sollt".

Als Gaismair dann in die Schweiz floh und die Regierung ihn durch Versprechungen zurück nach Innsbruck locken wollte, durfte Magdalena ihrem Mann nachreisen und ihm einen offiziellen Geleitbrief bringen. Allein der Bauernführer ging nicht mehr in die Falle. Als er schließlich nach Kämpfen im Salzburgischen und einem mißglückten Zug ins Pustertal erneut ins Ausland mußte und sich in Padua niederließ, folgte ihm seine Frau Magdalena mit Tochter Anna nach. Im italienischen Exil wurden in den nächsten Jahren Sohn Michael Markus und zwei weitere Töchter geboren.

Nach der Ermordung ihres Mannes schrieb die unglückliche Frau einen aufrüttelnden Brief an die Regierung Venedigs, in dem sie die Verfolgung der Mörder forderte und gleichzeitig bat, den Leichnam ihres Mannes in geweihter Erde bestatten zu dürfen, was ihr die kirchliche Obrigkeit Paduas ursprünglich versagt hatte, da Michael Gaismair als „Ketzer" galt. Im Frühjahr 1533 verkaufte sie den von ihrem Mann erworbenen Besitz in Caposeda und übersiedelte mit ihren vier Kindern nach Zürich, wo sich die Spur von Gaismairs Frau und Kindern verliert.

lohn. Viele Kleinhäuslerinnen lebten vom Spinnen, Wäschewaschen, Zimmervermieten und fütterten ihre Ziege mit dem vom Wegrand gerupften Gras. Johanna Putzer aus Meran hat sich nach dem Tod ihres Bruders 1787 sogar um dessen Scharfrichterstelle in Hall beworben — vergeblich, denn die Todesstrafe wurde im selben Jahr zum ersten Mal abgeschafft.

▷ *Ältestes Frauenporträt auf einer Tiroler Grabplastik: die 1396 verstorbene Anna von Kastelbark, die Frau des Ritters Johann Kummersbrucker Freiherr zu Kundelburg, den die einstige Deckplatte einer Tumba in Rattenberg ebenfalls zeigt.*

◁ *Innsbrucker Bürgersfrau (laut lateinischer Inschrift „Tiroler Frau aus Innsbruck") aus einer Serie kolorierter Holzschnitte mit bürgerlichen Trachtenbildern aus der Zeit um 1580.*

Der älteste Bildnisgrabstein einer Bürgerin, der Anna Hoferin in Schwaz (1493).

Die Zunftordnungen erlaubten den Witwen die Weiterführung des Betriebes nach dem Tod des Ehemannes. Allerdings sollte sie bald wieder heiraten, denn auf diese Weise kam ein Gesell zu Meisterehren. Überlegte sich eine Witwe die neue Eheschließung gar zu lange, konnte sich schon die zuständige Zunft- bzw. Bruderschaft einmischen, um die Sache voranzutreiben. So heiratete 1695 die Witwe des Steinmetzmeisters Veit Span den Gesellen Baldemair nur deshalb, weil ihr die Bruderschaft bei der selbständigen Fortführung des Betriebes Schwierigkeiten machte. Da die Handwerksbetriebe selten mehr als zwei Lehrlinge und zwei Gesellen hatten, war das Personal überschaubar. Doch durften Witwenbetriebe keine Lehrlinge ausbilden; starb der Meister, mußten sich seine Lehrlinge einen neuen Lehrplatz suchen. Ungelernte weibliche Bedienstete gab es bei den Gewerbebetrieben schon seit dem Mittelalter. Bereits das Brixner Stadtrecht von 1380 gestattete z. B. dem Müller zwei und dem Bäcker eine Dirn.

Mit der kontinuierlichen Aushöhlung der strengen Zunftordnungen nisteten sich in den Marktnischen neue freie Gewerbe ein, zu denen auch die Frauen Zugang fanden. In Bozen gab es im 18. Jahrhundert eine Hostien- und drei Krapfenbäckerinnen, zwei Seifensiederinnen, eine Tuchschererin, zwei Haubenmacherinnen und eine Bandmacherin. 1830 erteilte der Meraner Stadtrat einem Schneidermeister, der um eine Gewerbekonzession nachsuchte, die Auskunft, „daß der Lokalbedarf umsomehr gedeckt sei, als von höherer Stelle gegen das Einraten der Ortsobrigkeit die Gerechtsame, Frauenzimmerkleider zu machen, auch an die darum anhaltenden Weibspersonen erteilt wird und die Frauenzimmerkleidermacher wegen dadurch verursachten Mangels an Arbeit genötigt werden, sich auch mit der Verfertigung von Männerkleidern zu befassen".

Ein Berufsstand, der den Frauen ein weites Betätigungsfeld einräumte, war das Gastgewerbe. Der Wirtsberuf galt als sozialer Aufstieg, wer tüchtig war, brachte es zu Ansehen und Wohlhabenheit. Dabei fiel den Wirtinnen eine entscheidende Rolle zu. Viele von ihnen haben sich einen legendären Ruf erworben: Rosa Cammerlander vom Steinbock in Steinach, Therese Esterhammer vom gleichnamigen Gasthaus in Rotholz, Emma Hellenstainer in Niederdorf, später auch in Meran, Julie Innerhofer vom Grauen Bären in Innsbruck, Ida Jäger von der Post in Lermoos, die „Pfandl-

Emma Hellenstainer, die weltberühmte „Frau Emma"

Altbekannt ist die Geschichte, daß eine Postkarte aus Übersee mit der Anschrift „An Frau Emma, Europa" die Adressatin erreichte, nämlich Frau Emma Hellenstainer, die Schwarzadlerwirtin in Niederdorf im Pustertal. Sie ist wohl die berühmteste Wirtin, die je in Tirol einen Gastbetrieb führte. War sie schon zu Lebzeiten ihres Mannes, als die neuerbaute Ampezzanerstraße und später der vom Schwarzadlerwirt eingerichtete Stellwagenverkehr durch das Pustertal die Ortschaft belebten, die Seele des Betriebes, so führte sie nach Josef Hellenstainers frühem Tod in den Jahren von 1858 bis 1887 das Gasthaus ganz allein in die neue Zeit des beginnenden Fremdenverkehrs, um den sie sich auch durch ihre Anregungen zur Ortsverschönerung große Verdienste erwarb.

Geboren ist Emma Hellenstainer 1817 in St. Johann in Tirol. Sie arbeitete zuerst im Gasthof des Vaters Johann Hausbacher als Kellnerin, erwarb bei den Ursulinen in Innsbruck Allgemeinbildung sowie Kenntnisse in italienischer Sprache und Hauswirtschaft und wurde schließlich in ein Hotel nach Salzburg zur Vervollkommnung ihrer Kochkunst geschickt. Als die Mutter das Bräuhaus an der Rienz bei Toblach erbte, wurde die erst zwanzigjährige Emma mit der schwierigen Aufgabe betraut, dieses Unternehmen zu leiten. So kam die St. Johannerin ins Pustertal, wo sie nach einigen Jahren Josef Hellenstainer von der Postmeisterfamilie in Niederdorf heiratete, der von seinem Onkel das Wirtshaus „Schwarzadler" erbte, worauf das junge Paar das Bräuhaus in Toblach verkaufte. Während sich Emma ganz dem Niederdorfer Gastbetrieb widmete und mit zahlreichen Verbesserungen bald neue Gäste gewann, zog Josef Hellenstainer ein Frachtunternehmen und einen Stellwagenbetrieb auf.

Man wird die Leistung der Frau Emma Hellenstainer noch mehr würdigen, wenn man weiß, daß sie sich nicht nur in Gastwirtschaft, Haushalt und Familie um alles selbst kümmerte, sondern – so nebenbei – innerhalb von 12 Jahren sieben Kinder zur Welt brachte, von denen eines im ersten Lebensjahr verstarb.

Zwar gab es bereits in den fünfziger und sechziger Jahren immer wieder vornehme Kurgäste aus den verschiedensten Ländern – 1862 die erste englische Familie –, doch

Rechts:
Emma Hellenstainer mit ihren Kindern im Jahr 1861.

Links:
Die berühmte Wirtin kurz vor der Übergabe des Betriebes an ihren Sohn.

brachte den ganz steilen Aufschwung des Fremdenverkehrs im Hochpustertal erst der Bahnbau der Jahre 1870/71 und der immer mehr in Mode kommende Alpinismus, da Niederdorf gerne zum Ausgangspunkt für Ausflüge in die Dolomiten gewählt wurde. Ein erhalten gebliebenes „Fremdenbuch" des „Schwarzadlers" setzt 1872 ein und enthält Eintragungen bis 1885. Es zeigt, daß die Gästeschar der Frau Emma immer internationaler wurde. Reisende aus England, den USA, aus Ägypten oder gar aus Australien stiegen bei ihr ab. Allerdings überwiegen die Erholungssuchenden aus der Donaumonarchie.

Während der großen Überschwemmungskatastrophe von 1882, die Niederdorf besonders hart in Mitleidenschaft zog, kümmerte sich Emma Hellenstainer mit größter Aufopferung um ihre Gäste und erntete dafür besonders viel Lob und Dank. Nicht zuletzt war das Goldene Verdienstkreuz, das ihr Kaiser Franz Joseph 1886 verlieh, eine Anerkennung für den Einsatz während dieser Notzeit. Es drückt aber auch den Dank des Staates für die Truppenbetreuung in Kriegs- und Manöverzeiten aus.

Dank des geschäftlichen Erfolges und der sparsamen Wirtschaftsführung war ein mehrmaliger Ausbau des traditionsreichen Gastbetriebes möglich. Außerdem kaufte Frau Emma den Pragser Wildsee und die dazugehörigen Wälder. Dies gab ihrem Sohn Eduard die Möglichkeit, 1897–1899 an diesem idyllischen Platz ein großes Hotel zu errichten, in dem selbst Erzherzöge ein- und ausgingen. Zu diesem Zeitpunkt hatte Frau Emma den „Schwarzadler" bereits ihrem Sohn und dessen Frau übergeben und war nach Meran übersiedelt, wo zwei ihrer Kinder die Pension „Stadt München" gepachtet hatten. Auf Frau Emmas Betreiben wurde auch das Posthotel „Neuspondinig" im Vinschgau übernommen. Nach dem Tod ihrer Mutter am 9. März 1904 erbauten Josefine und Hermann Hellenstainer in Meran ein neues Hotel, dem sie im Gedenken an die berühmteste Wirtin der Pionierzeit des Tiroler Fremdenverkehrs den Namen „Emma" gaben.

Moidl" Maria Schwaighofer vom Pfandlhof im Kaisertal, die Kronenwirtin Veronika Zeindl aus Hall und Mathilde Niederkircher, auf die der Spruch gemünzt war: „Die Postwirtin von Zirl und die Generaloberin von Zams sind die einzigen Manderleut im Oberland." Das Bräu-Wirtshaus in Zell wurde sogar durch vier Generationen von Frauen ge-

◁

Traditionell gekleidete Kellnerin („Kellermädchen") aus der Gegend von Innsbruck, um 1800 entstandene kolorierte Radierung.

▷

Mit dem Aufkommen des Fremdenverkehrs wurden die Kellnerinnen auch in den abgelegensten Tälern „modern" adjustiert, wie dieses um 1910 von Josef Schöpf im hinteren Pitztal aufgenommene Foto zeigt.

führt. In vielen Fällen betreute die Postwirtin als Postmeisterin auch die Poststation, vor allem wenn sie die Stelle vom verstorbenen Ehemann oder Vater geerbt hatte.
In vielen Fällen wurden weitblickende und wagemutige Wirtinnen zu wichtigen Pionieren des modernen Tourismus in ihrer Gegend. Dies gilt nicht nur für die erwähnte „Frau Emma" in Niederdorf, sondern vor allem — um ein weiteres von mehreren möglichen Beispielen zu nennen — für die Kabiswirtin in Villnöß, Anna Tutzer geborene Speckbacher, die das Tal für den Fremdenverkehr erschloß. Den berühmten Elefanten in Brixen hat ebenfalls eine Frau, die seit 1857 verwitwete Therese Mair, auf die durch den Bahnbau 1870/71 völlig veränderten Verhältnisse umgestellt und modernisiert. Töchter aus bekannten Wirtsfamilien haben viel-

Von Wirtinnen und Kellnerinnen

Der Reiseschriftsteller Prof. Dr. Karl Kinzel schreibt in seinem 1906 in siebenter Auflage erschienenen Führer „Wie reist man in Oberbayern und Tirol" über die Tiroler Wirtinnen und Kellnerinnen:

Die Wirtin spielt in echten Tiroler Wirtschaften fast immer die Hauptrolle. Ein Mann ist oft gar nicht zu sehen; er ist mehr Hilfsarbeiter für männliche Verrichtungen, schlägt Nägel ein, besorgt das Gepäck, gibt über den Weg Bescheid, hält das Haus in Stand, schafft Lebensmittel herbei und besorgt das Vieh. Um die Gastwirtschaft bekümmert sich jedenfalls fast ausschließlich die Frau, aber dafür auch diese in eigner Person und oft mit einer Hingebung und liebenswürdigen Umsicht, welche dem gemütlichen Fremden den Aufenthalt behaglich machen, auch da, wo allerlei äußere Bequemlichkeit fehlt. Als Vorbild ist mir immer die (jetzt verstorbene) weltbekannte Frau Kohler im „Stern" zu Partenkirchen erschienen, die von früh bis in die Nacht ihre Witschaftsräume durchwanderte, sich an die einzelnen Tische setzte, nach Befinden, Wünschen und Plänen ihrer Gäste sich erkundigend, dann wieder an der Haustür stand, Ankommende begrüßend, Abgehenden ein helles Behüt Gott! nachrufend. Wollte jemand einen Koffer vorausschicken, so setzte sie sich zu ihm und überlegte, wie es am besten und billigsten einzurichten sei; wollte man eine Partie machen, so beriet sie, ob „die Frau" mitzunehmen sei oder nicht. Und hatte man alles mit seiner Frau zu Fuß zurückgelegt, dann fehlte am Abend die Bewunderung für ihre Leistung, aber auch der freundliche Vorwurf für den Mann nicht. Ähnlich war es bis 1900 im Eggerbräu in Kufstein, wo die (jetzt leider verstorbene) Wirtin der Küche waltete, Tochter und Schwiegertochter aber sich der Gäste in liebenswürdigster und feinster Weise annahmen.

Der Wirtin zur Seite steht in allen Tiroler Wirtschaften, welche der richtige Reisende auch da besuchen sollte, wo das „Hotel" winkt, die Köchin und die Kellnerin, wozu dann noch die Zimmerin, d. i. das Zimmermädchen, kommt, überall so weit ich herumgekommen bin, anständige und bescheidene Mädchen. Nie ist mir der Anspruch auf ein Trinkgeld entgegengetreten, stets aber dasselbe freundliche „I dank scheen", auch für einen einzigen Kreuzer. Stets tun sie von früh bis spät still und willig ihr Werk; es geht freilich nicht immer so flott, wie in unseren norddeutschen Wirtschaften, dafür fliegt aber auch kein Frackschoß, keine Serviette, wirft auch kein ungenügsames Auge drohende Blicke auf den Zahler. Man vermeide es ja, diese Mädchen mit Fräulein anzureden. Es klingt albern, verdirbt die gute Sitte und macht die betreffenden in den Augen der Leute mit Recht lächerlich. Die Anrede ist eben Kellnerin oder der Vorname, den man leicht erfährt. Ebenso falsch ist Herr Wirt und Frau Wirtin. Er ist ebensowenig ein Herr, als ihr die Anrede Frau zukommt. Leider scheint mein Rat das Verderben nicht mehr aufhalten zu können. Das törichte „Fräulein" klang uns schon 1897 allüberall entgegen.

fach wieder Wirte und Hoteliers geheiratet und viel Erfahrung in die Betriebsführung eingebracht. Als Beispiel sei Luise Hellensteiner genannt, die Franz Anton Staffler heiratete, den Besitzer des damals noch unbedeutenden Gasthauses zum „Greifen" in Bozen.

Das Ehepaar nützte die Stadtentwicklung und führte ihr Haus an die gastronomische Spitze, gleichzeitig bauten sie zwei neue Hotels, das „Laurin" und das „Bristol". Nicht vergessen sollen schließlich die Hüttenwirtinnen der Früh-

Die Kabiswirtin in Villnöß.

▷ Die legendäre Regina Gundolf, die rund 40 Jahre lang die Gäste auf der Braunschweiger Hütte betreute.

Maria Schwaighofer vom Gasthaus Pfandlhof im Kaisertal.

zeit des Alpinismus werden, unter denen Frau Regina Gundolf hervorragt; sie betreute von 1892 an rund 40 Jahre lang die Gäste auf der Braunschweiger Hütte hoch über dem Pitztal.

Im Handel haben Frauen immer schon eine wichtige Rolle gespielt, vor allem am Markt, aber auch in der Geschäftswelt. Seit der Jahrhundertwende mehrt sich allmählich — wie im produzierenden Gewerbe — die Zahl der erfolgreichen Unternehmerinnen. Eine von ihnen ist Therese Mölk aus Wörgl, geboren 1872, die als Verkäuferin begann, aber schon mit 23 Jahren den Gewerbeschein erwarb und selbst ein Geschäft aufmachte. Mit ihrem Mann, der sich im Holzhandel und ähnlichem versuchte, übersiedelte sie 1909 nach Innsbruck, arbeitete zunächst in der Militärbäckerei, um bald wieder selbst ein Lebensmittelgeschäft zu eröffnen. Die tüchtige Frau gründete nach und nach Filialen, kaufte schließlich die ehemalige Militärbäckerei in der Dreiheili-

Therese Mölk, Begründerin eines Großunternehmens im Lebensmittelhandel.

◁

Inserate in den Tiroler Zeitungen lassen um 1900 den Anbruch der Epoche der Sekretärinnen erkennen. Neue Frauenberufe beginnen mit traditionellen Berufsbildern („feine Köchin") zu konkurrieren. Dokumentationen oder gar wissenschaftliche Untersuchungen über diese Entwicklungen fehlen nicht nur für unser Land gänzlich.

genstraße und machte das „Mölk-Brot" zu einem gefragten Markenartikel, wobei die Auslieferung bis 1938 mit einem Handkarren erfolgte. Bis zu ihrem Tod im Jahr 1958 leitete Therese Mölk selbst das immer noch expandierende Unternehmen.

Frauenberufe im öffentlichen Dienst fanden sich seit jeher vor allem in Krankenpflege und Altersversorgung. Frauen stellten das spezielle Pflegepersonal für die Pestkranken, sie arbeiteten als Köchinnen und Krankenwärterinnen in den

Hebammen sind fast auf allen Geburtsdarstellungen der bildenden Kunst zu sehen. Hier auf einem Deckenfresko im Norbertisaal des Stiftes Wilten in Innsbruck, das die Geburt des heiligen Norbert zeigt.

Spitälern, die gleichzeitig Krankenhäuser und Altersheime waren.

Der typische Frauenberuf war die Hebamme. Ihre Arbeit umfaßte nicht nur die Geburtshilfe, sie wurde auch als Gerichtssachverständige beigezogen bei Vergewaltigungen, Abtreibungen und verheimlichten Schwangerschaften. Die Hebammen arbeiteten ursprünglich auf Honorarbasis, ihre Qualifikation bezogen sie aus langjähriger praktischer Erfahrung und dem Vertrauen der von ihnen Betreuten. 1535 ersuchte ein halbes Dutzend adeliger Damen den Innsbrucker Stadtpfarrer, die bisherige Köchin des Hofkaplans als

Hebamme anzustellen, da sie das Vertrauen der Frauen genieße. Mit der festen Anstellung, wie sie seit Beginn des 17. Jahrhunderts in allen Tiroler Städten üblich war, ging eine stärkere Kontrolle Hand in Hand, eine stärkere Kontrolle insbesondere durch die Kirche. Das Brixner Stadtrecht von 1604 übertrug dem Stadtpfarrer die Aufsicht über die bei-

Eine hauptamtliche „Trostfrau" für Innsbruck

Die adeligen Damen Eleonora Gräfin zu Montfort, Anna Freiin zu Wolkenstein, Barbara Künigl zu Ehrenburg, Veronica Schurff, Dorothea Boymont zu Pairsberg, Brigitta Trautson und Agnes Prandisser bitten am 23. Dezember 1535 den Stadtpfarrer von Innsbruck, der Anna Hartmann, bisher Köchin des Hofkaplans, eine wöchentliche Entlohnung zu zahlen, damit sie sich ganz ihrer Aufgabe als Hebamme widmen kann. (Tiroler Landesarchiv, Hofregistratur A/2/II/Pos. 11)

Wohlgebornen, edlen, gestrengen, hochgelehrten festen und gnädigen Herrn. Anna Hartmannin, die bisher Herrn Hans Rat, Hofkaplan, Köchin und Dienerin gewesen ist, ist zu uns kommen und hat sich auf unser vielfältiges Reden und Begehren dahin bewegen lassen, daß sie ihrem Herrn den Dienst aufkündigen wollte und allein als Hebamme Dienst tun, wie sie das bisher hier auch getan hat, falls man ihr mit einem kleinen Entgelt entgegenkomme.
Weil wir sehen und täglich erfahren, daß großer Mangel an solchen Trostfrauen hier in Innsbruck ist und sie gute Proben ihres Könnens abgelegt hat, weil sie in Leid und Freud zu gebrauchen ist und sie sich noch mehr zu tun erboten hat, vornehmlich für das Hofgesinde, aber auch für die anderen ehrbaren Leute und Frauen, so bitten wir, hiernach unterschriebene Frauen, Euer Gnaden wollen auf unsere Fürbitte wie oben angezeigt, der genannten Anna wöchentlich einen Betrag anweisen, damit sie sich einen eigenen Haushalt einrichten und ihren Dienst mit Gott und Ehren treulich und fleißig versehen möge. Tun wir Euer Gnaden diese Frau anbefohlen sein lassen.

den städtischen Hebammen. Vor der Anstellung überprüfte er ihre Kirchentreue und ihren Lebenswandel, über ihre Arbeit mußten sie ihm monatlich Bericht erstatten. Auch bei der Bestellung der Innsbrucker Hebammen hatte der Stadtpfarrer ein gewichtiges Wort mitzureden, die medizinischen Kenntnisse überprüfte eine Ärztekommission.

Das Einkommen der Hebammen setzte sich zusammen aus dem „Wartegeld" der öffentlichen Hand und einem Beitrag von den Familien. Auf dem Lande waren hauptberufliche Hebammen selten, doch in jedem Dorf gab es ein oder zwei Frauen, die diese Tätigkeit nebenberuflich ausübten. Erste Ansätze zu einer geregelten Ausbildung setzte Kaiserin Maria Theresia. Die Kandidatinnen mußten nicht allein medizinische Kenntnisse nachweisen, sondern auch des Lesens und Schreibens kundig sein. Seit 1765 führte die medizinische Fakultät der Universität Innsbruck sechswöchige Hebammenkurse durch mit anschließendem einjährigem Praktikum bei einer erfahrenen Hebamme und einer Abschlußprüfung. Jedes Gericht hatte auf eigene Kosten ein oder zwei Frauen zu diesen Kursen zu entsenden. Dadurch stieg die Zahl der geprüften Hebammen auch in den Landgemeinden. Dennoch gab es noch viele langjährige Hebammen ohne amtlichen Qualifikationsnachweis, als nach der Eingliederung Tirols an Bayern (1806) die neue Regierung für diese ein Berufsverbot aussprach. Genauso schlimm war diese Maßnahme aber auch für die von ihnen betreuten Frauen, da oft eben kein geprüfter „Ersatz" zur Verfügung stand. Kein Wunder, daß diese gutgemeinte Maßnahme mit zur Empörung der Tiroler gegen die bayerische Herrschaft beitrug. Um 1840 arbeiteten in Tirol rund 400 ordnungsgemäß ausgebildete Hebammen.

Wenn auch die Frauen im öffentlichen Leben kein Mitspracherecht hatten, Steuern mußten sie trotzdem zahlen, soweit sie Vermögen besaßen. Schon in den frühesten, nur unvollständig erhaltenen Steuerlisten von 1275 scheint fast in jeder Gemeinde zumindest eine Frau als Steuerzahlerin auf: in Imst die Witwe Alba mit 2 Pfund, die Swaebin mit 1 Pfund, in Landeck Adelheit, die Tochter der Talerin, 2 Pfund, ihre Tochter Gebirch 3 Pfund und Hemme, die Frau des Strobels, 3 Pfund. Auch die frühe Ausübung eines selbständigen Gewerbes durch Frauen geht aus den Steuerlisten hervor: 1312 werden in Stafflach, Vill und Mils je eine Müllerin und im Matreier Wald eine Schmiedin genannt.

105

In den letzten 200 Jahren, seitdem die Statistik mit einer gewissen Zuverlässigkeit geführt wurde, herrschte in Tirol leichter Frauenüberschuß. Bis ins 19. Jahrhundert war die Zahl der Eheschließungen durch allerlei Restriktionen geringgehalten. Das Anwachsen einer besitzlosen Bevölkerungsschichte betrachtete man als staatsgefährdend. Durch Eheverbote für die unteren sozialen Schichten versuchten die politischen Behörden und die Gemeindevertretungen, hier regelnd einzugreifen. Ohne Ehebewilligung der Gemeinde durfte noch 1820 ein Pfarrer keine Dienstboten, Tagwerker und Gesellen trauen. Allerdings war gegen dieses Eheverbot der Rekurs an die nächste Instanz zulässig. Daneben hat auch das lange Hinauszögern der Hofübergabe eine frühe Heirat verhindert. Soweit bisher Detailuntersuchungen vorliegen, war das durchschnittliche Heiratsalter in Tirol ziemlich hoch und lag im 19. Jahrhundert bei den Frauen durchschnittlich bei 30 Jahren. 1900 waren die Hälfte der über 30jährigen Frauen unverheiratet!
Seit der Mitte des 16. Jahrhunderts war der ungezwungene Umgang der Geschlechter durch kirchliche und weltliche Maßnahmen eingeschränkt worden. Waren noch im Spätmittelalter das gemeinsame Bad in den Badehäusern und das Nacktschlafen in den gemeinsamen Schlafkammern durchaus üblich, so setzte sich jetzt, nach dem Trienter Konzil, allmählich eine neue Moralvorstellung durch. Sexualität war nur zur Zeugung der Nachkommenschaft innerhalb der Ehe erlaubt. Die Kirche überwachte die Einhaltung dieser Normen durch Visitationen und die Beichte, die weltliche Obrigkeit durch entsprechende Kontrollen. Die Kleiderordnungen verboten weit ausgeschnittene und kurze Kleider, die Regierung ließ ohne Trauschein zusammenlebende Paare überwachen. Die Strafe zu gewärtigen hatte dabei die Frau. Nach Absolvierung einer Kirchenstrafe, z. B. mit einer brennenden Kerze am Sonntag vor der Kirche stehen, wurde sie aus dem Ort gewiesen.
Zur besseren Kontrolle der Mädchen dienten die von Geistlichen geleiteten Marianischen Kongregationen, die in ihren Satzungen ausdrücklich festhielten, daß „dem weiblichen Geschlecht die standesgemäße Reinheit unbemakelt erhalten bleibe, der Jugend ein heilsamer Zaum angelegt und selbe in die Schranken der Zucht und Ehrbarkeit gehalten". Die Mitglieder dieser Kongregationen hatten eine Reihe von Vorschriften zu beachten, die alle auf eine möglichst konse-

quente Trennung der Geschlechter abzielten. Übertreterinnen sollten denunziert werden.

Aus diesen Kongregationen erwuchsen nach 1848 jene Frauenvereine, die die drohende Revolution durch karitative Aktionen zu verhindern trachteten, denn auch in Tirol machten Unterschichtfrauen ihrem Unmut über ihre schlechte soziale Lage durch öffentlichen Protest Luft. Unter dem Protektorat und mit Spenden adeliger Damen, besonders der jeweiligen Statthaltersgattinnen, sollte durch entsprechende Fürsorgeeinrichtungen die Lage der Arbeiterinnen, Dienstboten, Waisenkinder und der arbeitslosen Mädchen verbessert werden. Es entstanden Frauenvereine zur Errichtung von Kinderbewahranstalten, Industrieschulvereine, Unterstützungsvereine für arme Wöchnerinnen und arbeitslose Mädchen und vieles andere mehr.

Diese Form weiblicher Wohltätigkeit, als „soziale Mutterschaft" definiert und hochgelobt, gab den Frauen erstmals die Möglichkeit, eigenständige Initiativen in der Öffentlichkeit zu setzen, ihre Ziele und Organisationsformen selbst zu bestimmen. Einige der Organisationen gehörten dem 1849 gegründeten Elisabethverein an, benannt nach der hl. Elisabeth, Landgräfin von Thüringen, Mitglieder des Vereins konnten nur Frauen werden, und auch die Vereinsführung lag in ihren Händen, vier Männer des Vinzenzvereines, einer Wohlfahrtsorganisation für Männer, saßen im Beirat. Zwischen 1850 und 1900 entstand durch die unermüdliche Sammeltätigkeit dieses Vereins und durch großzügige Spenden seiner Mitglieder eine ganze Reihe sozialer Einrichtungen in allen größeren Städten Tirols, in Innsbruck z. B. das Margarethinum als Heim für weibliche Dienstboten, das Mädchen-, Waisen- und Erziehungshaus der Josefine von Scheuchenstuel, das Marienheim für berufstätige Mädchen, das Nothburgaheim für alte Dienstboten. Alle diese Institute betrachteten sich nicht nur als Unterkunft, sondern auch als Erziehungseinrichtung. Die jungen berufstätigen Mädchen – meist mußten sie ein Sittenzeugnis ihres Pfarrers oder Gemeindevorstehers beibringen – sollten vor den Gefahren der Stadt, das hieß insbesondere vor den sexuellen Gefahren, geschützt werden. Dazu diente auch ein umfangreiches Bildungs- und Freizeitangebot.

Einer der mitgliederstärksten Frauenvereine war der patriotische Frauenhilfsverein, 1879 auf Anraten der Regierung auf der Grundlage der Genfer Konvention von 1863 gegrün-

Josephine v. Scheuchenstuel, Stifterin eines Waisen- und Erziehungshauses.

det. Es ist das heutige Rote Kreuz. Wegen des großen Zulaufes und der vielen Zweigstellen wurde die ursprünglich als reine Frauenvereinigung konzipierte Organisation drei Jahre nach ihrer Gründung auch für die Männer geöffnet, hatte aber bis 1938 fast immer eine weibliche Präsidentin, zuletzt Ottilie Stainer.

Als einziger Tiroler Verein war der 1905 von Virginia Brunner gegründete Hausfrauenverein Mitglied des österreichischen Frauenbundes der Marianne Hainisch und damit erklärtermaßen Teil der bürgerlichen Frauenbewegung. Diesem österreichischen Frauenbund gehörten 1910 62 Vereine mit 40.000 Mitgliedern an. In seinem Programm forderte er eine bessere Mädchenbildung in allgemeinbildenden und berufsbildenden Schulen, Mutterschutz und Gesundheitsvorsorge, Bekämpfung des Mädchenhandels, Berufsberatungen und vor allem das Frauenwahlrecht. Neben Marianne Hainisch war eine der bekanntesten Mitglieder Berta von Suttner.

Der Tiroler Hausfrauenverein unterhielt in Innsbruck eine Koch- und Haushaltungsschule für Dienstboten und Pflichtschulabsolventinnen sowie eine Gesundheitsberatung. Internationale Anerkennung fand seine Arbeit, als im Juli 1910 die Vorstandssitzung des Internationalen Frauenweltbundes in Innsbruck abgehalten wurde und sich zahlreiche Innsbruckerinnen bei einer öffentlichen Veranstaltung im Stadtsaal über Ziele und Aktivitäten des Weltbundes informieren konnten.

Frauenbildung

Bis zur Mitte des 19. Jahrhunderts verfolgt die Frauenbildung vornehmlich den Zweck, „gute Ehegattinen, sorgfältige Hausfrauen, liebreiche Mütter, treue, willige und brauchbare Dienstboten" heranzuziehen, wie es in Ludwig Wahrmunds Abhandlung „Zur Frauenfrage" (1901) heißt. Der hohe Anteil weiblicher Erwerbstätiger in den verschiedensten Berufen blieb in der Ausbildung unberücksichtigt, was wohl wiederum mit ein Grund war, daß sich außerhäusliche Lohnarbeit von Frauen auf wenig einträgliche Hilfsdienste beschränkte.

Nach der Tiroler Schulordnung von 1586 war der Elementarschulunterricht für Buben und Mädchen gleich, wobei zu bemerken ist, daß Mädchen vielfach überhaupt nicht in die Schule geschickt wurden. Zumeist wurden die Schulen aus Kostengründen gemischt geführt, denn den Gemeinden war ein eigener Mädchenunterricht zu teuer. Den Handarbeitsunterricht erteilte die Lehrersfrau — seit 1806 in jeder Klasse täglich eine Schulstunde. Nach Erlaß der Theresianischen Schulordnung von 1774 und der Einführung der Schulpflicht stieg die Zahl der reinen Mädchenklassen. 350 gab es im Jahr 1850 in Tirol. Betreut wurde dieser Unterricht fast durchwegs von den Angehörigen der weiblichen Schulorden: den Schulschwestern (Tertiarinnen), den Ursulinen, den Englischen Fräulein, den Barmherzigen Schwestern. Für diesen Einsatz gab es vor allem bei den Tertiarinnen soziale und religiös-sittliche Gründe, auf der einen Seite die Sorge um eine bessere Ausbildung der Mädchen aus ärmeren Volksschichten, auf der anderen das Bemühen um einen vermehrten erzieherisch-seelsorglichen Einfluß. Die gemischten Schulen hielt man für einen „Übelstand".

Sehr zum Mißvergnügen der Schullehrer, die um ihre Einnahmen aus dem Schulgeld bangten, richteten die Klosterfrauen unentgeltliche Mädchenschulen ein. In manchen Orten wurden sie durch Lehrerproteste gezwungen, den Schulleitern eine Abfindung für das entgangene Schulgeld zu zahlen. In ihren eigenen Schulen legten die Klosterfrauen ge-

Schulschwestern und Zöglinge des Klosters und Erziehungsinstitutes in Mühlbach (September 1898).

steigerten Wert auf eine typisch weibliche Erziehung; ausgiebiger Religionsunterricht, ordentliche Hauswirtschaftskenntnisse und ein bißchen Allgemeinbildung.

Auch andere als ausgesprochene Schulorden nahmen sich da und dort des Mädchenunterrichts an. In Lienz etwa stellten die Dominikanerinnen ab 1781 die Lehrerinnen für die Mädchenklassen der öffentlichen Grundschule. Daraus entwickelte sich eine eigene Mädchenschule des Ordens, der die damals liberal geführte Stadtverwaltung 1911 nach heftigen Polemiken und einem zusammen mit den Sozialdemokraten erreichten Gemeinderatsbeschluß eine städtische Mädchenschule gegenüberstellte. Ihre politischen Befürworter erlebten jedoch eine herbe Enttäuschung, als im folgenden Schuljahr bei den Dominikanerinnen 337 Schülerinnen eingeschrieben wurden, in der städtischen Mädchenschule dagegen nur 93.

Nach Beendigung der Schulpflicht war es um die weitere Mädchenbildung schlecht bestellt. Seit Beginn des 19. Jahrhunderts entwickelten sich die sogenannten „Industrieschulen", eine Erfindung des böhmischen Pfarrers Ferdinand Kindermann. In Tirol handelte es sich dabei fast durchwegs um einjährige Handarbeitskurse für arbeitslose Mädchen, verbunden mit der Erziehung zur „Arbeitsliebe und Sittlichkeit". Die Ausbildungsschwerpunkte variierten. Es gab Spinnschulen, Nähschulen, Strickschulen, auch Kurse für feine Handarbeit. In Innsbruck und Bozen unterstützten Frauenindustrieschulvereine die Schulleitung. Sie stellten das benötigte Rohmaterial: Stoffe, Flachs, Wolle, Garne, und sorgten für den Verkauf der Endprodukte.

Manche dieser Industrieschulen wandelten sich zu Mädchenfortbildungskursen mit erweitertem Fächerangebot im kaufmännischen Bereich: Stenographie, kaufmännisches Rechnen, Handelskorrespondenz. Zwischen 1863 und 1873 existierte in Innsbruck eine Privatschule, die u. a. auch einen kaufmännischen Ausbildungskurs für Mädchen führte. 1904 wurde der einjährige Mädchenhandelskurs an der Innsbrucker Handelsschule in einen zweijährigen umgewandelt, die Bozner Handelsschule führte seit 1880 eine Sonntagsschule für Verkäuferinnen. Die kunstgewerbliche Abteilung der Innsbrucker Gewerbeschule besuchten 1890 sechs Mädchen. 1906 gründete der Tiroler Hausfrauenverein in Innsbruck eine Kochschule, die speziell als Ausbildungsstätte für Gastwirtstöchter gedacht war. Die Ausgaben der Schule wurden z. T. durch einen angeschlossenen Restaurationsbetrieb gedeckt. Auch mehrere Ordensschulen richteten Fortbildungskurse und auf Hauswirtschaft spezialisierte Klassen für schulentwachsene Mädchen ein.

Die Lehrerinnenbildung lag vor 1869 völlig in der Hand der Schulorden. Vereinzelt hat es bereits im 16. und 17. Jahrhundert Lehrerinnen gegeben, zumeist Lehrersfrauen und Lehrerswitwen, die neben Handarbeiten den Mädchen auch Lesen und Schreiben beibrachten, aber Ende des 18. Jahrhunderts betrug ihre Zahl in Tirol kaum ein Dutzend. 1799 scheiterte der Plan zur Einrichtung einer weltlichen Lehrerinnenausbildung an der mangelnden Nachfrage. Es gab genügend Ordensfrauen, die unentgeltlich unterrichteten. Die Lehrerinnenausbildung erfolgte im Kloster: bei den Ursulinen in Innsbruck und Bruneck, den Englischen Fräulein in Rovereto, Meran und Brixen, den Schulschwestern in Bozen, den Barmherzigen Schwestern in Zams und Innsbruck. Erst seit der Mitte des 19. Jahrhunderts nahmen diese Orden auch weltliche Lehramtskandidatinnen auf. Die einjährige Ausbildung bei einem Mindestalter von 16 Jahren legte besonderen Wert auf Methodik des jeweiligen Unterrichts-

faches: Lesen, Schreiben, Rechnen, Religion, Schönschreiben, Handarbeit und Gesang samt Übungsstunden in der Klosterschule. Nach der Abschlußprüfung war die Kandidatin zuerst Unterlehrerin, erst nach drei Jahren Praxis und einer weiteren Prüfung Lehrerin. Das Reichsvolksschulgesetz von 1869 forderte die interkonfessionelle Lehrerbildung und beendete damit das Ausbildungsmonopol der weiblichen Orden. Die beiden staatlichen Lehrerinnenbildungsanstalten in Innsbruck und Trient boten von nun an eine vierjährige Ausbildung, die sich trotz anfänglicher Ablehnung durch die Konservativen durchsetzte, insbesondere da den Klosterschulen wegen mangelnder Qualifikation des Lehrerpersonals das Öffentlichkeitsrecht entzogen wurde.
Gleiche Berufsausbildung bedeutete aber noch lange nicht berufliche Gleichstellung. Bis 1919 erhielten Lehrerinnen nur drei Viertel des Gehaltes ihrer männlichen Kollegen. Bis 1938 galt in Tirol und Vorarlberg außerdem die „Zölibatsklausel" für Lehrerinnen, die trotz sozialdemokratischer Proteste im Landtag nicht aufgehoben wurde. Der deutsche und der katholische Lehrerinnenverein plädierten für ihre Beibehaltung mit dem Argument der beruflichen Doppelbelastung, nur Handarbeitslehrerinnen durften heiraten.
Die Kindergärtnerinnenausbildung führte seit 1872/73 der in Fachkreisen vielbewunderte Fröbelsche Kindergarten des Kufsteiner Dekans Matthäus Hörfarter, der von 1872 bis 1880 80 Kindergärtnerinnen ausbildete.
Eine höhere Mädchenbildung, die dem bürgerlichen Frauenideal entsprach, vermittelten die Mädcheninternate der Ursulinen in Innsbruck und Bruneck, der Englischen Fräulein in Brixen und Meran, der Tertiarschwestern in Mühlbach, der Salesianerinnen in Hall. Der Andrang hielt sich in Grenzen. Es gab in Tirol nicht viele wohlhabende Adels- und Bügerfamilien, die sich die Kenntnisse ihrer Töchter in französischer und italienischer Konversation, feiner Handarbeit, Gesang und gutem Benehmen etwas kosten ließen. Mit dem hohen Schulgeld wurde teilweise der unentgeltliche Elementarschulunterricht der Orden finanziert.
Aus diesen Internaten entwickelten sich in der zweiten Hälfte des 19. Jahrhunderts die sogenannten „Höheren Töchterschulen": 1863 bei den Ursulinen in Innsbruck, 1900 bei den Schulschwestern in Bozen, etwa zur selben Zeit bei den Englischen Fräulein in Meran. 1898 nahm auch das spätere Mädchengymnasium in der Innsbrucker Sillgasse seinen

▷
Erste Mädchenmaturaklasse in Tirol, 1810 im Lyceum der Ursulinen in Innsbruck. Zum Universitätsstudium berechtigte diese Matura freilich noch nicht.

Anfang als Höhere Töchterschule. Solche Institute wurden auch von Privaten geführt: in Innsbruck von Auguste Grubhofer, in Bozen von Amalie und Mathilde Perkhamer.
Der Lehrplan las sich recht anspruchsvoll: Religion, Deutsch, Geographie, Geschichte, Naturgeschichte, Naturlehre, Arithmetik, Geometrie, Zeichnen, Schönschreiben, Turnen, Handarbeiten, Haushaltskunde, Französisch, Englisch, Italienisch. Viele standen dem Wert dieser Erziehung jedoch skeptisch gegenüber: „Und wer die jungen Mädchen", schrieb 1901 der Innsbrucker Kirchenrechtler Ludwig Wahrmund in seiner Abhandlung „Zur Frauenfrage", „die da drinnen unter der gefälschten Flagge der Wissenschaft einige Jahre vertändeln, als Prototyp der Oberflächlichkeit mit unverdauten Brocken aufgefüttert, für die Ehe wie für jeden Beruf unbrauchbar, herauskommen sieht, der wird die oft gerügte Heiratsunlust der heutigen Männer sicherlich um vieles milder beurteilen. Am schlimmsten aber ist es, daß man jenen Mädchen zu all ihrer Unwissenheit

noch den Glauben beigebracht hat, nunmehr gebildet zu sein. Und so legen sie denn, während das Lernen jetzt erst recht für sie beginnen sollte, fortan die Hände in den Schoß, halten ihren geistigen Bedarf mit Romanlektüre für gedeckt und führen womöglich ungestraft im Männerkreise das große Wort, weil die conventionelle Höflichkeit ihrer zu schonen gebietet."

Eine qualifizierte Ausbildung konnten sich Mädchen nur mühsam erwerben. Ihre Ausbildung sowohl in berufsausbildenden wie in allgemeinbildenden höheren Schulen war kürzer und schlechter als die der männlichen Konkurrenten. Der Grund: die "weibliche Individualität und die der Frau im Leben zugewiesene Bestimmung". Diese speziellen Ansprüche befriedigte das sechsjährige Lyzeum, das zwar mit einer Matura abschloß, doch berechtigte diese nicht zum Universitätsstudium. Die meisten Höheren Töchterschulen wurden nach 1904 zu Lyzeen, den Anfang machten 1904 die Innsbrucker Ursulinen, die deshalb auch mit der ersten Mädchenmaturaklasse Tirols aufwarten können. Der Besuch einer Knabenmittelschule war den Mädchen seit 1867 zwar nicht mehr verboten, aber ihr Maturazeugnis enthielt eine Sperrklausel für den Hochschulzugang. Zudem waren Mädchen als Privatistinnen nur zu den Prüfungen, nicht aber zum Unterricht zugelassen. Trotzdem stieg am Kufsteiner Gymnasium die Zahl der Privatistinnen von 1907 bis 1919 auf 10% der Schülerzahl. 1910 wurde das 1906 aus der Höheren Töchterschule hervorgegangene Lyzeum in der Sillgasse in Innsbruck in ein Mädchenrealgymnasium umgewandelt, das erste in Tirol.

Der Kampf um die höhere Mädchenbildung und den Zugang zu den Universitäten war die Folge gesellschaftlicher Umbrüche. Durch die Industrialisierung wurde die materielle Existenz der bürgerlichen Mittelschichten zerstört. In vielen Familien reichte das Einkommen zur standesgemäßen Versorgung der Töchter nicht mehr aus. Ein Brotberuf wurde auch für sie zur Existenzfrage. Aus dieser Schicht rekrutierten sich die Mitglieder des Bundes österreichischer Frauenvereine unter der Führung von Marianne Hainisch (1839–1936). Durch ständige Wiederholung ihrer Forderungen, Petitionen und Anträge erreichten sie gegen massive männliche Widerstände um die Jahrhundertwende den Zugang zu den philosophischen und medizinischen Fakultäten. Als erste ordentliche Hörerin inskribierte an der Uni-

Die erste Doktorarbeit einer Frau in Innsbruck

Gutachten von Univ.-Prof. Hans Voltelini vom 6. Juni 1907 über die erste von einer Frau eingereichte Dissertation an der Universität Innsbruck: „Der Brüsseler Friede im Jahre 1516" von Adelheid Schneller. (Universitätsarchiv Innsbruck)

Fräulein Schneller hatte die Aufgabe, die Geschichte des Brüssler Friedens darzustellen. Sie hat sich indes nicht damit begnügt, sondern den ganzen Gang der Politik und des Krieges seit der Schlacht bei Marignano bis Ende 1516 in breiter Weise erzählt, um die Momente zu beleuchten, welche auf das Aufkeimen und den Fortgang der Friedensverhandlungen Einfluß genommen haben. Dadurch aber tritt der eigentliche Vorwurf der Arbeit nicht scharf genug in den Vordergrund, sondern wird von anderer Erzählung überwuchert.

Für ihre Arbeit hat die Verfasserin eine breite Literatur herangezogen. Von Quellenwerken dürfte ihr nichts wesentliches entgangen sein. Einzelne Archivalien hat sie sich aus dem Marburger Staatsarchiv verschafft, andere im Innsbrucker Statthaltereiarchiv gefunden, die Correspondenz des Bischofs Cles und verwandte Akten standen ihr in Abschriften aus dem Haus-, Hof und Staatsarchiv zur Verfügung. An Fleiß hat es die Verfasserin nicht fehlen lassen, ja sie tut darin des Guten eher zuviel. Indem sie manches, was doch nur lose im Zusammenhang mit dem Gegenstande ihrer Arbeit stand, des breiten und weiten ausführte und die Zitate auch für solche Partien häufte, hat sie die Übersichtlichkeit nicht gerade vermehrt. Die Verfasserin will überall eine lebhafte Darstellung bieten. Darin besteht auch ihre Stärke. Nur daß sie auch darin des Guten zuviel tut. Noch hat sie die nötige Ruhe nicht gewonnen.

Im Bestreben, ja recht bewegt und lebhaft zu sein, erhält ihre Arbeit etwas unstetes und schwunghaftes, so daß ihre Darstellung nicht selten unklar wird. Kritik ist nicht ihre starke Seite. Sie will glatt erzählen, nicht untersuchen. Doch gehören die Partien, in denen derartiges versucht wird, zu den gelungensten Teilen ihrer Arbeit wie z. B. die Ausführungen über den Frieden von Noyon und die Geheimartikel desselben. Auch sonst gelingt es ihr, manches neue beizubringen und irriges zu berichtigen. Manches freilich läßt sie gänzlich fallen, so die Frage, wie die Idee des Waffenstillstandes zwischen dem Kaiser und den Venezianern aufkeimte und sich durchsetzte. Manche Zitate sind nicht ganz genau. Auch im Zitieren hat die Verfasserin des Guten zuviel getan und wahllos Zitate gehäuft, wobei sie zwischen der Anführung von Quellen und Literatur herumschwankt.

Immerhin kann die Arbeit als genügend für die Zulassung zu den strengen Prüfungen bezeichnet werden.

Studentinnen

...beobachtet und beschrieben von Lore von Klebelsberg in ihrem 1947 erschienenen Buch „Studenten vor viertel und andere Schnappschüsse aus der Studentenzeit":

Wie das bunte Getüpfel einer Sommerwiese sind sie hineingewürfelt in den Ernst des Hörsaals, lockern sein strenges Gefüge und unterbrechen da und dort das Grau im Halbrund der Reihen. Flacher Absatz, langer Schritt, eine Brille auf der Nase, die Zigarette im Mund und eine riesige Aktenmappe unterm Arm – früher erkannte man die Studentin von weitem schon; und sie wollte es so. Heute ist sie nicht mehr so deutlich gekennzeichnet.

Und trotzdem: Auch heute noch, nachdem man sich mit der Tatsache ihres Daseins längst abgefunden hat, nimmt sie in ihrer Umgebung einen besonderen Platz ein und läßt es sich gerne gefallen, denn auf absolute Angleichung an ihre männlichen Kollegen hat sie es gar nicht mehr abgesehen. Und außerhalb, herausgelöst aus ihrem akademischen Rahmen, bleibt ihr auch wieder ein gewisses Etwas, das sie ein bißchen anders sein läßt als die andern draußen...

Studentinnen – das ist heute nicht mehr ein genau umschriebener Begriff. Sie sind nicht mehr eine streng umrissene Sparte der menschlichen Gesellschaft mit einem leichten Beigeschmack von Extravaganz. Bunt ist das Bild dessen, was man sich heute darunter vorstellt, reich in der Vielgestalt ihrer Erscheinung, in der Vielfalt ihres Auftretens, doch scharf geprägt jede einzelne Form, sodaß eine Einteilung sich entgegendrängt.

Auf dem glatten, straff aus der Stirn gekämmten Haar, das im Nacken zu einem energischen Knoten gedreht ist, hat noch nie jemand einen Hut gesehen. Mit breiten Schuhen, langen Schritten geht sie stets zur selben Stunde denselben Weg. Stets gerade aus und unbeirrt rührt sie sich nicht, wenn im Winter ein wohlgezielter Schneeball ins Genick sie trifft, unberührt verzieht sie keine Miene, wenn sie zwei Stunden um die Inskription anstand und dann gerade nicht mehr an die Reihe kommt. Sie blickt nicht links oder rechts, wenn sie über die Stufen des Hörsaals steigt. Sie ist immer pünktlich und findet stets ihren Platz. Dann überliest sie ihre Aufschreibungen aus der letzten Vorlesung und wenn sie eine Jause auspackt, ist es natürlich Vollkornbrot. – Sie findet es unverständlich, wenn jemand im Winter aus Eitelkeit nicht handgestrickte Strümpfe trägt, während ihr im Sommer keine Gelegenheit unpassend genug erscheint, ihre behaarten Waden nackt zu lassen. – Sie spart mehr, als sie muß, das paßt zu ihrem Wesen, denn alles an ihr ist herb und streng. – Aus Männern macht sie sich nichts, man sieht sie meist mit ihresgleichen. Sie gehören alle zum sogenannten Wandervogeltyp, der wohl noch den letzten Rest des früheren Begriffes „Studentinnen" darstellt. Ihr Studium betreibt sie gewissenhaft aber nicht übereifrig, denn das verhindert ihr Hang zu übermäßig weiten Radfahrten und Gewalttouren, von denen sie Sonntags ausgepumpt nach Hause kehrt. Sie ist die Verkörperung aller Prinzipien und bei ihrem Anblick wird man stets an eine Abstinenzlerzeitschrift erinnert.

Eilig und wichtig trippelt die junge Dame ins Kolleg. Sie ist schon spät dran, doch im

Vorübergehen einen Blick in die großen Scheiben der Auslagen auf das Spiegelbild ihres gefälligen Persönchens kann sie sich doch nicht versagen. In der letzten Minute schlüpft sie in den Hörsaal — sie weiß, daß ihr das gewissen Reiz verleiht. Die Wahl des Platzes ist bei ihr durch die Wahl des Nachbarn bedingt, mit dem sie alsbald ein tändelndes Gespräch beginnt, das zwar nichtssagend ist, aber doch Gelegenheit bietet für ein bezauberndes Lächeln oder einen wohlgezielten Augenaufschlag. Nun kramt sie Kamm und Puderdose aus ihrer kleinen Tasche, legt ihre Locken, tupft über die Nase, zupft an einer Wimper, streicht über die Braue und klappt befriedigt wieder zu. Unaufmerksam folgt sie der Vorlesung, kritzelt nur dann und wann Schlagworte ohne Zusammenhang in ihr Heft; sie bemüht sich, möglichst konzentriert auszusehen, doch in ihren großen Augen liegt eine kleine Seele und ein kurzer Verstand unter den langen Locken. Das ist die studierende junge Dame, für die der Hörsaal nicht Auditorium sondern Publikum ist und das Studium nicht Arbeit sondern Zeitvertreib, mit dem sie es nicht anders hält als ihre Großmutter mit dem Klavierspiel anno dazumal.

Wer ist da just um die Ecke geflitzt? Ein karrierter Rock wippt über flinken Beinen; den Mantel schon offen, den Hut in der Hand, nimmt sie zwei Stufen auf einmal, springt die Stiege hinauf und sucht ihren Platz. Sie ärgert sich nicht, wenn sie stehen muß und keiner der Studenten ihr seinen Platz überläßt, aber sie denkt sich ihren Teil dabei: bei klugem Sinn und klarem Blick ist ein Urteil bald gefällt. — Sie weiß was sie will; Fähigkeit und Neigung haben ihre Berufswahl entschieden, drum nimmt sie das Studium ernst — will aber auch selbst ernst genommen sein — sie will nicht zurückstehen hinter ihren männlichen Kollegen, wennschon sie deren Überlegenheit in manchen Dingen ohne weiteres zugibt. Sie schätzt den Ernst der Arbeit, ist aber auch den Freuden des Lebens nicht abgeneigt; der weiße Laboratoriumsmantel steht ihr ebenso gut wie der kurze Sportrock oder das große Abendkleid; ob Skriptum, Tanzschuh oder Ski — sie schwingt alles mit der gleichen Begeisterung. Das ist die Studentin schlechthin, die man nicht leicht zeichnen kann, weil sie zu wenig Eigenheiten und zu viel Eigenschaften hat, die aber heute in jedem Hörsaal am stärksten vertreten ist, während die betont Strenge und die geputzt Oberflächliche eigentlich überwundene Entwicklungstadien darstellen.

Dazwischen schlüpfen noch ein paar unscheinbare Kleine herum, die einem Typ angehören, der um keinen Preis auffallen will, wenig selbstsicher, leicht verzagt, aber emsig wie die Bienen fehlen sie in keiner Vorlesung, kommen aber aus keinen Ferien gebräunt zurück. Sie tragen ihre Kolleghefte meist in einer Art Einkaufstasche den ganzen Tag mit sich herum und erröten wohl gar, wenn man sie unversehens um ihre Meinung fragt.

So kommen sie herbei, die akademischen Mädchen, um aus dem Quell der Weisheit zu schöpfen; tänzelnd kommen die einen, mit federndem Tritt die andern und mit flinken Schritten die dritten. Die einen nippen, die andern schlürfen, die dritten trinken Schluck für Schluck aus dem Wunderborn; er gibt ihnen Erkenntnis, Verständnis, Reife und Jugend zugleich — denn jung ist man, solang man lernt.

versität Innsbruck im Wintersemester 1902/03 – fünf Jahre später als in Wien – Adelheid Schneller, die Tochter des Landesschulinspektors, Sprachforschers und Dichters Christian Schneller, die 1907 auch als erste promovierte. Der Rektor hielt ihr eine „schöne, wohlgesetzte Rede", die Kommilitonen überraschten sie mit einem großen Strauß roter Rosen und die emanzipierten Innsbruckerinnen feierten das Ereignis als einen großen Triumph. Die erste weibliche Medizinerin in Innsbruck, Wilhelmine Schönthaler aus Holland, hatte ihr Studium bereits im Ausland abgeschlossen und ließ 1915 in Innsbruck ihre Zeugnisse nostrifizieren, was bedeutete, daß sie einen Großteil der Prüfung wiederholen mußte. Die Juristen öffneten den Frauen ihre Fakultät in ganz Österreich erst 1918, die erste weibliche Juristin in Innsbruck war 1922 Maria Huber aus Salzburg. Überhaupt erst 1946 durften die Frauen an die theologische Fakultät. Die ersten Hörerinnen waren Maria Zorzi und Gertrud Gmeiner, als erste Promoventin ging die jetzige Theologieprofessorin Herlinde Pissarek-Hudelist in die Annalen der Alma Mater Oenipontana ein.

Den ersten Ansturm zum Frauenstudium mit 109 Hörerinnen an der medizinischen und philosophischen Fakultät brachte der Erste Weltkrieg. Ähnlich wie im Zweiten Weltkrieg erleichterte der kriegsbedingte Männermangel den Frauen den Zugang zu „Männerberufen". In der Folgezeit stieg der Frauenanteil an der Universität kontinuierlich und erreichte seinen Höhepunkt im Kriegsjahr 1943 mit 37 Prozent. Bis 1945 hatten insgesamt 5000 Hörerinnen inskribiert.

Keineswegs im selben Maße stieg der Anteil der Frauen an den akademischen Berufen. Im Gegenteil, mit steigenden Arbeitslosenzahlen ging der Abbau weiblicher Arbeitskräfte Hand in Hand und gipfelte 1933 im Berufsverbot für Ehefrauen im öffentlichen Dienst, falls das Einkommen des Ehemannes monatlich S 340,– überstieg. In der Zeit des Ständestaates begann die ideologische Entkoppelung von Studium und Beruf. Ähnlich wie zwei Generationen früher war der „idealen Hausfrau" das Streben nach Bildung durchaus angemessen. Mit den dadurch erworbenen Kenntnissen diente sie uneigennützig in „ihrer natürlichen Funktion" zum „Wohle von Volk und Vaterland". Der Numerus clausus für Studentinnen, den die Nationalsozialisten 1933 bei ihrer Machtübernahme in Deutschland einführten, wur-

Univ.-Prof. Dr. Franziska Mayer-Hillebrand

Dr. Adele Juda

de in Österreich nicht mehr wirksam. Rigoros griff dagegen der neue Auslesemechanismus. Nur im nationalsozialistischen Sinn geeignete Frauen durften studieren.
Studentinnen waren früher zum Großteil Kinder aus Akademiker- und Beamtenfamilien; Arbeiter- und Bauerntöchter waren kaum vertreten. Die Zahl der Studienabbrüche war hoch, bei den Studentinnen der philosophischen Fakultät fast 50 Prozent, eine Zahl, die nicht nur den klassischen Rollenkonflikt zwischen Beruf und Familie widerspiegelt,

Dr. Rosmarie Gassner, u. a. Mitbegründerin der „Ostara"

Mitglieder der Vereinigung katholischer deutscher Studentinnen „Ostara" bei einer Prozession in der Innsbrucker Maria-Theresien-Straße.

Drei Frauen, drei Akademikerinnen, drei Leben

Die folgenden drei Kurzbiographien sind Beispiele für drei Tirolerinnen, die zu den ersten zählen, die einen akademischen Grad erwerben konnten. Ihre weitere Laufbahn, ihr beruflicher Einsatz und ihr Leben unterscheiden sich wesentlich.

ADELE JUDA

Ursprünglich Musikerin werden wollte die 1888 geborene Innsbruckerin Adele Juda, doch entschloß sie sich zu Beginn des Ersten Weltkriegs, als helfende und heilende Hände überall gebraucht wurden, zum Medizinstudium. Die junge Ärztin arbeitete zuerst an der psychiatrischen Klinik in Basel, wandte sich der wissenschaftlichen Forschung zu und kam schließlich zum Kaiser-Wilhelm-Institut in München, wo sie beim Aufbau der Abteilung für Erbforschung half. Diesem Spezialgebiet widmete sie lange Jahre ihre ganze Kraft. Das Ergebnis war ihr wichtiges Buch „Höchstbegabung und ihre Erbverhältnisse". 1945 kehrte Dr. Adele Juda wieder in ihre Vaterstadt zurück und entwickelte angesichts der Not der Nachkriegszeit und der vielen zerbrochenen und entwurzelten Menschen eine eigene psychohygienische Arbeitsmethode. Zusammen mit den beiden jüngeren Fachärzten Dr. Cornides und Dr. Stumpfl gründete sie an der Innsbrucker Nervenklinik eine „Zentralstelle für Familienbiologie und Sozialpsychiatrie", ein vom Landesfürsorgeamt und der Stadt Innsbruck unterstütztes Institut, dessen Arbeit nicht nur in Österreich, sondern auch im Ausland Aufsehen hervorrief und Anerkennung fand und später in „Tiroler Verein zur Rehabilitation Leistungsbehinderter" umbenannt wurde.

Neben der Arbeit in dieser „Zentralstelle" eröffnete die Ärztin auch eine kleine private Praxis in Mühlau, die zu einem Zufluchtsort für Hoffnungslose, Gestrauchelte und Ausgestoßene wurde. Dr. Juda spendete Trost und Wärme, Speise und Trank, nicht selten auch ein Stündchen Klaviermusik. Aus ihrem selbstlosen und segensreichen Wirken wurde Adele Juda Ende Oktober 1949 herausgerissen. Sie starb an Kinderlähmung.

FRANZISKA MAYER-HILLEBRAND

Die hochbegabte Baronesse von Reicher hatte es nicht leicht, die bestehenden gesellschaftlichen und familiären Widerstände gegen ein Frauenstudium zu überwinden. 1885 geboren, konnte sie zwar 1905 eine Externistenmatura ablegen, doch mußte sie mit dem Hochschulstudium noch bis 1914 warten. Fünf Jahre später war sie Doktor der Philosophie und begann an der Seite ihres Lehrers und Gatten Professor Franz Hillebrand mit wissenschaftlicher Arbeit, vor allem mit experimentell-psychologischer Forschung, die sie nach dem frühen Tode Prof. Hillebrands (1926) fortsetzte. 1928 verband sich die Wissenschaftlerin in zweiter Ehe mit Prof. Carl Mayer, dem langjährigen Vorstand der psychiatrisch-neurologischen Universitätsklinik. 1932 erfolgte die Habilitierung an der Innsbrucker philosophischen Fakultät, die Lehrbefugnis lautete für „Philosophie mit besonderer Berücksichtigung der Psychologie". Kin-

der- und Jugendpsychologie, Charakterkunde, Völker- und Kunstpsychologie, Ethik, Erkenntnistheorie, Methodenprobleme waren einige der Themen ihrer Vorlesungen.

Obwohl auch ihr zweiter Mann nach vier Jahren starb, trotz schwerer Krankheit, verschiedener Behinderungen durch den Krieg und intensiver Lehrtätigkeit, die sich auch auf das Ausland erstreckte, führte Frau Dr. Mayer-Hillebrand nicht nur ihre eigenen Forschungsprojekte weiter, sondern übernahm nach dem Tod ihres früheren Lehrers Univ.-Prof. Kastil auch die Herausgabe des Nachlasses des großen Philosophen Franz Brentano, woraus ein sechsbändiges Werk wurde. Ihr eigenes Hauptwerk vollendete Franziska Mayer-Hillebrand 1966, in ihrem einundachtzigsten Lebensjahr: Es trägt den Titel „Einführung in die Psychologie der bildenden Kunst" und wurde zum Standardwerk dieses Spezialgebietes.

Univ.-Prof. Dr. Franziska Mayer-Hillebrand starb 1978 im dreiundneunzigsten Lebensjahr.

ROSMARIE GASSNER

Als Tochter eines damals gerade in Görz tätigen Gymnasialdirektors wurde Rosmarie Gassner 1897 geboren, kam noch als Kind nach Bregenz und studierte schließlich in Innsbruck Geschichte und Geographie. Sie war zu Beginn der zwanziger Jahre Mitbegründerin der ersten weiblichen Studentenverbindung „Ostara" und promovierte 1923.

Statt wissenschaftlicher Laufbahn oder Schuldienst wollte die junge Akademikerin das inzwischen zu einem wesentlichen Bestandteil ihrer Persönlichkeit gewordene soziale Engagement zum Beruf machen. Sie nahm im eben gegründeten Mädchenverband der Caritas Innsbruck die Stelle einer Sekretärin an, baute ein Fortbildungs- und Kurswesen auf, das von Kochen und Nähen bis zu Kirchenlatein reichte, und nahm weitgehenden Einfluß auf die katholische Frauenbewegung. Sie stand in der katholischen Jugendbewegung „Neuland", half bei der Bildung von Mädchengruppen und organisierte Sommerlager. Auf der Jugendburg Petersberg im Oberinntal entwickelte sich aus dieser Tätigkeit ein Zentrum, das für das katholische Leben in Tirol große Bedeutung haben sollte.

1929 übersiedelte Dr. Rosmarie Gassner nach Freiburg im Breisgau zum dortigen Caritasverband, wurde Dozentin für Psychologie am Seminar für Seelsorgshelferinnen und an der sozialen Frauenschule, deren Leitung ihr bald übertragen wurde. Nachdem sie in Deutschland am Auf- und Ausbau des entstehenden Berufes der Fürsorgerin und Sozialarbeiterin entscheidend mitgearbeitet hatte, kehrte Rosmarie Gassner 1945 nach Innsbruck zurück, um der Heimat Tirol zu dienen, wie sie selbst sagte, und ihre Erfahrungen aus Deutschland hier nutzbringend anzuwenden.

Trotz schwierigster Nachkriegsverhältnisse baute sie in Innsbruck eine soziale Frauenschule auf (heute Akademie für Sozialarbeit), gründete die Familienhelferinnenschule der Caritas und gab Anregungen zur „Altenhilfe". Verschiedene Auszeichnungen von Kirche, Land und Staat dankten Rosmarie Gassner für ihren pausenlosen Einsatz, dessen Intensität auch im Alter nicht nachließ. Im Jahr 1979 starb Dr. Rosmarie Gassner.

sondern auch in schlechten Berufsaussichten und finanziellen Problemen ihre Ursache hat. Deutlichen Ausdruck fand die berufliche Benachteiligung nach 1945, als Frauen weder Turnusstellen noch Kassenzulassungen erhielten, weder als Lehrerinnen noch als Gerichtspraktikantinnen unterkamen. Auch die Universität, wo sie während des Krieges für wissenschaftliche Hilfsdienste gebraucht worden waren, mußten sie räumen.

Bis 1945 erreichten nur sieben Frauen die Habilitierung, als erste 1928 Martha Moers (1877–1965), später Arbeitspsychologin in Bonn. Heute lehren an der Universität Innsbruck fünf Professorinnen und 17 Dozentinnen.

FRAUENSPORT

Wie die Tiroler Frauen nach der geistigen Ausbildung auch den Sport für sich eroberten, bedarf noch eingehender Untersuchungen. Relativ früh, noch vor 1900, wurde ein gewisser Turnunterricht auch für Mädchen üblich. Einzelne „emanzipierte" Damen versuchten sich ebenfalls bereits vor und um 1900 in allen möglichen Sportarten von Tennis bis

Aus den Anfängen sportlicher Erziehung: unten Turnunterricht in der Mädchenbürgerschule in Innsbruck um 1910; rechte Seite oben Vorführung während der „Mädchenspiele" im Juni 1912, linke Seite unten Schülerinnen im Meraner Schwimmbad um 1890.

zum Bergsteigen, wobei natürlich das Beispiel der Feriengäste eine wichtige Rolle spielte. Wie spät sportliche Wettkämpfe für Mädchen und Frauen üblich wurden, zeigt der Skilauf. Landesmeisterinnen in dieser Sportart wurden vom 1913 gegründeten Tiroler Skiverband erst seit 1927 ermittelt. Die erste Tiroler Skimeisterin war Grete Lantschner. In den dreißiger Jahren beherrschte ihre Schwester Inge nicht nur das einheimische, sondern auch das internationale Wettkampfgeschehen. Inge Lantschner war die erste Tiroler Weltmeisterin. Eine Reihe anderer sollten folgen.

Schifahrerin auf einem Werbeplakat aus dem ersten Jahrzehnt unseres Jahrhunderts.

Tennisspielerinnen in Innsbruck, um 1900.

Inge Lantschner, in der 30er Jahren weltbeste Skiläuferin.

▷ Zwei hochalpine Damen am Gepatschferner vor dem Brandenburger Haus.

Berg Isel. Lawn Tennis-Platz. Serie 11

Künstlerinnen

Kultur wird leichthin als Domäne den Frauen zugeordnet. Schließlich ist die Frau für Gefühl, Anmut und Schönheit zuständig, beflügelt als Muse den Künstler, ist als Heldin oder Opfer Objekt seiner poetischen Phantasie, ist Bewunderin seines Werkes. Als eigenständige Künstlerin hat sie es ungleich schwerer. Keiner nimmt Rücksicht auf ihren kreativen Schaffensprozeß, hin- und hergerissen zwischen dem herkömmlichen weiblichen Rollenbild und den Anforderungen eines Künstlerlebens, bleibt oft letzteres auf der Strecke. Das ist heute noch oft so und machte es schöpferischen Frauen früher besonders schwer.

Trotzdem lassen sich bis 1914 je drei Dutzend Tiroler Malerinnen und Schriftstellerinnen nachweisen (siehe auch Verzeichnis im Anhang), die ein zum Teil umfangreiches OEuvre hinterlassen haben. Die wissenschaftliche Rezeption läßt allerdings zu wünschen übrig. Die biographischen Angaben sind unvollständig, die Bücher vergriffen, die Bilder in alle Welt verstreut, selten hängen sie in öffentlichen Sammlungen. So muß auch die folgende Darstellung unvollständig bleiben.

MALERINNEN

Maler und Bildhauer war ursprünglich ein Handwerksberuf. Starb der Werkstattbesitzer, so konnte seine Witwe das Gewerbe weiterführen, selbst wenn sie von der Tätigkeit nichts verstand. Die Arbeit machten die Gesellen, den Betrieb führte die Meisterin, z. B. Maria Kluibenschädl nach dem Tod ihres Ehemannes, des Bildhauers Andreas Thamasch, im Jahr 1697. Daneben gab es aber auch Frauen, die selbst malten, schnitzten, vergoldeten. In der ersten Hälfte des 17. Jahrhunderts lebte am Hofe Maximilians des Deutschmeisters und Leopolds V. die italienische Blumenmalerin Maria Caffi. Um die Mitte des 18. Jahrhunderts erhielt Catharina Funkhin, Malerin aus Wilten, für ein Altarbild der Heiligen Josef und Johannes in der Rinner Kirche

Oben: Zwei Bildnisse der Schwazer Malerin Maria Anna Moser aus dem frühen 19. Jahrhundert.

Rechts: Margarethe Mösls Bild vom Kirchenbau in Fulpmes, bei dem das Bauernmädchen selbst mithalf, bevor sie Malerin wurde.

11 Gulden und 9 Kreuzer. Der Pfarrer und Baumeister Franz de Paula Penz beschäftigte beim Kirchenbau im Stubaital das Fulpmer Bauernmädchen Margarethe Mösl (gest. 1780) zuerst nur zum Farbenreiben, später malte sie selbst.

Künstlertöchter erhielten ihre Ausbildung zumeist in der väterlichen Werkstatt, danach auch bei anderen Meistern. Zu ihnen zählen Maria Elisabeth Mildorfer, Therese Mages, Theres Strigl und Maria Anna Moser, die als Porträtistin Andreas Hofers Berühmtheit erlangte. In der zweiten Hälf-

Theres Strigl: Ansicht ihres Heimatortes Sautens.

Selbstbildnis (1914) der Malerin Paula Tiefenthaler aus Mils bei Hall.

te des 19. Jahrhunderts folgte auf den ersten privaten Unterricht zumeist eine Ausbildung an der Kunstgewerbeschule in Innsbruck und als weiterer Schritt der Besuch der Frauenakademie in München oder in Wien. Da die Kunstakademien erst nach 1918 für die Studentinnen geöffnet wurden, hatten sich in vielen deutschen Städten solche Frauenakademien etabliert, die zum Teil mit ausgezeichneten Lehrern die künstlerische Ausbildung der Mädchen übernahmen. Im 19. Jahrhundert gelang es 1859 der Lechtalerin Anna Rosa Knittel, als einziges Mädchen die Münchner Kunstakademie zu besuchen. Nach ihrer Rückkehr nach Tirol und Heirat mit Engelbert Stainer gründete sie in Innsbruck eine Malschule für Mädchen. Dem Unterricht widmeten sich auch Fanny Inama und Gabriele Maria Arnhard-Deininger.

Stammten malende Frauen nicht selbst aus einem künstlerisch interessierten Elternhaus, so führten sie oft eine Künstlerehe: Johanna Stainer mit dem Bildhauer Andreas Kompatscher, Liselotte Popp mit Hans Plangger, Wilhemine Redlich mit dem Lithographen Wilhelm Redlich, May

Ölbild von Gabriele Maria Arnhard-Deininger.

Wie Anna Stainer-Knittel Blumenmalerin wurde

Die Malerin Anna Knittel, verehelichte Stainer, wurde 1841 als Tochter eines Büchsenmachers in Elbigenalp im Lechtal geboren. Die künstlerische Begabung lag in der Familie, die immerhin mit dem berühmten Joseph Anton Koch verwandt war. Zudem hatte Anna das Glück, in Anton Falger einen Förderer ihrer ersten Zeichenversuche zu finden, der schließlich auch anregte, das Mädchen in München weiter ausbilden zu lassen. In ihre Jugendjahre fällt ein Erlebnis, das Anna Stainer-Knittel als „Geierwally" berühmt machte: die Aushebung eines Adlerhorstes in senkrechter Felswand, was den Burschen des Tales als zu gefährlich erschienen war. Ludwig Steub schilderte die Geschichte unter dem Titel „Das Annele im Adlerhorst", worauf Roman, Schauspiel und Film zum gleichen Thema folgten. Nach Besuch der Münchner Akademie und Heirat in Innsbruck malte Anna Stainer-Knittel fleißig Porträts und gab Zeichenunterricht. Was sie veranlaßte, sich später hauptsächlich der Blumenmalerei zu widmen, schildert die Künstlerin, die 1915 starb, in ihren Erinnerungen:

Um die Mitte der Siebzigerjahre kündigte sich ein Wechsel in meinen künstlerischen Motiven an. Durch den Aufschwung und die günstige Entwicklung der Photographie trat die Bildnismalerei in den Hintergrund. Die Besteller wurden immer kritischer, sahen mehr auf rein äußere Ähnlichkeit als auf den persönlichen Ausdruck, fanden auch die Porträts gegenüber den Photographien zu teuer, so daß ich trotz Fleiß und Mühe mit meiner Kunst oft mehr Ärger und Verdruß als Gewinn und Freude erntete.

Da kam die entscheidende Wendung von meinem Mann. Engelbert lenkte meine Aufmerksamkeit auf ein anderes Gebiet und wollte mich bewegen, Blumen zu malen. Lange wehrte ich mich dagegen, denn ich schreckte davor zurück, ohne alle fachliche Anleitung ein mir bisher ganz fremdes Fach der Malerei zu versuchen.
Da beschritt mein kluger Mann einen anderen Weg und wünschte sich zu seinem Namenstag von mir einen Blumenstrauß, der nicht verwelke. Um diesen Wunsch zu erfüllen, fing ich nun doch ein erstes Blumenbild an, das gar nicht so übel ausfiel, wenn auch das Ordnen der Farben sowie die Technik im Herausbringen der verschiedenen Abstufungen noch viel zu wünschen übrigließ.

Landschaft mit Blumengirlanden: ein typisches Motiv der aus dem Lechtal stammenden Malerin Anna Stainer-Knittel.

◁
Links: Selbstporträt von Anna Knittel, verehelichte Stainer (1861).

Engelbert gab aber nicht mehr nach und brachte eines Tages ein Schüsselchen aus Alabaster, auf das ich eine Alpenrose malen sollte. Wir hatten kurz vorher von einem italienischen Händler eine kleine Partie solcher Vasen, Schalen und Schälchen gekauft und mein Mann kam auf den Gedanken, diese Gegenstände durch Bemalen mit Alpenblumen für den Verkauf besonders anziehend auszustatten. Ich selbst war mit diesem ersten Versuch gar nicht zufrieden, aber kaum lag das Schälchen mit der Alpenrose im Laden, so war es auch schon verkauft. Nun packte auch mich die Lust, und es begann ein eifriges Blumenmalen. Die Modelle hiezu holten wir uns bei Ausflügen in die Umgebung von Innsbruck.
Den ersten öffentlichen Erfolg brachte mir die Wiener Weltausstellung im Jahre 1873.

Für diese Ausstellung versuchte ich ein größeres Alpenblumenbild, hoffend, daß diese neuartige Idee vielleicht beim internationalen Publikum Anklang finden könnte... Monatelang hörten wir nichts von dem Bilde und waren schon in großer Sorge, ob es unter der Menge der eingesandten Ausstellungsstücke nicht am Ende verlorengegangen wäre. Endlich erhielten wir von einem uns ganz unbekannten Herrn, Ministerialrat Migerka, ein Schreiben, daß er mein Blumenbild in einem Magazin bei verschiedenen Frauenarbeiten, die den Eigentümerinnen wieder zurückgeschickt werden sollten, zufällig gefunden habe. Dem Ministerialrat hatte mein Bild gefallen, er hob es aus dem Wust der anderen Arbeiten heraus und übergab es dem Künstlerhaus in der Lothringerstraße, wo es nun einen würdigen Platz gefunden hat.

Hofer mit dem Maler Anton Hofer, Dora Auwald mit Walter Kühn, Gabriele Marie Deininger-Arnhard mit dem Architekten und Direktor der Innsbrucker Gewerbeschule Wunibald Deininger. Auch Gotthard und Helene An der Lan sowie Maria und Helmut Rehm sind hier zu erwähnen. Offensichtlich ließ sich in diesem Umfeld ein ungewöhnlicher weiblicher Lebensentwurf leichter verwirklichen.

Als Sujets bevorzugten die Malerinnen Porträts, Blumenstilleben und Landschaften, oft in kleineren Formaten. Schon vor der Jahrhundertwende stellten zwei von ihnen in einer Personale im Tiroler Landesmuseum Ferdinandeum aus: 1890 Deininger-Arnhard und 1891 Stainer-Knittel. Regelmäßig beteiligten sich die Malerinnen an den Gemeinschaftsausstellungen, allerdings wurden selten mehr als zwei bis drei Frauen eingeladen. 1933 bei der Retrospektive „20 Jahre Tiroler Kunst" waren von 56 Ausstellern fünf Frauen. An der berühmt gewordenen Sammelausstellung

Schloß Weißenstein und ein Teil des Marktes Matrei in Osttirol, gezeichnet 1855 von Johanna Isser-Großrubatscher.
◁

▷
Aquarell der Meraner Malerin Anny Égösi (1894 – 1954).

Typische Keramikfigur von Maria Delago (1902 – 1979).

◁
Bleistiftzeichnung von Martha Strele (1889 – 1984).

von Tirolern im Rheinland 1925/26 war nur Friederike Svetic beteiligt. Dem Tiroler Künstlerbund gehörten bei seiner Gründung im Jahr 1926 an: Mia Arch, Lena Bauernfeind, Maria Bucek, Magda Lerch und Martha Strele. Vorstandsmitglied in der Innsbrucker Sezession und später im „Neuen Bund" war Sieghild Pirlo.

Im 19. Jahrhundert war Zeichnen ein wichtiger Aspekt der höheren Mädchenbildung. Begabteren Bürgerstöchtern wurden die handwerklichen Grundlagen in den diversen Zeichenschulen oder im Einzelunterricht von ausgebildeten Malern und Malerinnen vermittelt. Dabei entwickelte sich eine ganze Reihe talentierter Hobbykünstlerinnen, die Land und Leute möglichst naturgetreu festhielten. Eine von ihnen, Johanna Isser-Gaudenthurn geb. Großrubatscher, Ehefrau eines Trentiner Landrichters, hat auf ihren Streifzügen eine Unzahl Tiroler Burgen in romantischer Manier gezeichnet. Daneben sammelte sie Sagen und war auch schriftstellerisch tätig.

Mit diesem Inserat machte die Daguerrotypistin Elise Brosy 1855 die Innsbrucker auf sich und ihre Kunst aufmerksam.

FOTOGRAFINNEN

Anfang der sechziger Jahre des vorigen Jahrhunderts hatte sich das Fotografieren durch den Fortschritt der Fototechnik von einem Experimentierfeld für Naturwissenschaftler zu einem einträglichen Berufszweig gewandelt. Erschwingliche Preise gestatteten nun auch dem Kleinbürgertum das Anfertigen von Familienporträts; vorher war das teure gemalte Porträt eine Domäne der reichen Leute gewesen. Visitenkarten mit einem Porträtfoto wurden Sammelobjekte. Mit dem Aufkommen des Tourismus entstand vor der Jahrhundertwende die Landschaftsfotografie, besonders beliebt in den neuen Fremdenverkehrsregionen, zu denen auch Tirol zählte. Das neue Gewerbe wurde zuerst von ausländischen Wanderfotografen bzw. herumziehenden Meistern der „Daguerreotypie" (einer Frühform der Fotografie) ausgeübt. Einen von ihnen beobachtete die junge Imsterin Barbara Lentsch bei seiner Arbeit. Sie war davon so fasziniert, daß sie ihren Dienst in einem Innsbrucker Gasthof quittierte und mit ihrer Schwester Anna Katharina per Floß nach Wien fuhr, um sich dort zur Daguerreotypistin ausbilden zu lassen. Nach kurzer Lehrzeit unternahmen die beiden Schwestern weite Berufsreisen in die Türkei und nach Norddeutschland. Anna Katharina, verehelichte Back, gründete

Mehrmals erschien dieses Inserat ab April 1855 im „Innsbrucker Tagblatt".

Portraits-Verfertigung.

Unterzeichnete zeigt hiemit dem geehrten Publikum an, daß sie zum

Photografiren der Portraite

bei guter Witterung die Stunden täglich Vormittags von 9 bis 12 Uhr, und Nachmittags von 2 bis 4 Uhr bestimmt hat. Sie empfiehlt sich sowohl in gemalten als auch ungemalten Photografieportraiten zu den billigsten Preisen und sieht einem geneigten Zuspruch entgegen.

Kreszenzia Zerzer,
Portrait-Malerin u. Photografin.
Im Reiter'schen Haus Nr. 49 neben der kleinen Sill. 3

1885 zusammen mit ihrer Tochter Ida den noch heute florierenden Bregenzer Ansichtskartenverlag Risch-Lau.
Lange Zeit kannte das Fotografengewerbe keine geregelte Ausbildung. Seine Betreiber stammten oft aus verwandten Berufen: Maler, Buchdrucker und — wegen des Umgangs mit Chemikalien — Apotheker. Der durch keine Gewerbe-

Die Lienzer Fotografin Maria Egger, die den Betrieb ihres Vaters Georg Egger (1835 bis 1907) fortführte. Ganz rechts ihr Bruder, der berühmte Maler Albin Egger-Lienz.

ordnung geregelte freie Zugang öffnete den Beruf auch ambitionierten Frauen. Um 1860 betrieben Anna Nollet ein Atelier in Schlanders, Kreszentia Zerzer und Eugenia Steinberger je eines in Innsbruck. Somit waren zu dieser Zeit von den fünf in Innsbruck angemeldeten Gewerben zwei in der Hand von Frauen. Frauen stellten auch das Gros der Hilfskräfte beim Entwickeln und Kopieren, da sie niedrigere Löhne erhielten. Durch Marktkonzentration wurden bis zur Jahrhundertwende die kleinen Ateliers verdrängt. Von den 230 bis 1910 in Tirol nachweisbaren Gewerbefotografen sind zwölf Frauen, doch haben manche nur sehr kurz an einem Ort gearbeitet.

SCHRIFTSTELLERINNEN

Als Dr. Ambros Mayr im Jahr 1888 ein „Tiroler Dichterbuch" zusammenstellte, nahm er unter die 42 Poeten der „neuen Zeit" drei Frauen auf: Johanna von Isser-Großrubatscher, Adeline von Perkhammer und Walburga Schindl. Alle drei waren schon verstorben. Damals lebende Dichter („Unsere Tage") gab es insgesamt 73, davon waren fünf Frauen, von denen eine allerdings seit langem in Wien wirkte. Die einzige wirklich bedeutende Gestalt dieser fünf war Angelika von Hörmann.
Ohne Anspruch auf Vollständigkeit lassen sich aber die Namen von 40 Tiroler Schriftstellerinnen zusammenstellen, deren Geburtsdatum vor 1914 liegt. Höchstens ein halbes Dutzend von ihnen fand allerdings auch überregionale Anerkennung: Angelika Hörmann, Fanny Wibmer-Pedit, Alma Holgersen, Maria Veronika Rubatscher und Gertrud Fussenegger. Letztere, weder in Tirol geboren noch heute hier ansässig, verbrachte ihre Jugendjahre in Telfs und Hall und wird deshalb gern für Tirol reklamiert.
Der größere Teil der Tiroler Schriftstellerinnen läßt sich ohne Gewissensbisse dem in der ersten Jahrhunderthälfte ausgeprägten und auch aus politischen Gründen geförderten Genre der Volks- und Heimatliteratur zuordnen. Die wichtigsten Vertreterinnen waren Fanny Wibmer-Pedit, Maria von Buol, Maria Veronika Rubatscher, Henriette Schrott-Pelzl, Hilde Povinelli. Ihr Thema war fast immer das bäuerliche oder adelige Leben, für die Leser aus dem Bildungsbürgertum häufig im fleißig und detailreich recher-

Die bedeutende Welschtiroler Dichterin Bianca Laura Saibante-Vanetti (1723 bis 1797), die gemeinsam mit ihrem Mann Giuseppe Valeriano Vanetti, ebenfalls Schriftsteller, die Akademie von Rovereto gründete.

Eine Gedenktafel am Gasthaus Bogner erinnert an die dichtende Wirtstochter Walburga Schindl in Absam.

chierten historischen Milieu angesiedelt: „Die Pfaffin", „Heinrich von Bozen", „Florian Waldauf", „Geizkofler — die Klein-Fugger aus Tirol", „Der Lusenberger", „Das Herrgottskind", „Die Manharter", „Die Welserin", „Die Frauen von Sonnenburg" — man könnte die Titelliste beliebig fortsetzen —, lauter literarisch aufbereitete Gestalten aus der Tiroler Geschichte.

Das in diesen Romanen gezeichnete Frauenbild entspricht dem herkömmlichen Klischee: geduldig, opferbereit, entsagend, verständnisvoll, keusch, verzeihend, gütig — alles in allem das „bessere Ich". Es sind die Frauen, die ihre eigenen Wünsche zurückstellen, die Ehemann und Kinder trösten

Walburga Schindl, die dichtende Wirtstochter

Der Bognerwirt in Absam war im vorigen Jahrhundert zeitweise richtiggehender Literatentreff. Innsbrucker Dichter, Gelehrte und Journalisten, unter ihnen Adolf Pichler und Johannes Schuler, kehrten bei ihren Spaziergängen gerne hier ein. An ihren Diskussionen beteiligte sich nicht selten des Wirtes Töchterlein Walburga, die von ihrem Onkel, dem bekannten Kaplan Sebastian Ruf, zur Beschäftigung mit der Dichtkunst angeregt worden war und nicht nur vieles las, sondern auch selbst mit einigem Erfolg zu dichten versuchte. Im persönlichen Gespräch soll sie witzig und geistreich gewesen sein, was auch der Mutter Kaiser Franz Josephs gefiel, die 1848 in Tirol weilte und das damals 22jährige Mädchen kennen und schätzen lernte, worauf es zu einer umfangreichen Korrespondenz zwischen beiden kam. Walburga Schindl heiratete 1858 einen Geometer und zog zunächst nach Südtirol, dann in andere Länder der Monarchie. Nach einer schweren Fußverletzung lag sie jahrelang zu Bett und starb 1872 im Alter von nur 46 Jahren.

Aus einigen der Gedichte Walburga Schindls kann man Identitätsprobleme der dichtenden Frau und Enttäuschung über das Unverständnis der Umgebung herauslesen. Ein Prosatext aus dem Nachlaß und das folgende Gedicht sollen dies belegen:

Nichts findet in der Welt so vielen Tadel als ein Mädchen, das sich mit Poesie beschäftigt, als ob Musik und Gesang und jede Kunst nicht auch Poesie wäre. Dieser Tadel kann nur Unverstand, Böswilligkeit oder Härte sein; denn wo soll denn das Herz hin, wenn es mit seinen Gefühlen auf sich selbst verwiesen ist, wenn es diese Gefühle nicht einmal aussprechen darf, wie und auf welche Weise es will? Und die Behauptung, welche so oft gemacht wird, daß Dichterinnen nicht für häusliche Verhältnisse passen, mag wohl auch viel falsches haben. Es ist schon wahr, die Poesie nährt sich von Träumen, aber es ist ein großer Unterschied, ob jemand Poesie zum Geschäfte des Lebens macht und folglich immer in Phantasien lebt und seine häuslichen Verhältnisse als Nebensache betrachtet oder ob man nur die Kunst in das Leben hineinflicht, um es zu veredeln und zu verschönern, so wie man einen Gemüsegarten mit Blumen verziert. Es verträgt sich die Arbeitsamkeit und die Ordnungsliebe, welche die einzigen Eigenschaften sind, die ein Weib zur guten Hauswirtin machen, sehr gut mit der Poesie, so wie sie auch manchem Geschöpfe fehlen, welches nicht eine Ahnung von Poesie hat.

FRAGE

*Was ist denn Böses, wenn in kleinen Bildern,
Was mein Gemüt erregt, ich such' zu kleiden,
Wenn Liebe oder Leid ich such' zu schildern?*

*Daß mich darum die Menschen immer kränken,
Sie mich verhöhnen und mein Dichten schelten:
Ich kann nur trauern, daß so roh sie denken.*

*Wenn's mich vergnügt, des Herzens leise Klagen
Mit mildem Sinne tröstend anzuhören,
Soll ich denn diesen Trost mir rauh versagen?*

*Ich will ja nicht, daß euch sein Klagen rühre,
Die ihr vielleicht eu'r eig'nes Herz verstoßen,
So wie man einem Bettler weist die Türe;*

*Die ihr's verkauft vielleicht um schnöde Dinge,
Wie Judas einst den Heiland hat verraten,
Den Göttlichen, um ein paar Silberlinge.*

Die Lyrikerin Angelika von Hörmann.

Angelika von Hörmann, die „größte Frau Tirols"

An ihrem Grab ehrte der Dichter Franz Kranewitter die Tiroler Lyrikerin mit den Worten: „In unserem Herzen ungeschmälert bleibt Dein Name als der größten Frau Tirols." – Und Heinrich von Schullern schrieb in einem Gedicht zu ihrem siebzigsten Geburtstag: „Ich weiß, im Stillen hast Du stets gegeben, der laute Markt, er war Dir tief verhaßt!" – Anna Maria Achenrainer schließlich charakterisiert Leben und Werk der 1843 geborenen und 1921 verstorbenen Innsbruckerin, die mit dem Volkskundler, Kulturhistoriker und Dichter Ludwig von Hörmann verheiratet war: „Ein einfaches, an äußerem Gepräge armes Leben, drückend manchmal, und für solche, welche die bloße Existenz mit dem inneren Dasein verwechseln, kaum lebenswert, für den Tieferblickenden aber, der in den Werken eines Dichters auch seine wesenhafte Grundhaltung erblickt, doch reich wie irgend eines an himmlischem und höllischem Wolkengeriesel – so begegnen wir der Gestalt der Tiroler Lyrikerin Angelika von Hörmann."

Im folgenden ein Beispiel aus dem Werk der Dichterin. Es stand 1913 bei der großen Feier ihres 70. Geburtstages am Festprogramm:

O BLEIB' BEI MIR

O bleib' bei mir in dieser schönen Nacht!
Ringsum ist's still, kein Laut im Wald zu hören;
Nur da und dort durchbricht des Mondes Pracht
Verstohlen das Gezweig der dunklen Föhren.

Schon rauscht das dürre Laub bei jedem Tritt,
Eins von den Zeichen, die den Herbst bekunden,
Schon hab' ich heute, als ich suchend schritt,
Nicht wilde Rosen mehr zum Strauß gefunden.

Und täglich sinkt der Nebel mehr ins Tal,
Das Feld, der Wald wird langsam sich entkleiden,
O bleib' bei mir, ach nur dies eine Mal,
Noch eh' der Sommer und die Blumen scheiden.

und aufrichten, Haus und Familie zusammenhalten. Die Unverheirateten widmen sich sozialen Aufgaben, mit Vorliebe bringen sie „verrohte Menschen", zumeist Männer und Jugendliche, auf den rechten Weg. Die Ehe ist ein Joch, Männer werden häufig negativ gezeichnet; falls einem von ihnen Güte, Toleranz, Verständnis zugestanden wird, ist er eine Ausnahmeerscheinung, oft geistlichen Standes. Religion ist Frauensache, bedeutet gleichzeitig das Akzeptieren einer gottgewollten Ordnung, die den Frauen widerspruchslos den zweiten Platz zuweist, und Klagemauer zur psychischen Entlastung. Nur für wenige der durchwegs katholischen Schriftstellerinnen, etwa für Maria Mages, ist der Glaube durch persönliche Erfahrung geprägt, wie sich aus ihrem Werk ablesen läßt. Von der in der Tiroler Literatur gepflegten Deutschtümelei und Kriegsbegeisterung blieben auch die Schriftstellerinnen nicht verschont. Ein besonders eklatantes Beispiel bieten die Erzählungen „Tiroler Nagelen" von Klara Pölt-Nordheim, die voll sind von wackeren Kaiserjägern, todesmutigen Soldaten, blonden Dirndln, stolzen Müttern gefallener Söhne, hinterlistigen Italienern und schmutzigen Serben.

Die Dichterin Maria von Buol.

Generell wird eine heroisierte „starke Frau" gezeichnet, die Frustrationen des Frauenlebens werden positiv umgedeutet: aus dem Verbot vorehelicher sexueller Erfahrung wird Reinheit und Mädchenehre, aus Verlassenheit fromme Entsagung, aus ehelicher Unterdrückung Treue in schweren Stunden, aus Verzweiflung über sinnloses Sterben stolze Trauer. Um den Mädchen dieses idealisierte Frauenbild nahezubringen, entwickelte sich eine spezielle weibliche Erziehungsliteratur, wie sie in der von Maria Domanig von 1911 bis 1939 herausgegebenen Zeitschrift „Sonnenland" zum Ausdruck kam. Die jungen, ungestümen Mädchen lernen aus Schicksalsschlägen oder durch bewunderte Vorbilder die Anpassung an die ihnen zugedachte Rolle.

Die Ablehnung der sich anbahnenden Frauenemanzipation verhalf einem Gegenbild zu literarischen Ehren: der koketten, wohlhabenden, jedenfalls schönen Dame von Welt, die sich ohne Rücksicht ihre Wünsche, insbesondere ihre sexuellen Wünsche erfüllt — ein Frauentyp, den seine Schöpferinnen ablehnten und daher immer zugrunde gehen ließen. Die Schriftstellerinnen selbst lebten zumeist nicht nach dem von ihnen propagierten Frauenbild. Fast alle haben durch ihre literarische Arbeit und die damit verbundene gesell-

Maria Domanig, die mit ihrer Zeitschrift „Sonnenland" und der damit verbreiteten Erziehungsliteratur viel Einfluß hatte.

Maria von Buol:
Der Sonnenstrahl

Das folgende Beispiel einer typischen Erzählung von Maria von Buol (mit gekürztem Anfang) erschien im posthumen Sammelband „Früchte der Heimat", den Maria Veronika Rubatscher 1948 herausgegeben hat. Die Erzählerin berichtet zunächst von einer Begegnung mit einem „ärmlich gekleideten Persönchen" im „freundlichen Brennerdorf Gries", das gerade einen blühenden Garten bewunderte. Sie habe „Blumen soviel gern", erklärte die Frau, könne jedoch an ihrem einzigen Fenster keine aufziehen, weil es mitternächtig liege und das ganze Jahr kein Sonnenstrahl hereinkönne. Dann gingen die beiden gemeinsam weiter und kehrten jenseits des Baches in einem „einsamen Haus, eingekeilt zwischen Wasser und Berg", ein, einer ehemaligen Mühle, wo die Alte jetzt wohnte. Als die Besucherin eine Wiege bemerkte und überrascht war, begann die Frau zu erzählen:

„Wie ich gegen dreißig Jahre gewesen bin", berichtete sie, „sind meine Eltern schnell nacheinander gestorben, und da ist mir recht zeitlang geworden. Mit dem Bruder, der die Heimat übernommen hat, bin ich nit extra gefahren und mit der jungen Schwägerin schon gar nicht. Bei der Schwägerin ist ein Poppele nach dem anderen eingestanden, aber ich hab nicht viel danach gefragt, hab die Kinder zu der Zeit nicht recht gern mögen. Ich hab daran gedacht, geistliche Häuserin zu werden: das hätt' mir am besten gepaßt. Aber der Herrgott hat's anders gefügt.
Einmal spät auf Nacht im Winter – am Sebastianitag ist's gewesen – bin ich mit meinem Spinnradl nah beim Ofen gesessen, weil's halt gar so kalt gewesen ist: da klopft's auf einmal an der Haustür. Erschrocken bin ich nicht, ich hab gemeint, es ist der Bruder, der spät von Steinach zurückkommt. Und weil die Schwägerin schon im Bette gewesen ist, bin ich gegangen aufmachen. Draußen aber ist ein Weib gestanden mit zerrütteten Haaren und hat ein kleines Kind auf dem Arm gehabt, und recht spassig hat sie geredt, aber was sie will, hab ich doch verstanden. Ich sollt' das Kind über Nacht behalten, hat sie gebeten, weil's gar so kalt wär': Morgen in der Früh wollt' sie schon kommen, es holen. Ich hab gesagt, sie möcht' in Gott's Namen lieber mitsamt dem Kind in meiner Stuben bleiben; aber sie hat gesagt, an die Kälte wär' sie gewohnt, und ihre Leut' täten weiter droben auf sie warten. Und dann hat sie mir schleunig das Kind zugeworfen und ist auf und davon.
Kann nicht sagen, daß ich eine Freud' gehabt hab", fuhr die Alte kopfschüttelnd fort, „aber was hab ich machen wollen? Ich hab das Kleine in meine Stube getragen und hab's unter mein Federbett gelegt und hab mir gedacht: In Gottes Namen! Die Nacht wird wohl herumgehn. Hab' ihm auch ein bissel abgerahmte Milch gegeben und Zuckerwasser; aber es ist mit nichts zufrieden gewesen und hat grad fortzu geschrien, bis in der Früh. Einmal ist mir eingefallen, ich sollt das Häuterle taufen – diese fremdländischen Zigeunerkinder kriegen ja keine Tauf' nit. Aber wie ich meinen Wasserkrug in die Hand nehm', ist das Wasser gefroren gewesen – es ist soviel kalt im Winter in meiner Stuben! – und im Augenblick danach hab ich mir gedacht, ich tauf' es doch

lieber nicht, wenn es unter dem heidnischen Zigeunervolk aufwachsen muß. Bald es Tag geworden ist, bin ich mit dem Kind auf dem Arm die Mutter suchen gangen. Aber weit und breit hab ich keinen Zigeunergratten gefunden, und kein Mensch im Dorf hat etwas von Zigeunern gesehen. Jetzt denken Sie grad, wie ich erschrocken bin!"

„Und habt Ihr nichts mehr von der Zigeunermutter gehört?" fragte ich.

„Warten Sie grad!" beschwichtigte sie mich. „Mein erster Gang ist in den Widum gewesen; da hab ich dem Geistlichen mein Leid geklagt, und er hat gemeint, man sollt' noch von der Gemeinde aus Nachforschungen anstellen, aber wenn nichts herauskommt, dann sei's halt eine Fügung Gottes und ich sollt' mich ergeben. Aber taufen hat er das Kind nicht wollen, weil die Mutter zurückkommen könnt' und dann tät sie's wieder holen und als einen Heiden aufziehen. Mir ist aber ganz schwer ums Herz gewesen, wie ich mit dem armen Heidenkindl heimgangen bin. Im Haus aber hab ich ihm mindestens ein Muttergottespfennigle umgehängt, und dann ist's auf einmal ruhiger geworden und hat nicht mehr gar so wild geschrien. Und wie ein paar Tage umgewesen sind, hab ich's Poppele gern gehabt und hätt's gar nicht mehr hergeben mögen. Ich hab's versorgt, so gut ich's verstanden hab, und die Rösselwirtin hat mir Windeln und Fatschen geschafft, und die Kramer Lies hat mir die alte Wiegen gegeben, die Sie dort beim Ofen sehen, und hat gesagt: Du tust ein gut's Werk. Aber etliche Leut' haben mich brav ausgelacht, daß ich so aufgesessen bin, und etliche haben gar herumgesprengt, das von der Zigeunerin sei alles derlogen und ich wollt' grad nur mein schlechts Leben verheimlichen. Oh, das hat weh getan! Aber z'samt allem Verdruß hab ich das Kind alleweil lieber bekommen. Wohl zehnmal jede Nacht bin ich aufgestanden und hab gelost und gespannt, ob wohl dem Hansele nichts zugestoßen ist – wissen Sie, ich hab ihn Hansele genannt, weil ich mir gedacht hab, einen christlichen Namen sollt' das Kind wenigstens haben. Und auf Nacht hab ich alleweil eine Kaffeeschal' voll Wasser auf den Ofen gestellt, daß ich's Kind taufen kann, wenn's sein müßt'. Grad weinen hätt' ich können vor Erbarmen und grad auffressen hätt' ich's mögen vor Lieb, das Häuterle. Und die Freud, wie er mich zum erstenmal angelacht hat! Und denken Sie nur, zusamt allem Schlafbrechen und allen Sorgen hab ich nie einen so guten Humor gehabt wie denselbigen Winter.

Das Bübl ist alleweil frischer und größer geworden und nett wie ein Engele, grad nur ein bissel braun im Gesicht. Aber wie ein Jahr umgewesen ist, da hat's angefangen so spassige Gesichter zu machen und die Augen verdrehen, und meine Schwägerin, die ich gerufen hab, hat gemeint: Das sind die Bergichter, und jetzt wird's das Kind schon räumen. Das hat mir einen Stich ins Herz gegeben; ich hab das Kind zusammengepackt und bin mit ihm hinab nach Steinach gelaufen zum Doktor. Und der hat auch gemeint, mit dem Kind könnt's auf einmal fertig sein. Wie ich dann heimkommen bin, ist's schon spät gewesen. Ich bin die ganze Nacht bei der Wiege gekniet und hab mit vielen Zähren gebetet, der Herrgott möcht das Kind grad noch bis in der Früh am Leben bleiben lassen, damit ich's dem Geistlichen zur Tauf' bringen könnt'. Aber auf einmal – es wird so eine halbe Stunde vor Betläuten gewesen sein –

tut das Kind einen Zucker und ist dann ganz starr geworden. Oh, der Schrecken! Ich hab gemeint, es ist schon tot. Ich hab's aber recht fest mit Weihwasser angespritzt, und nachher hat's wieder ein Zeichen gegeben. Und jetzt hab ich's schleunig getauft. Und denken Sie, grad ruhig und brav ist's beim Taufen gewesen, wie wenn's alles verstehen tät'! Und bald es getauft gewesen ist, schaut's mich an mit seine herzigen Äuglein und sagt auf einmal: Mamma! Ja, stellen Sie sich das vor: Mamma hat's mich geheißen! Und das ist sein erstes Wort gewesen, das es geredet hat, und sein letztes auch."

Sie wischte sich mit der rauhen Hand die Augen aus; dann fuhr sie fort: "Wie's den letzten Schnaufer hat getan gehabt, hab ich's aus dem Wiegele genommen und gebußt, leicht zehnmal hintereinander – oh, mir ist grad vorgekommen, wie wenn ich's Christkindl im Arm hätt'! Und in der Früh ist die Schwägerin gekommen, und wir haben's miteinander aufgebahrt, und mir ist vorgekommen, die Schwägerin ist ganz anders als wie sonst, recht gut und fein. Und jetzt denken Sie grad, wie gut es der Hansele troffen hat! Grad ein paar Tag danach, spät am Abend, ist die nichtsnutzige Zigeunermutter auf einmal vor der Tür gestanden und hat das Kind begehrt und hat mir auch etwas geben wollen für meine Müh. Und wie ich ihr gesagt hab, das Kind ist gestorben, hat sie mir's nicht glauben wollen und hat geschrien und gelurlt und ist mit die Fäust' auf mich los, und wenn ich sie etwa angelogen hätt', wollt sie's schon erfragen, hat sie gesagt, und das Kind wieder mitnehmen. Oh, da hab ich Gott gedankt, daß der Hansele ein gut's Platzl gefunden hat!"

Als ich mich endlich zum Gehen anschickte, wollte mich Hanseles Ziehmutter durchaus noch ein Stück begleiten. Denn die Geschichte vom Zigeunerbüblein war mit seinem Tode noch nicht fertig, oh, beileibe! Der kleine, braune Engel wirkte Wunder! Die Liebe, die sie ihm gegeben hatte, die hatte sie gelernt, auf ihres Bruders Kinder zu übertragen. "Und seit der Hansele bei mir eingeflogen ist, hab ich nie mehr Zeitlang gehabt und alleweil einen guten Humor, und denken Sie grad: der Bruder und die Schwägerin sind wie ausgewechselt gewesen, und seit der Zeit tun wir uns recht gut vertragen."

Während sie noch emsig plauderte, kam ein junges Mädchen vom Dorf hergelaufen und meldete atemlos, dem Kleinsten gehe es nun endlich besser.

"Gott sei's gedankt!" rief die Alte und erhob die Hände als beredte Begleitung des frommen Wortes, während ihr gutes Gesicht vor Freude strahlte. "Wissen Sie", fügte sie mit harmlos rührender Selbstgefälligkeit bei, "die Leut' rufen mich recht oft, wenn einem Kind etwas fehlt. Bei die Kinder versteh ich schon etwas, und die Kinder tun auch gar nicht scheu vor mir: sie merken's schon, wie gern ich sie hab."

Mehrmals noch in jenem Sommer kam ich an der alten Mühle am Sillbache vorbei, und schier unwillkürlich flog dann mein Blick nach dem kleinen Fenster mit der Efeupflanze. Kein Sonnenstrahl war je durch jene Scheiben gedrungen, aber ins Herz der Bewohnerin hatte Gott einen hellen Strahl der Liebe gesandt. Und in diesem Strahle hatte sie die Kunst gelernt, sich zu freuen an der Freude anderer; an fremden Kindern und an fremden Blumen.

schaftliche, manchmal auch finanzielle Anerkennung Gewinn für ihr Selbstwertgefühl und ihre persönliche Emanzipation gezogen.

Die schreibenden Frauen des 19. Jahrhunderts entstammten häufig dem Adel, dessen Töchter am ehesten Zugang zur höheren Bildung hatten. In der ersten Hälfte des 20. Jahrhunderts stieg der Anteil der Lehrerinnen. Ihnen steht Fanny Wibmer-Pedit (1890–1967) gegenüber, die in kleinbürgerlichen Verhältnissen aufwuchs, in Innsbruck als Verkäuferin und Kellnerin, später in Osttirol auf dem vom Vater gekauften Bauernhof arbeitete, bevor sie 1912 einen Polizeiinspektor heiratete, zwei Jahrzehnte lang in Wien lebte und 1927/28 trotz inzwischen großer Familie mit dem ersten Volksstück und dem ersten Roman an die Öffentlichkeit trat.

Mit der Anerkennung der Mundartdichtung als selbständiger Literaturgattung wagten immer mehr Frauen auch aus den unteren sozialen Schichten, ihre Gedanken und Gefühle in Gedichtform zu äußern. Eine dieser Wegbereiterinnen war die aus ärmlichsten Verhältnissen stammende Anni Kraus (1897–1986).

Schutzumschlag eines 1935 erschienenen Buches der Dichterin Fanny Wibmer-Pedit.

SCHAUSPIELERINNEN

Seit bei der letzten Aufführung der Bozner Passion im Jahr 1511 zum ersten Mal im süddeutschen Raum auch Frauen beteiligt waren, haben sich die Frauen in der Theaterszene des Landes ihren festen Platz erobert. Als Märtyrerinnen und Dulderinnen, als Salome, Maria und Magdalena waren sie für die geistlichen Spiele unentbehrlich, und auch das seit dem 17. Jahrhundert in Tirol gepflegte Volkstheater mit Ritterstücken, Heiligenlegenden, biblischen und klassischen Themen hatte jede Menge Frauenrollen zu besetzen. Als Hauptdarstellerin für ihr Barbaraspiel „liehen" sich z. B. die Prutzer im Jahr 1644 Barbara Prandtauer aus Stanz, eine Verwandte des Barockbaumeisters Jakob Prandtauer.

Weibliche Hauptrollen im Volksschauspiel entsprachen häufig zwei gleichbleibenden Mustern: Entweder wird die Tochter, die sich dem Himmel versprochen hat, vom Vater zu einer ungeliebten Heirat gedrängt, oder die junge Ehefrau vom Ehemann eines ehelichen Fehltrittes bezichtigt. In beiden Fällen erträgt die verfolgte Unschuld geduldig De-

Szene aus einem Notburga-Spiel einer Tiroler Volksbühne des 18. Jahrhunderts.

mütigung und Leiden aller Art, um am Ende durch göttliche Fügung glänzend rehabilitiert zu werden.

Solche moralischen Erbauungsstücke erfreuten sich auch in den Frauenklöstern großer Beliebtheit. 1693 führten die Benediktinerinnen auf Säben mit ihren Internatszöglingen beim Besuch des Brixner Bischofs das Drama „Corinda" auf; im Jahr darauf stellten sie Szenen aus der Passion auf die Bühne in ihrem Speisesaal. Selbstverständlich waren dabei alle Rollen mit Frauen besetzt. Solches Mädchentheater wurde auch bei den Ursulinen und den Englischen Fräulein gepflegt.

Auch im weltlichen Bereich waren reine Mädchenspielscharen nicht unbekannt; eine existierte bereits 1578 in Sterzing unter der Leitung der Schulmeisterin Barbara Fröhlich, eine andere führte 1806 in Aldrans ein Stück über Maria Stuart auf. In der ersten Hälfte des 19. Jahrhunderts gab es im Innsbrucker Raum zumindest zwei reine Mädchenbühnen,

Die Mädchenbühnen von Pradl und Büchsenhausen

In der ersten Hälfte des 19. Jahrhunderts gab es im Innsbrucker Raum zwei Volksbühnen, auf denen nur Mädchen spielten. Die in Pradl scheint allerdings keine ständige Einrichtung gewesen zu sein. Der deutsche Dichter Karl Immermann berichtet darüber in seinem Werk „Blick ins Tirol":

„Nachmittags ging ich nach Pradl hinaus, einem Dorfe, welches mit der östlichen Seite von Inspruck zusammenhängt. Ich hatte gehört, daß Landmädchen dort ein selbstverfertigtes Stück aufführen würden. Wir klommen zu einem bretternen Verschlage auf einer Art Hühnerleiter empor, fanden den Schuppen vollgestopft von vergnügten Menschen, und die Mädchen bereits im Feuer der Action... Die Mädchen waren trefflich bunt herausstaffirt, die, welche Männer spielten, trugen Schnurrbärte, sie recitirten und agierten in abgemessner Marionettenweise.... Als ich mich nach der Veranlassung dieser Comödie erkundigte, erfuhr ich, daß die Ortsobrigkeiten sie zum Theil herbeigeführt hätten. Weil nämlich jetzt das Dorf voll von Dragonern liege, so hätten die Herren allerhand Unfug besorgt, Comödienspielen aber für das beste Mittel gehalten, die Mädchen in den müssigen Stunden zu beschäftigen, und ihre Gedanken von leichtfertigen Dingen abzuwenden. Es sei auch gelungen, denn die Mädchen thäten, wenn die Feldarbeit vorüber wäre, nichts als lernen und probieren. Hiemit ist also, wenigstens in Pradl, die Frage entschieden, welche Zeloten und Aesthetiker so abweichend beantworten; die Frage nämlich: ob die Schaubühne eine moralische oder eine unmoralische Anstalt sei?"

In Büchsenhausen oberhalb von Innsbruck konnte sich eine nur aus Mädchen bestehende Theatergruppe durch längere Zeit hindurch halten und einige Berühmtheit erlangen. August Lewald schreibt in seinem 1835 erschienenen Buch „Tyrol vom Glockner zum Ortler und Vom Garda zum Bodensee":

„Links vom Wege, auf dem Hof einer alten Bäuerin fanden wir das Theater von Brettern. Eine kleine Thür zur Seite war geöffnet, wo das Eintrittsgeld erlegt wurde. Auf dem Zettel, den man uns überreichte, war zu lesen: ‚Mit gnädiger Bewilligung wird heute Sonntag von einer Mädchengesellschaft aufgeführt, ein Trauerspiel unter dem Titel: die heilige Genovefa, ein wahrer Spiegel der Geduld. Es wird auch in jedem Act der Vorstellungen die Tugend des ägyptischen Joseph entgegen vorgestellt...
Um 5 Uhr war alles vorbei. — Eine Gesellschaft junger, zum Theil sehr hübscher Mädchen spielte hier wiklich Komödie; die Männer- und Frauenrollen waren mit Mädchen besetzt. Ich war ganz entzückt von diesem Schauspiele. Als es zu Ende war, lief ich in meiner Eigenschaft als alter Regisseur auf die Bühne. Hier lernte ich Frau Anna Pritzin, die Spielführerin, kennen. Sie ist die Witwe eines Schuhmachers, und hat sonst auch Komödie gespielt. Jetzt begnügt sie sich damit, Stücke zu dichten und selbst in die Scene zu setzen. Bis jetzt wurden 21 Theaterstücke von ihr zur Welt gebracht..."

die auch die Männerrollen mit Frauen besetzten: in Pradl und auf Schloß Büchsenhausen. Dort führte die Volksschauspielerin Anna Reithmayer geb. Brix (1775 – 1860) ihr erfolgreiches „Amazonentheater", wofür sie die Stücke selbst verfaßte. Die Mädchenbühnen hatten auch eine moralische Funktion: Das Theaterspielen garantierte eine harmlose Freizeitbeschäftigung, ein Ziel, daß auch der katholische Notburgaverein für weibliche Dienstboten mit seiner Mädchenbühne anstrebte.

Theaterstücke nur für weibliche Rollen verfaßte die katholische Volksschriftstellerin Maria von Buol (1861 – 1943) und brachte sie mit der von ihr geführten Kalterer Mädchenbühne zur Aufführung. Neben Lustspielen wie „Die Namensschwestern", „Köchin und Gesellschaftsdame", „Die kranke Tante" verfaßte sie das patriotische Schauspiel „Des Mahrwirts Weib", weiters eine Dramatisierung der Notburgalegende und zahlreiche Volksstücke zur Verherrlichung der sogenannten „weiblichen Tugenden" wie Demut, Opferbereitschaft, Leidensfähigkeit, Güte.

Es gab in Tirol bekannte Prinzipalinnen, die ihre Bühne regelrecht geerbt hatten. Josefine Weiß (1854 – 1932) übernahm das Pradler Bauerntheater von ihrem Vater, dem theaterbegeisterten Schneidermeister Ferdinand Rauter; Ilse Exl (1907 – 1956) folgte ihrem Vater Ferdinand Exl, Helene Blaas ihrem Ehemann Kurt Blaas. Die 1902 von Ferdinand Exl gegründete legendäre Exlbühne galt als Sammelpunkt von Schauspieltalenten, unter denen sich auch zahlreiche Frauen befanden: Anna Exl und ihre Schwestern Mimi Gstöttner-Auer und Pepi Gstöttner, Anna Zötsch, Gerta

Die berühmtesten Schauspielerinnen der legendären Exlbühne, aufgenommen kurz nach der Gründung im Jahr 1902: Anna Exl (ganz links), Mimmi Gstöttner (später verehelichte Auer) und ihre Schwester Pepi Gstöttner (ganz rechts).

Lener, Pepi Marek u. a. m. Sogar das Innsbrucker Stadttheater hatte in der ersten Hälfte des 19. Jahrhunderts Direktorinnen: Einmal war es eine Anna Ferrari, dann hatte es die „National-Theater-Unternehmerin" Katharina Hain gepachtet. Das Bozner Theater wurde — wie einer Rezension des „Tiroler Boten" zu entnehmen ist — 1827 von einer „Madame Dengler" geleitet.

Während es Tiroler Volksschauspielerinnen und Theaterunternehmerinnen — von Ilse Exl ausgenommen — nur zu lokalem Ruhm brachten, erfreuten zahlreiche Tiroler Sängerinnen auf ihren Reisen mit sogenannten „Nationalsänger"-Truppen die halbe, ja fast die ganze Welt. Die berühmteste dieser jodelnden und singenden Tirolerinnen war wohl Therese Prantl aus Schlitters, die sich 1855 den „Rainer-Sängern" anschloß und zur Seele dieses Unternehmens wurde, dessen Gründer Ludwig Rainer eine ihrer älteren Schwestern zur Frau hatte. Dichter und Gelehrte sollen der „tirolerischen Nachtigall" zu Füßen gelegen sein, Ludwig Ganghofer machte ihr sogar einen Heiratsantrag.

Die längst nicht mehr original gekleideten, sondern in Phantasietrachten gehüllten „Rainer-Sänger" aus dem Zillertal, aufgenommen in den sechziger Jahren des 19. Jahrhunderts bei einem Gastspiel in Dresden, mit Therese Prantl an der Zither.

Im Freiheitskampf

Zu einer sogar auf Spielkarten verewigten Symbolgestalt für Tiroler Freiheitswillen und Verteidigungsbereitschaft wurde Katharina Lanz, das „Mädchen von Spinges". Die Karte stammt aus einem vom Maler Edmund von Wörndle im Jahre 1886 gestalteten Spiel.

Wenn von Frauen in der Geschichte Tirols die Rede ist, so wird neben Margarethe Maultasch wohl am häufigsten das „Mädchen von Spinges" genannt, das im Abwehrkampf gegen die ins Land eingedrungenen Franzosen 1797 zwar gewiß keine entscheidende Rolle spielte, immerhin jedoch mit ihrer Einsatzbereitschaft und ihrem Mut den um sie herum kämpfenden Männern und allen, die später davon hörten, ein Beispiel gab. Kein Wunder, daß dieses einfache Tiroler Mädchen, eine Bauernmagd aus dem ladinischen Enneberg mit Namen Katharina Lanz, zu einer Symbolgestalt für Tiroler Freiheitswillen und Verteidigungsbereitschaft wurde.

Katharina Lanz ist kein Einzelfall. Nur einen Tag, nachdem sie sich am blutigen Gefecht von Spinges beteiligte, indem sie mit der Mistgabel anstürmende Franzosen von der Mauer des umkämpften Friedhofs herabwarf, standen in Villanders und Latzfons Mädchen und Frauen ihren Männern zur Seite, als ihre Dörfer bedroht waren. Dabei dürfte sicher eine Rolle gespielt haben, daß den Franzosen seit ihrem brutalen Wüten in Welschtirol der Ruf schrecklicher Grausamkeit und Gottlosigkeit vorauseilte. Es galt nicht nur, für das Vaterland zu kämpfen, sondern das eigene Gut und Leben, die Existenz der Familien und der Dorfgemeinschaft zu schützen. Und dafür war offenbar kein Einsatz zu hoch.

Es war am 3. April in aller Früh, als französische Einheiten von Klausen in Richtung Latzfons vorrückten, um die Höhen zu besetzen, und auf heftigen Widerstand der Tiroler Schützen und Landstürmer stießen. Daß die Einheimischen die Oberhand behielten, war nicht zuletzt dem weiblichen Aufgebot von Latzfons zu verdanken, das unter Führung des „Thinner-Gretele" den Verdingser Bühel oberhalb der Häusergruppe von Pardell besetzt hielt und von hier aus mit Steingeschoßen, Heugabeln und Sensen in den Kampf eingriff. Außerdem täuschten die Frauen mit Hilfe einer

Mohnstampfe und gezündeten Böllern ein Geschütz vor, was unter den Angreifern zumindest Verwirrung stiftete.
Als die bedrängten Latzfonser von Villanders aus Verstärkung erhielten, glaubten die Franzosen, mit diesem nun von Männern entblößten Dorf leichtes Spiel zu haben und schickten eine Mannschaft vor, um es zu besetzen. Da standen plötzlich auch hier Frauen und forderten die Angreifer zum sofortigen Rückzug auf, eine Szene, die als „Weiberwacht von Villanders" in die Geschichte einging. Die Soldaten sollen zuerst über die „Frechheit" ihrer Gegnerinnen gelacht haben, erkannten jedoch bald den Ernst der Lage, als sie unter den Beschuß der Amazonen gerieten und drei Tote sowie zwei Verwundete zu beklagen hatten. Erst jetzt zogen

„Das Mädchen von Spinges" in einer zeitgenössischen Darstellung, erschienen in dem in Wien herausgegebenen „Tiroler Almanach auf das Jahr 1802".

sie sich zurück. Die Folge des tapferen Widerstandes in Latzfons und Villanders war, daß beide Dörfer von Brandschatzungen und Plünderungen verschont blieben. Die Franzosen schlossen mit den Verteidigern sogar regelrechte Waffenstillstandsverträge ab. Ein paar Tage später zogen die Feinde ab. Sie hatten erkennen müssen, daß Tirol nicht besetzt gehalten werden konnte.

Auch im Kriegsjahr 1809 gab es mehrere Tirolerinnen, die das Kämpfen nicht allein den Männern überlassen wollten oder die in äußerster Bedrängnis zur Verteidigung des eigenen Dorfes die Waffen ergriffen. So waren es drei Mädchen oder junge Frauen, die im April 1809 zu Beginn der Volkserhebung Andreas Hofers ersten Sieg ermöglichten. Der Sandwirt kommandierte das Passeirer Aufgebot, das über den Jaufenpaß gekommen war, um zusammen mit den Schützen der Umgebung die in Sterzing stationierte Einheit von etwa 400 Mann bayerischer Soldaten gefangenzunehmen. Diese hatten rechtzeitig die Stadt verlassen und in dem für sie viel günstigeren freien Gelände des Sterzinger Mooses Aufstellung genommen. Die Entfernung war zu groß, um sie aus sicherer Deckung zu beschießen. Außerdem hielt eine bayerische Kanone die Tiroler auf Distanz. Da befahl Andreas Hofer, drei hochbeladene Heuwägen als Deckung vorzuschieben. Als Lenkerinnen stellten sich Bauernmägde zur Verfügung. Ob diese Aufgabe den Männern zu gefährlich war und deshalb todesmutige Frauen einspringen mußten oder ob es sich nur um eine sinnvolle „Arbeitsteilung" handelte, da die Männer ja zum Schieben und Schießen gebraucht wurden, geht aus der Überlieferung nicht eindeutig hervor. Die ganze Begebenheit ist überhaupt nicht gut bezeugt und wurde später mehrfach mit sich widersprechenden Details ausgeschmückt. Die Tatsache als solche dürfte aber stimmen. Auch die Namen der drei Mädchen oder Frauen — zumindest eine soll verheiratet gewesen sein — werden unterschiedlich angegeben. Sie hießen Anna Zorn oder Zoder oder Zoderer, auch „Schneider-Annele" genannt, Maria oder Elisabeth Pichler oder Gogl oder Gasser und Marie Porer oder Hofer. Fest steht, daß der Angriff gelang und die bayerische Abteilung nach harten und verlustreichen Kämpfen gefangengenommen werden konnte.

Fast alle Kämpfe des Jahres 1809 machte Anna Jäger, genannt Lebzelter-Mariandl, aus Schwaz mit. Nach den Schilderungen, die es von ihr gibt, war sie ein ausgesprochenes

Anna Jäger aus Schwaz, die die meisten Kämpfe des Jahres 1809 aktiv mitmachte, mit Andreas Hofer, Speckbacher (ganz rechts) und einem lokalen Kriegshelden auf einer Bildtafel, die bisher zumeist der Malerin Maria Anna Moser zugeschrieben wurde, was jedoch nicht stimmen dürfte.

Mannweib, die nicht nur mit der Flinte bestens umgehen konnte, sondern auch das Handgemenge nicht scheute. Einmal soll sie einen feindlichen Soldaten persönlich in den Inn geworfen haben. In bezug auf die vierte Bergiselschlacht stellte ihr Schützenkommandant Anton Aschbacher ein Zeugnis aus, in dem es heißt, daß sie „mit unglaublicher Tapferkeit jederzeit kämpfte, mehrere Feinde selbst erlegte und sich hiebei immer nüchtern, gehorsam und tätig bewies". Berühmt wurde auch Josefine Negrelli aus Primör (Primiero) in der Valsugana. Sie war die Schwester des späteren Ingenieurs und Suezkanal-Planers Alois Negrelli und zur Zeit der Kämpfe von 1809 erst 18 Jahre alt. Sie zog an der Seite ihres Vaters in Männerkleidern mit dem Landsturm aus und zeichnete sich mehrmals durch besonderen Mut und Entschlossenheit aus. Ein Sieg bei Feltre wurde im besonderen Maß ihrem Einsatz zugeschrieben. Bei den

Welschtirolern gilt sie seitdem als ihr „Mädchen von Spinges".

Zu einem förmlichen Großaufgebot bewaffneter und verteidigungsbereiter Frauen kam es – ähnlich wie im April 1797 in Villanders und Latzfons – Ende November 1809, als der Aufstand schon blutig niedergeschlagen war und fast überall die Waffen ruhten, im Paznauntal, wo man falschen Nachrichten von einer erfolgreichen Fortsetzung des Kampfes Glauben schenkte und zum Auszug bereit war. Als jedoch am Eingang des Tales feindliche Truppen auftauchten, zerstreute sich der versammelte Landsturm fluchtartig, und die ärgsten Hetzer verschwanden auf Nimmerwiedersehen. Da eilte der Kuratpriester Stefan Krismer von See, der zu den Besonnenen gezählt hatte, aber nun die Gefahr einer leicht in Plünderungen ausartenden Strafexpedition auf das Tal zukommen sah, zurück zu seiner Seelsorgsgemeinde und bot mit Hilfe seiner Schwester und Häuserin, der Jungfer Juliane Krismer, über hundert Frauen und Mädchen auf, denen es tatsächlich gelang, mit Hilfe primitiver Waffen und der bewährten Steinbatterien die heranrückenden Soldaten aufzuhalten. Auch zu schießen verstanden die Paznauner Amazonen. So verwundete z. B. des Kuraten Schwester einen bayerischen Offizier schwer. Der Geistliche griff selbst nicht in den Kampf ein, half aber beim umständlichen Laden der Stutzen. Während die Bayern auf diese Weise beschäftigt waren, gelang dem Kappler Hauptmann mit seinen Schützen eine kühne Umgehung, was die Niederlage des Feindes besiegelte. In den folgenden Verhandlungen zwischen den Tirolern und der Besatzung in Landeck konnte für das Paznauntal wie für das ganze Oberland ein annehmbarer Friede ausgehandelt werden.

Wenn man der kämpfenden Frauen von 1797 und 1809 gedenkt, die aus Patriotismus oder momentaner Verzweiflung zur Flinte, zum Morgenstern oder zur Mistgabel griffen, dann muß auch der Name einer Frau erwähnt werden, die im Ersten Weltkrieg – der nach dem Angriff Italiens für die Tiroler ja auch zum Freiheitskampf wurde – an der Tiroler Südfront Außergewöhnliches leistete. Es war die 1899 in Meran geborene Viktoria Savs, die sich 1915 der Meraner Standschützenkompanie, bei der ihr Vater als Zugführer diente, anschloß und in männlicher Montur alle Unternehmungen ihrer Einheit als Kampfabschnitts-Ordonnanz mitmachte. Als sie am Pfingstsonntag des Jahres 1917 Munition in die 2400 Meter hoch gelegenen Stellungen brachte, zerschmetterte ihr ein durch Beschuß losgelöster Felsblock den rechten Fuß, der ihr im Feldspital von Weitlanbrunn amputiert werden mußte. Für ihr tapferes Verhalten wurde das Mädchen mit der „Großen Silbernen", mit der bronzenen Tapferkeitsmedaille und mit dem Karl-Truppenkreuz ausgezeichnet.

Die „Standschützin" Viktoria Savs im Ersten Weltkrieg war ein Einzelfall, wie man auch einzelne kämpfende Frauen oder ganze weibliche Aufgebote im Tiroler Heldenzeitalter 1796 bis 1810 als Ausnahmeerscheinungen ansehen muß, die zumeist die unmittelbare Bedrohung von Haus und Hof und der Mangel an männlichen Verteidigern – aus welchen Gründen immer – als Ursache hatten. Im Gegensatz dazu, aber auch das waren wiederum nur Ausnahmen, wird von Frauen berichtet, die persönlich ins Kampfgebiet kamen,

Frauen bergen in einer der Schlachten des Jahres 1809 einen verwundeten Schützen. Ein Gemälde von Franz von Defregger.

Bewaffnete Frauen ergänzen die Wachmannschaft eines Gefangenentransports im Jahr 1809; eine zeitgenössische Darstellung.

um ihre Männer nach Hause zu holen, so geschehen etwa in der mehrtägigen Gefechtspause zwischen der ersten und zweiten Bergiselschlacht im Mai 1809. In der Regel war der aktive Anteil der Frauen am Volksaufstand der, daß sie – soweit sich das Geschehen nahe des eigenen Dorfes abspielte – Verwundete versorgten und Verpflegsdienste leisteten, was vor allem junge Mädchen nicht selten unmittelbar zu den Kampflinien führte und beträchtlichen Mut erforderte. Wie wichtig diese Hilfeleistung aber war, kann man dann am besten ermessen, wenn man bedenkt, daß etwa die dritte Bergiselschlacht am 13. August vom frühen Morgen bei brütender Hitze bis in den Abend dauerte und den Männern das Äußerste an physischer und psychischer Leistung abverlangte. Da konnte ein Glas Wein, ein Krug Wasser oder ein Stamperl Schnaps tatsächlich lebensrettend sein. Einen stets mitgeführten Troß mit Marketenderinnen kannte das Tiroler Landesaufgebot im Gegensatz zum stehenden Heer nicht. Ein Volksheer mit der Sonderaufgabe des Grenzschutzes und der Verteidigung der eigenen Heimat brauchte diese Einrichtung nicht, man konnte sich ja aus den jeweils nächstgelegenen Dörfern versorgen. Daß die Kompanien der seit 1838 vereinsmäßig organisierten Paradeschützen von Marketenderinnen mit Schnaps-„Panzelen" begleitet werden, ist eine Einführung dieser Zeit des unter anderen Voraussetzungen neu aufblühenden Schützenwesens, kann jedoch sicher auf die Tradition weiblicher Verpflegungsdienste in den Kampfesjahren verweisen.

Andere wichtige Aufgaben, die Frauen oft im Kampfgebiet übernahmen, waren Schanzarbeiten, das Vorbereiten von Steinlawinen, Botengänge und Wachdienste. Gefangene wurden oftmals einer Gruppe von Frauen überantwortet. Die am 12. April 1809 in Wilten gefangengenommenen französisch-bayerischen Einheiten wurden von bewaffneten Frauen bis nach Schwaz eskortiert. Und die Frauen des Tauferer Tales bildeten sogar eigene Frauenkompanien, um ihre Weiler und Dörfer zu bewachen, in denen nach den Augustkämpfen auch gefangene Sachsen untergebracht waren. Als diese einen Fluchtversuch über den Krimmler Tauern wagten, wurden sie von diesen weiblichen Wachmannschaften eingeholt und zurückgebracht. Die Tauferer Frauen waren im übrigen die letzten, die im vergeblichen Freiheitskampf zu den Waffen griffen. Als Anfang Jänner 1810, lange nach Beendigung der letzten Kampfhandlungen, das Tal von französischen Truppen, die auf der Suche nach geflüchteten Anführern waren, besetzt werden sollte und die Gefahr von Plünderungen und Verhaftungen bestand, zog Margarethe Hofer, eine Verwandte des vom Feind gesuchten Lucknerwirtes, die Sturmglocke und bildete mit den herbeieilenden Frauen erneut eine Verteidigungstruppe. Als keine Franzosen kamen, gingen die Amazonen nach drei Tagen wieder auseinander. Kurz darauf rückten die fremden Soldaten ein. Und wieder waren es die Hoferin und ihre Anhängerinnen, die aktiv wurden. Diesmal zog man nach Lend zum Landrichter, um ihn mit der Waffe in der Hand vor einem Verrat versteckter Freiheitskämpfer zu warnen. Bayerische Soldaten und französische Offiziere konnten sicher mit ihrem Los zufrieden sein, wenn sie in die Obhut von Tiroler Wächterinnen kamen, denn da war ihnen

Eine der ersten Marketenderinnen der vereinsmäßig organisierten Schützenkompanien: Zenzi Friedrich aus Hopfgarten im Brixental (1863).

So schilderte die bayerische Greuelpropaganda von 1809 die Tirolerinnen.

Verpflegsdienst während der dritten Bergiselschlacht im August 1809, gemalt von Zeno Diemer (Innsbrucker Panorama-Rundgemälde).

menschliche Behandlung sicher. Vielleicht hat der eine oder andere gerade vor ihnen zuerst Angst gehabt, denn die bayerische Greuelpropaganda hat in Wort und Bild die Tirolerinnen als mordlustige Furien hingestellt, von denen arme bayerische Soldaten reihenweise massakriert wurden.

Eine Ausnahmeerscheinung unter den Frauen, die sich in irgendeiner Weise aktiv am Tiroler Freiheitskampf beteiligten, war Therese von Sternbach in Innsbruck-Mühlau. Die aus bürgerlichem Haus stammende Baronin unterstützte die Vorbereitungen zum Aufstand und die heimliche Rüstung,

„Wenn es in Tirol solche Frauen gibt..."

Aus dem Tagebuch der Baronin Therese von Sternbach (1775 – 1829), seit 1808 Witwe, über ihre Erlebnisse im Jahr 1809:

Den 19. Mai. Eine Stunde nach dem Einrücken des Feindes ritt ich nach Innsbruck, um meinen Sohn zu besuchen, und seinetwegen die nöthigen Vorkehrungen zu treffen, wo ich aber beinahe Niemanden von den Bürgern der Stadt antraf; nicht anders, als ob sich alles geflüchtet hätte; Furcht und Verwirrung schien allgemein zu sein. Als ich nach einem kurzen Aufenthalt wieder nach Mühlau zurückreiten wollte, folgten mir unter dem Reithause zwei baierische Cheveauxlegers im Galopp nach, hielten mich an, und befahlen mir mit dem Bedeuten vom Pferde abzusitzen, daß ich es hergeben müsse. Aufgebracht über diese Anforderung, gab ich ihnen zur Antwort, daß dieß nicht geschehen werde, indem das Pferd mein Eigenthum sei. Nun glaubten sie mich mit der Drohung zu schrecken, daß es Befehl des Generals wäre, und daß ich mit ihnen zu demselben gehen müsse. Allein unerschrocken erwiederte ich: Nur zu, meine Herren! wir reiten mitsammen zum General, und wollen das Fernere dann sehen. Auf diese Aeußerung standen sie von ihrer Forderung ab, ich aber ritt gleichwohl allein nach Hof zurück, und verlangte mit dem Marschall Le Fèvre zu sprechen; da dieser aber nicht anzutreffen war, ging ich zu dessen Adjutanten, dem Oberst Montolegiers, beschwerte mich über das Benehmen der Cheveauxlegers, und bath um einen Paß sowohl zur ungestörten

Die Baronin Therese von Sternbach schreibt unter feindlicher Bewachung ihr Testament.

Nachhauskehr, als auch zur Sicherheit meiner übrigen, zu Haus befindlichen Pferde, indem ordentlich kapitulirt worden sei, und somit das Eigenthum respektirt bleiben müsse. Sowohl durch diesen Vorfall äußerst mißlaunig gemacht, noch mehr aber durch andere, an diesem Tage hinzugekommene Unfälle und Verdrüßlichkeiten wurde ich in eine so erbitterte Gemüthsstimmung versetzt, daß ich mein Ansuchen um den Paß mit der kühnen Drohung verband, daß, wofern meine Pferde nicht sicher sein sollten, ich jeden, der es wagen würde, mir eines aus dem Stalle wegzuführen, auf der Stelle erschießen werde. Ungeachtet dieser Drohung sprach der Adjutant zu meiner größten Verwunderung schonend und gelassen mit mir, ja er äußerte über meinen Muth seine volle Bewunderung mit dem Ausdrucke: „Wenn es in Tirol solche Frauen gibt, wie müssen erst die Männer beschaffen sein?"

Darauf erhielt die Baronin ihren Paß und ritt heim. Nachdem aber im Mühlauer Schloß der Sternbach nach Verrat eines bayerischen Bediensteten zahlreiche versteckte Gewehre gefunden worden waren, rückten am 3. August 130 Mann an, um die streitbare Gutsfrau zu verhaften. Zunächst wurde sie unter Hausarrest gestellt:

Der französische Kapitän Malmund erlaubte mir zwar im Hause herumzugehen, allein ich bemerkte doch, daß er mir auf den Fuß nachging und mich verfolgte. Nach dem Nachtessen eröffnete mir derselbe den erhaltenen Befehl, mich gar nicht mehr aus den Augen zu lassen, in Folge dessen er sogar in meinem Zimmer schlafen müsse. Ich hielt den Befehl lange für Scherz, und glaubte vielmehr, den Herrn Offizier dürfte vielleicht eine andere Absicht bewegen, in meinem Zimmer schlafen zu wollen, weswegen ich ihm versicherte, daß er seinen Zweck nicht erreichen werde. Er aber behauptete ernsthaft, daß er einen solchen Befehl habe. Wenn das ist, sagte ich zu ihm, so muß auch noch ein baierischer Offizier in meinem Zimmer schlafen, ich könne meine Ehre um keinen Preis auf's Spiel setzen, widrigenfalls würde ich mich gar nicht schlafen legen. Ich ersuchte gleich die baierischen Offiziere, daß einer davon neben dem französischen in meinem Zimmer schlafen möchte. Jener kam, und wir legten uns alle drei jeder in sein Bett; daß ich nicht schlafen konnte, ist sich leicht vorzustellen... – Den 4. d. spielte ich den ganzen Tag mit den baierischen Offizieren Billard.

Schließlich wurde die Baronin in einem Innsbrucker Privathaus in strenge Verwahrung genommen. Beim Abzug der am Bergisel geschlagenen bayerisch-französischen Truppen wurde die Gefangene zugleich mit zwei männlichen Geiseln auf einem Wagen mitgeführt:

Den 21. August bin ich in München angekommen, und gleich in das Arrestzimmer geführt worden, worin ich bis den 16. September eingesperrt blieb. Während dieser Zeit waren mir von der Gnade Sr. Majestät des Königs täglich 7 kr. zur Verpflegung angewiesen, und ich mußte auf Stroh liegen. Da ich am 15. Sept. aus allen Anstalten ahnete, daß mit mir was vorgehen müsse, und ich beim Kerkermeister Erkundigung anstellte, so kam er um 9 Uhr Abends, und meldete mir, daß ich Morgens früh um 5 Uhr gehängt werden soll. Ohne auf diese Schreckensnachricht außer Fassung zu kommen, war meine Antwort: das wäre ein kurzer Prozeß, einen Menschen ohne Verhör zu hängen, und wäre auch wider alles Völkerrecht; sollte es aber wirklich so beschlossen sein, so sollen sie mich mit dem Angesicht gegen Oesterreich, und mit dem Rücken gegen Baiern und Frankreich hängen, worauf ich mich zwar auf mein Strohbett niederlegte, die ganze Nacht aber schlaflos zubrachte. Am 16. September Morgens wurde ich nach Frankreich abgeführt, worauf sich dann wohl veroffenbarte, daß es wegen des Hängens nur boshafte Drohung war.

Erst am 20. Februar 1810 erlangte die Baronin von Sternbach ihre Freiheit wieder.

Illustration des Malers Franz Spitzer zum Tagebuch der Therese von Sternbach.

opferte ihren Viehstand zur Verpflegung des Tiroler Bauernheeres, feuerte durch Worte und mutiges Auftreten wankend gewordene Landesverteidiger an und hielt während der immer wiederkehrenden Wochen bayerisch-französischer Besatzung in ihrem Mühlauer Ansitz einen großen Vorrat an Gewehren versteckt – was ihr schließlich zum Verhängnis werden sollte. General Lefebvre ließ sie verhaften und nach der verlorenen dritten Bergiselschlacht am 14. August als Geisel mitnehmen. Erst im März 1810 kehrte die mutige Baronin aus der Gefangenschaft nach Innsbruck zurück.

Zugleich mit Baronin von Sternbach sollte auch der Haller Kronenwirt Josef Ignaz Straub als Gefangener abtransportiert werden, doch konnte er sich von der Wachmannschaft

▷

Die Sandwirtin Anna Hofer, geborene Ladurner, in späteren Jahren. Daneben das bekannte Gemälde von der Verhaftung Andreas Hofers, seiner Frau und seines Sohnes von Karl von Blaas.

Die Haller Kronenwirtin Rosina Straub, eine der leidgeprüften Frauengestalten von 1809.

losreißen und durch einen kühnen Sprung in den Inn retten. Er hatte sich, wie andere verantwortliche Anführer der Tiroler auch, beim zweiten Wiedereinmarsch der Bayern und Franzosen im Juni 1809 versteckt und war zuerst den Aufrufen des Generals Lefebvre, sich zu stellen, nicht gefolgt. Als jedoch die Besatzer drohten, zuerst den Bürgermeister und dann jeden Tag einen anderen aus der Reihe der Haller Stadtväter aufzuhängen, bis Straub sich freiwillig melde, sandte ihm seine Frau einen erschütternden Brief in die Berge, in dem sie ihn bat, doch die Forderung der Feinde zu erfüllen, Gott werde ihm schon beistehen.

Diese Kronenwirtin von Hall, Rosina Straub, war eine von den leidgeprüften Frauen der Tiroler Kommandanten, die wahrlich viel auszuhalten hatten in diesem „Heldenjahr". Ihnen wäre sicher weniger Heldentum und mehr Friede lieber gewesen, doch sie hielten durch, allein, nur selten konnten sie in den kritischen Monaten ihre Männer in die Arme schließen, waren – zumindest in den immer wieder besetzten Gebieten, wie dem Inntal – Repressalien der fremden Truppen ausgeliefert. Rosina Straub etwa wurde mehrmals bedroht, ihr Haus geplündert, sie selbst mißhandelt. Das Passeiertal, wo die Sandwirtin Anna Hofer, geborene Ladurner aus Algund, ihren Mann in allem ersetzen mußte, war lange Zeit von Kriegshandlungen verschont geblieben. Erst

im November, nach der verlorenen vierten und letzten Bergiselschlacht, ging es auch hier los. Und während sie in den ruhmreichen Wochen ihres Mannes, als er am Bergisel siegte und in der Innsbrucker Hofburg regierte, nie an seiner Seite stehen durfte, erlitt sie mit ihm die schmachvolle Zeit der Verfolgung, der Flucht, des Verstecks, der Gefangennahme. Damit wurde sie zur Symbolgestalt für das Schicksal der Tiroler Frauen im „Heldenjahr", so wie Andreas Hofer die Taten der Männer repräsentiert.

Während die Burschen und Männer in den Kampf zogen, hatten die Frauen allein die Wirtschaft zu führen, mußten nicht selten Einquartierungen und Plünderungen überstehen. Hunderte verloren ihre Männer, Väter oder Söhne. Das Fertigwerden mit Not und Elend, das ohnmächtige Dulden – das war das Los der Frauen. Dies gilt auch für andere Kriegszeiten. Für den Ersten Weltkrieg sogar noch mehr als für den Freiheitskampf von 1809. Denn die Zahl der Gefallenen war zwischen 1914 und 1918 unvergleichlich höher, und im Gegensatz zu 1809, als man die Mannschaf-

Wenn die Männer im Krieg waren, mußten die Frauen alle Arbeit zu Hause, im Feld und im Weinberg allein verrichten (Foto aus der Zeit des Ersten Weltkrieges).

„Kriegsfrauen", ein symbolträchtiges Gemälde von Albin Egger-Lienz.

ten nach gewisser Zeit wechselte und die Aufgebote mancher Talschaften fast oder überhaupt nie ausrückten, stand im Ersten Weltkrieg so ziemlich die gesamte kampffähige männliche Bevölkerung an der Front. Im Hinterland verblieb alle Arbeit auf den Schultern der Frauen. Man kann kaum ermessen, was damals geleistet worden ist. Den Kriegsfrauen von 1914 bis 1918 hat der Maler Albin Egger-Lienz ein erschütterndes Bild gewidmet, das alle Überbeanspruchung, alles Dulden, alles Leid zum Ausdruck bringt.

Frauen in der Politik

In der traditionsreichen Tiroler Ständedemokratie, deren Wurzeln bis ins 14. Jahrhundert zurückreichen, hatten die Frauen keinerlei Wahl- oder Mitspracherecht. Aber auch die Einführung moderner demokratischer Vertretungsformen mit dem Sieg des Konstitutionalismus und Liberalismus im Jahr 1860 brachte den Frauen noch lange nicht die politische Gleichberechtigung. Bis 1918 war ihnen jede politische Tätigkeit untersagt. Nach dem Vereinsgesetz von 1867 durften sie – wie Ausländer und Minderjährige – nicht einmal Mitglieder politischer Vereine werden. Von den Wahlen für Reichsrat, Landtag und Gemeinderat waren sie ausdrücklich ausgeschlossen.
Wegen dieser krassen Benachteiligung war eine der Hauptforderungen sowohl der bürgerlichen wie der sozialdemokratischen Frauenbewegung das Wahlrecht. Doch haben die Frauen beider Lager seit der Jahrhundertwende das Vereinsgründungsverbot klug umgangen und ihre Vereine als unpolitisch erklärt, selbst wenn sie damit durchaus gesellschaftspolitische Ziele verfolgten.
Bereits der 1900 vom Journalisten Philipp Bauer gegründete Christliche Frauenbund hatte neben der „Förderung der christlichen Wohltätigkeit" auch die „Unterstützung christlich gesinnter Geschäftsleute", die Herausgabe und Werbung katholischer Zeitschriften und die Besprechung wirtschaftlicher Fragen zum Ziel. Wesentlich emanzipatorischer formuliert die Katholische Frauenorganisation für Tirol (KFO) 1909 ihr Programm:
„Der Verein soll die katholische Frauenwelt vereinen zur Wahrung, Förderung und Vertretung der gemeinsamen Interessen auf dem religiösen, sozial-caritativen und wirtschaftlichen Gebiet; die Frauenwelt aufklären über die gegenwärtig das Frauengeschlecht bewegenden Fragen und Anregung geben zu caritativer und sozialer Tätigkeit, um im Sinne der katholischen Grundsätze und Prinzipien an der Lösung jener Fragen zu arbeiten und zur materiellen, geisti-

gen und sittlichen Hebung der Frauenwelt beitragen; alle auf den verschiedenen Gebieten sich bewegende Vereinstätigkeit der katholischen Frauen und Jungfrauen Tirols zu einem gleichmäßigen Zusammenwirken verbinden unter voller Wahrung der selbständigen und freien Bewegung der einzelnen Vereine.

Die Mittel zur Erreichung des Zweckes sind: Errichtung von Studienzirkeln zur theoretischen Einführung in die soziale Frage überhaupt und speziell die Frauenfrage; Errichtung von sozial-caritativen Kursen zur Einführung in die praktische Betätigung auf den der katholischen Frauenorganisation entsprechenden Gebieten; Abhaltung von populär-wissenschaftlichen Vorträgen, Veranstaltungen von öffentlichen Versammlungen und geselligen Zusammenkünften; Anlage von Bibliotheken, Einführung und Unterstützung von Zeitschriften, Verbreitung von Büchern und Schriften, sowie auch Veröffentlichung von einschlägigen Mitteilungen, Herausgabe von Flugblättern, Schriften und Zeitungen und Büchern unter Beobachtung der bezüglichen Bestimmungen des Pressegesetzes; Gründung und Erhaltung eines Zentralauskunftsbureaus als gemeinnützige Einrichtung; unentgeltliches Dienstvermittlungsbureau für weibliche Dienstboten und alle im Erwerbsleben beschäftigten weiblichen Personen; Errichtung einer Rechtsschutzstelle für weibliche Personen."

Die ordentliche Mitgliedschaft war auf Frauen und Mädchen beschränkt. Außerordentliche oder Ehrenmitglieder konnten auch Männer werden, die sich um den Verein vor allem durch Geldspenden verdient gemacht hatten. Auch sie hatten in der Generalversammlung Sitz und Stimme. Der Verein wurde durch Vorstand und Ausschuß sehr kollegial geführt. Seine Mitglieder mußten sich alle drei Jahre der Generalversammlung zur Wahl stellen. Den Einfluß der Geistlichen hielten die Frauen in Grenzen, da sie den zwölf Vorstandsmitgliedern nur vier vom Bischof ernannte Beiräte zur Seite stellten. Allerdings hielt die kirchliche Hierarchie den Verein sehr genau unter Kontrolle.

Ein wichtiges Vereinsziel war es, Freiräume für Frauen zu schaffen und ihnen so von Zeit zu Zeit die legitime Flucht aus dem Hausfrauenalltag zu ermöglichen; dem diente das intensive katholische Vereinsleben mit geselligen Zusammenkünften, Frauenwallfahrten und Exerzitien. Präsidentinnen der KFO waren die Frauen Malitsch, Malfatti und

Die Gräfin Juliane Trapp, seit 1929 Präsidentin der Katholischen Frauenorganisation (KFO) für Tirol.

Knoflach, ab 1929 Gräfin Juliane Trapp, die 1934 den ersten Innsbrucker Christkindleinzug organisierte. Langjährige Generalsekretärin und treibende Kraft war die Landtagsabgeordnete Josefine Sölder. Die KFO trat gleich nach ihrer Gründung der katholischen Reichsfrauenorganisation bei.
Die Kriegs- und Nachkriegsjahre lenkten die Frauenaktivitäten vornehmlich auf soziale Gebiete. Die KFO betrieb seit 1916 ein Kindererholungsheim in Oberperfuß und übernahm 1934 das Rapoldiheim der aufgelösten sozialdemokratischen Waldfreunde in Kranebitten, das sie als Erholungsheim für Mütter und Kinder führte. Sie reaktivierte auch die Bahnhofsmission, den heutigen Bahnhofssozialdienst. 1921 gründete Sölder den Tiroler Mädchenverband, der 1927 bereits 190 Gruppen zählte, die vornehmlich in die Pfarrarbeit integriert waren. Die Innsbrucker Zentrale mit der Sekretärin Maria Waldhart und der sehr aktiven Dr. Rosmarie Gassner engagierte sich besonders in der Jugendarbeit. Sie führte einen Kindergarten in Pradl, organisierte Lernstuben, Ferienaktionen für Mädchen und hauswirtschaftliche Fortbildungskurse. Dem KFO schlossen sich auch der Verein erwerbstätiger Frauen mit seiner langjährigen Präsidentin Juliane Norer an, die christlichen Hebammen und die Welserinnen, ein Verein katholischer Handelsangestellter, dem die Aus- und Fortbildung seiner Mitglieder sehr am Herzen lag.
Erst mit der Einführung des Frauenstimmrechtes im Jahr 1919 erkannte das konservative Lager den Wert der schon damals wahlentscheidenden Frauenstimmen. Die KFO war die einzige konservative Frauenorganisation, die für die Wahlwerbung eingesetzt werden konnte. Um die Frauen für die Christlichsozialen zu gewinnen, organisierte sie zusammen mit Geistlichen zahlreiche Frauenversammlungen. Ihre Aktivitäten trugen Früchte. Doch als die Sozialdemokraten zuerst mit Karoline Wageneder, später mit Maria Ducia in den Landtag einzogen, konnten ihnen die Christlichsozialen zunächst keine geeignete Frau entgegensetzen, denn in ihren Reihen war eine politische Arbeit der Frauen unbekannt gewesen. „Hätte uns vor vier Jahren jemand gesagt", klagt der katholische Allgemeine Tiroler Anzeiger, „daß nach dem Kriege auch die Frauen als Gleichberechtigte an die Wahlurne schreiten würden, so hätten wir ihn sicherlich als restlos reif für Hall erklärt."
In ihrer Not griffen die Christlichsozialen auf die Aktivi-

Josefine von Sölder, von Schule und Frauenorganisation in die Politik

Politik war für sie nicht das Wichtigste, doch um ihre wichtigsten Anliegen, die Schule und die Katholische Frauenorganisation, wirksam vertreten zu können, wurde sie Politikerin: Josefine von Sölder, geboren 1864 in Venedig, das damals zu Österreich gehörte, Absolventin der Lehrerinnenbildungsanstalt in Innsbruck und nacheinander Lehrerin in Dietenheim bei Bruneck, an der deutschen Schule in Trient und schließlich an der Übungsschule des Innsbrucker Pädagogiums. 1920 wurde ihr für ihre Leistungen auf dem Gebiete der Jugenderziehung der Titel Schulrat verliehen. Mit der Jugend war Josefine von Sölder auch durch ihre Tätigkeit als Leiterin des Innsbrucker Marienheimes eng verbunden.

War es bereits gesellschaftspolitisches Engagement, als sich Josefine von Sölder 1909 an der Gründung der Katholischen Frauenorganisation Tirols beteiligte und durch viele Jahre das Amt einer Generalsekretärin bekleidete, so nahm sie auch den Auftrag ihrer Gesinnungsfreundinnen und Mitarbeiterinnen an, sich 1921 der Wahl in den Tiroler Landtag zu stellen, um als eine der angesehensten Persönlichkeiten des Schulwesens in Tirol ihren Einfluß zur Abwehr jener Tendenzen geltend zu machen, die sie als „volkszersetzende Irrlehren" und „Ideen der Sittenlockerung und Gottlosigkeit" ablehnte. Sie sah sich als Kämpferin für die Belange

Die Lehrerin und christlichsoziale Politikerin Josefine von Sölder.

von Religion und Kirche und vertrat kompromißlos die Forderungen vieler katholischer Organisationen. Dabei scheute sie öffentliche Attacken auf andersdenkende Politiker nicht, legte jedoch das Schwergewicht ihrer Arbeit in den Bereich von Kommissionen und Ausschüssen. In Politik und Beruf – 1923 ging sie als Lehrerin in Pension, leitete jedoch weiter das Marienheim – verband Josefine von Sölder Hilfsbereitschaft und selbstlosen Einsatz für Ratsuchende und Bedürftige aller Altersstufen mit Härte und Strenge, wenn sie das sittliche Wohl ihrer Schützlinge oder ihrer Wähler gefährdet sah.

Aus Alters- und Gesundheitsgründen lehnte sie 1929 eine weitere Kandidatur für den Landtag ab. Im August 1930 verstarb Josefine von Sölder während eines Aufenthaltes bei ihrem Bruder in Mödling.

stinnen der KFO zurück, obwohl diese eigentlich kein Interesse an politischer Arbeit hatten. Dadurch kamen nacheinander die Lehrerswitwe Nothburga Klammer, die Übungsschullehrerin Josefine Sölder und Franziska Zingerle, die Ehefrau des Juristen Reinhold Zingerle, in den Landtag. Somit gehörte dem Club der Tiroler Volkspartei seit 1920 immer auch eine weibliche Abgeordnete an. Ähnlich war es im Innsbrucker Gemeinderat. Dort saß von 1919 bis 1931 Nothburga Klammer, von 1931 bis zur Auflösung 1934 die Mittelschullehrerin Marianne Maurizio. Selbstverständlich war den Frauen, wie übrigens auch in den anderen Parteien, Schule, Kultur und Wohlfahrt als Betätigungsfeld zugewiesen. Im Rahmen ihrer politischen Aktivitäten hatte die KFO auch Sitz und Stimme im Kriegsopferfonds, im Kleinrentnerverband und in den verschiedenen Schulkuratorien. Sie unterstützte die Tiroler Volkspartei und später auch die Heimatwehr mit Wahlwerbung und sammelte Unterschriften für Landtagsanträge.

Die Zentralisierung der katholischen Aktivitäten zuerst im Katholikensekretariat, später in der Katholischen Aktion, brachte auch das Ende der autonomen KFO. Sie kam unter bischöfliche Aufsicht, ihre Funktionärinnen wurden nicht mehr gewählt, sondern vom damaligen Bischof Waitz ernannt. Anders als die Frauen in Wien scheinen die Tirolerinnen dieser Umstrukturierung weniger Widerstand entgegengesetzt zu haben, vielleicht auch deshalb, weil sich die Gründerinnengeneration aus Altersgründen zurückgezogen hatte.

Die sozialdemokratischen Frauen begannen ihr öffentliches Auftreten mit einer Versammlung im Herbst 1907. Nach einer Rede der Wiener Abgeordneten Adelheid Popp gründeten sie den Frauen- und Mädchenbildungsverein, dem 1910 in Lienz die „Freie politische Frauenorganisation" folgte. Ihr Zweck war es, die Frau „über ihre wirtschaftlichen und politischen Interessen aufzuklären, das Solidaritätsgefühl zu wecken und die Frauen zum Kampf für die Forderungen des Proletariats zu erziehen. Dieser Zweck soll erreicht werden durch die Veranstaltung von Versammlungen, in welchen zu allen Tagesfragen Stellung zu nehmen und die prinzipielle und politische Aufklärung der Frau zu fördern ist".

Die Aktivitäten waren ausdrücklich als politisch gekennzeichnet, und die sozialdemokratischen Frauen kämpften

Franziska Zingerle, Landtagsabgeordnete der Tiroler Volkspartei.

Die 1910 gegründete „Freie Politische Frauenorganisation" in Lienz, vorne rechts sitzend Maria Ducia, die spätere Landtagsabgeordnete und Vorsitzende der Sozialdemokratischen Landesfrauenkonferenz.

vehement für das Frauenstimmrecht und die Friedenssicherung. Im März 1911 feierten sie in Tirol zum ersten Mal den internationalen Frauentag mit Veranstaltungen in Innsbruck, Lienz, Kufstein und Wörgl. Bis 1914 entstanden in Nord- und Südtirol zehn lokale Frauenorganisationen mit 540 Mitgliedern. Ihre Zahl stieg bis 1932 auf 2800 an. Damit stellten sie ein Drittel der Parteimitglieder.

Die Frauenorganisation agierte ziemlich selbständig. Sie kassierte ihre eigenen Beiträge und verwaltete die Finanzen selbst. Ein Sitz im Parteivorstand fiel ihr zwar nicht automatisch zu, doch waren dort die Frauen in der Zwischenkriegszeit immer vertreten. Die Landesfrauenkonferenz bestand und besteht aus 15 Mitgliedern, Vorsitzende war bis

Frauenstimme im Landtag

Erste Rede einer Frau (Karoline Wageneder von der Sozialdemokratischen Partei) im Tiroler Landtag, gehalten am 28. August 1919. Es geht um das Verbot, Lebensmittel zu hamstern. (Stenografischer Bericht des Verfassungsgebenden Tiroler Landtags, 12. Sitzung)

Die sozialdemokratische Abgeordnete Karoline Wageneder, eine Eisenbahnersfrau aus Innsbruck.

Hoher Landtag. Als Hausfrau habe ich mich, ich glaube mit Recht, entschieden gegen die freie Bewirtschaftung der Kartoffel stellen müssen. Wir haben im vorigen Jahre gesehen, wie unendlich viel Kartoffel durch den Rucksack aus dem Oberinntale heruntergekommen sind. Ich habe mich im vorigen Jahre selbst überzeugt, ich war in Telfs, als das Rucksackverbot schon herausgegeben war. In allen Zeitungen ist darüber geschrieben worden, wie streng das Rucksackverbot durchgeführt werde. Es war aber niemand dort in Telfs, der sich gekümmert hätte, kein Gendarm, kein Militär. Dieser Zustand hat ungefähr drei Wochen gedauert. Es sind Kartoffel waggonweise durch den Rucksack heruntergekommen. In Telfs fanden sich mitunter hundert Menschen zusammen, die, mit Rucksäkken, Körben und Reisetaschen schwerbepackt, Kartoffel heruntergeschleppt haben. Wenn durchschnittlich auf eine Person 20 kg entfallen, so sind das schon 2000 kg täglich von Telfs allein. Nun sind von allen Stationen täglich drei Züge heruntergekommen, mithin durch den Rucksackverkehr täglich zwei bis drei Waggon Kartoffel, welche die Behörde im rechtlichen Wege bei den Bauern hätte aufbringen können. Wenn die Regierung imstande ist, so viele Kartoffel aufzubringen, daß jeder sein gewisses Quantum bekommt, so bin ich gerne dafür, daß das Rucksackverbot aufrecht bleibt, aber nur unter der Bedingung, daß wir Kartoffel bekommen können. Mit der Freigabe des Rucksackverkehres kann nur ein Teil versorgt werden, der andere, der größte Teil davon, der keine billige Fahrgelegenheit und nicht die Mittel hat, sich auf diese Weise Kartoffel zu verschaffen, der steht da und hat nichts, während der andere Teil, der eine billige Fahrgelegenheit hat, und derjenige, welcher selbst über solche verfügt, eben Kartoffel hat. Wenn die Regierung bis 1. Dezember so viele Kartoffel aufbringt, daß die Konsumenten versorgt werden können, kann der Rucksackverkehr getrost freigegeben werden als Zubuße, die sich jedermann leisten kann, der die Mittel hat.

1934 Maria Ducia. Viele Funktionärinnen entstammten Eisenbahnerfamilien, wo alle Mitglieder für die Partei tätig waren. Manche Sozialdemokratin mußte auf einen erreichbaren Sitz im Gemeinderat verzichten, weil der Ehemann bereits im selben Gremium saß. Die Frauen arbeiteten aktiv bei den Kinderfreunden und im Verein Hilfsbereitschaft, dem sozialdemokratischen Gegenstück zur katholischen Caritas. Sie organisierten Erholungsaufenthalte für Kinder, Handarbeitskurse, Krankenbesuche, machten Werbung für die sozialistischen Frauenzeitschriften „Die Arbeiterin", „Die Unzufriedene" und „Die neue Frau". Besonderes Augenmerk schenkten sie der politischen Bildung. Die Frauenschule veranstaltete ein- und mehrtägige Kurse in verschiedenen Tiroler Orten, die jährlich von über 200 Frauen besucht wurden. Funktionärinnen erhielten eine Extraausbildung in Wien. Schwierigkeiten gab es manchmal mit den Männern in den eigenen Reihen, die zwar theoretisch die Gleichberechtigung unterstützten, in der Praxis aber oft nichts damit anfangen konnten. Zwei frauenspezifische Problemkreise spielten in der politischen Auseinandersetzung der Zwischenkriegszeit in Tirol eine Rolle: das Abtreibungsverbot (für die Sozialdemokraten „Mutterschaftszwang") und das Heiratsverbot („Zölibatsklausel") für Lehrerinnen, das nur in Tirol und Vorarlberg bis 1938 aufrechtblieb.

Die sozialdemokratischen Frauen stellten die meisten Politikerinnen. Bei den Landtagswahlen von 1929 warben sie zu Recht mit dem Slogan: „Frauen wählt die Partei, wo auch Frauen anerkannt werden." 1929 stellten sie 15 Gemeinderäte und mit Maria Oehninger sogar die Betriebsratsobfrau in der Schwazer Tabakfabrik. Im Innsbrucker Gemeinderat saßen mit Hedwig Schneider, der Frau des Druckereileiters der „Volkszeitung", mit der Buchhalterin Laura Palme und der Buchdruckersgattin Josefine Friedl zeitweise gleich drei sozialdemokratische Frauen. Im Landtag war bis 1920 Karoline Wageneder, ihr folgte Maria Ducia (bis 1934) und ab 1929 auch Adele Obermayr.

Ducia und Sölder lieferten sich im Landtag öfters Wortgefechte, die die unterschiedlichen Positionen der beiden deutlich machten. Während sich Sölder fast nur in Schulfragen kompetent fühlte, äußerte sich Ducia zu allen Belangen, die Frauen betrafen, wobei sie ganz dezidiert „im Namen der Frau" sprach. Verärgert war sie etwa über die Subventionen

Maria Ducia, die erste Tirolerin, die auf politischen Versammlungen sprach

Im Herbst 1920 rückte die Lienzer Eisenbahnersgattin Maria Ducia auf einen der durch das Ausscheiden der Südtiroler Abgeordneten frei werdenden Landtagssitze. Maria Ducia, geborene Peychär, wurde 1875 in Innsbruck geboren, wuchs in Südtirol auf und heiratete den Lienzer Lokomotivführer Anton Ducia. Das Gewerkschaftsblatt der Eisenbahner war es, aus dem die bildungshungrige junge Frau Kenntnisse über soziale und wirtschaftliche Fragen und Zusammenhänge erwarb und sozialdemokratisches Gedankengut kennenlernte. Vom Wissen zur Aktion war es bei ihr nur ein kleiner Schritt. Sie engagierte sich in der Gewerkschaftsbewegung und gründete 1910 in Lienz die „Freie Politische Frauenorganisation". Im Jahr darauf nahm sie als Delegierte am Parteitag der österreichischen Sozialdemokraten in Innsbruck teil. So blieben ihre außerordentlichen Fähigkeiten der Parteileitung nicht verborgen.

Man schickte Maria Ducia, die damals als erste Frau in Tirol auf politischen Versammlungen sprach, auf die Parteischule in Klagenfurt und wählte sie 1912 zur Vorsitzenden des Landesfrauenkomitees. Maria Ducia, die nach dem Krieg mit ihrer Familie – sie hatte sechs Kinder – nach Innsbruck übersiedelte, hatte diese Funktion bis 1934 inne. Von 1920 bis zum Ende der Demokratie im Jahr 1934 gehör-

Die Lokführersgattin und sozialdemokratische Politikerin Maria Ducia.

te sie auch dem Tiroler Landtag an, wo sie zu allen nur denkbaren Themen das Wort ergriff. Von Freunden und Gegnern wurde sie als gescheit, schlagfertig, immer gut vorbereitet und extrem kämpferisch geschildert, was ihrer mütterlichen Ausstrahlung im privaten Bereich keinen Abbruch tat.

Innerparteilich trat Maria Ducia unablässig für eine stärkere Vertretung der Frauen in allen Gremien ein, bemühte sich um Aufbau und Schulung von örtlichen Frauengruppen und konnte als Erfolg verbuchen, daß immer mehr sozialdemokratische Frauen in einzelne Gemeinderäte gewählt wurden. Den jüngeren Parteifunktionärinnen galt sie als Vorbild, ihr Rat wurde auch noch gesucht, als sie längst aus allen offiziellen Parteiämtern ausgeschieden war. 1959 starb Maria Ducia.

Sölder contra Ducia – Ducia contra Sölder

Zwei Beispiele für Kontroversen zwischen den Abgeordneten Josefine von Sölder und Maria Ducia im Tiroler Landtag nach den Sitzungsprotokollen. Zuerst aus der Debatte vom 27. Jänner 1926:

Abg. Sölder: ...Auch auf die Ausführungen der Frau Kollegin Ducia von heute vormittags muß ich noch zurückkommen. Sie hat sich dafür ausgesprochen, daß den Lehrerinnen das Recht zugestanden werde, auch nach ihrer Verehelichung noch im Schuldienste bleiben zu können. Ich begreife ihre Ausführungen von ihrem Standpunkte aus und ich gebe zu, daß auch ein Teil, allerdings ein kleiner Teil unserer Lehrerinnen, den gleichen Wunsch hat, die Gründe aber, die dagegen sprechen, sind so schwerwiegend, daß sie die Argumente der andern Richtung überwiegen. Betrachten wir die Forderung einmal vom Standpunkte der Frau aus. Wer selbst Lehrerin war, weiß, daß dieser Beruf alle Kräfte den ganzen Tag über vollauf in Anspruch nimmt. Ich kann mir wenigstens nicht vorstellen, daß man imstande wäre, neben diesem Berufe noch die Pflichten eines zweiten, ebenso wichtigen Berufes, wie es der der Frau und Mutter ist, voll und ganz zu erfüllen... Aber auch vom Standpunkte der Gerechtigkeit aus läßt sich manches gegen die von der Frau Abg. Ducia erhobene Forderung vorbringen. Wenn eine Lehrerin, die sich verehelicht hat, im Lehrdienste bleiben darf, dann kann man wohl mit Recht von einer Doppelversorgung sprechen, denn dann tritt eben der Fall ein, daß Mann und Frau verdienen. Solche Fälle von Doppelversorgung wären gerade jetzt in der Zeit, da so viele Lehrkräfte stellenlos sind, durchaus nicht am Platze. Schließlich spricht gegen den Antrag der Frau Abg. Ducia auch die Erfahrung, die man mit der Verehelichung von Lehrerinnen in anderen Ländern gemacht hat... Es tut mir immer leid, wenn gesagt wird, die Lehrerinnen dürfen nicht heiraten, man hat für sie den Zölibat aufgerichtet! Sie dürfen schon heiraten, nur müssen sie dann dem Lehrberuf entsagen.

Das zweite Beispiel bezieht sich auf ein von der Abgeordneten Sölder vorgestelltes Gesetz zur Regelung bzw. Einschränkung öffentlicher Tanzunterhaltungen besonders während bestimmter Jahreszeiten (Fastenzeit, Advent usw.):

Abg. Ducia: Ich hatte eigentlich nicht die Absicht, mich zu diesem Gesetzesentwurfe zum Worte zu melden, wenn ich es aber dennoch getan habe, so geschah es deswegen, weil es mir wirklich leid tut zu sehen, daß Hintermänner ein Gesetz vorlegen und es durch eine Frau verteidigen lassen. Ich bedaure, daß zur Verteidigung eines solchen Gesetzes eine Frau gewählt worden ist, noch dazu in älteren Jahren, die sich damit tatsächlich dem Gespötte aussetzen muß. (Berichterstatterin Sölder: Das tut mir nichts. Ich bin stolz darauf!) Einige Vorredner haben bereits ausgeführt, daß der Beschluß eines solchen Gesetzes ein Rückschritt und ein volkswirtschaftlicher Unsinn wäre...

für das Schützenwesen, deren Streichung zugunsten sozialer Anliegen sie regelmäßig forderte.

Mit dem Großdeutschen Frauenverband besaß auch die Großdeutsche Partei seit 1918 eine sozial tätige Frauenorganisation. Im Innsbrucker Gemeinderat hatten sie mit der Rechtsanwaltsgattin Marianne Schneider auch eine weibliche Abgeordnete.

Auch die Heimatwehr suchte ab 1929 die weibliche Unterstützung. Ihre Frauenorganisation unter der Obfrau Klee war bis 1934 auf 5000 Mitglieder angewachsen, die sich hauptsächlich mit der Unterstützung notleidender Heimatwehrfamilien befaßte. In Weihnachtsbasaren und ähnlichen Veranstaltungen wurden Hunderte von Hemden, Hosen, Socken, Stutzen, Pulswärmer an den Mann bzw. an die Frau gebracht. Der Heimatwehr unterstand anfangs auch der freiwillige Arbeitsdienst für arbeitslose Jugendliche, später wurde er der Vaterländischen Front eingegliedert. Für den weiblichen Arbeitsdienst war Marianne Dinkhauser verantwortlich. Mädchen zwischen 16 und 25 Jahren lebten in straff organisierten Gemeinschaften. Dabei erhielten sie eine hauswirtschaftlich orientierte Ausbildung und arbeiteten um ein geringes Taschengeld als Betreuerinnen im Heim in Kranebitten oder bei kinderreichen Familien, eine „sinnvolle, dem Frauentum angepaßte Arbeit". Zwischen 1933 und 1935 absolvierten 400 Mädchen diesen Arbeitsdienst.

Im Juli 1925 fand im Innsbrucker Musikvereinssaal die Jahrestagung der Internationalen Frauenliga für Frieden und Freiheit unter ihrer Präsidentin Gabrielle Duchene statt. Bei einer Vortragsreihe über Minderheitsfragen kam es zu massiven Störungen seitens der Nationalsozialisten und ihnen nahestehender Burschenschaften. Geschürt worden war diese Stimmung durch einen Artikel des großdeutschen Gemeinderates Walter Pembaur in den „Innsbrucker Nachrichten". Er richtete heftige Angriffe gegen die anwesende „deutsch-jüdische Kommunistin" Lilly Janosch, eine pazifistische Journalistin, und beklagte die fehlenden Hinweise auf die Unterdrückung des deutschen Volkes. Landeshauptmann Franz Stumpf verbot nach dem Wirbel die weiteren öffentlichen Versammlungen der Frauenliga, worauf nur mehr geladene weibliche Gäste Zutritt hatten. Am Ende der Tagung lud die Präsidentin des Tiroler Roten Kreuzes, Ottilie „Otti" Stainer, zur Gründung einer Tiroler Zweigstelle

Ottilie Stainer, die „moderne politische Frau"

Die Schriftstellerin Anna Maria Achenrainer nennt Ottilie Stainer in ihrem Büchlein „Frauenbildnisse aus Tirol" nicht ganz ohne Vorbehalte den „Typ der modernen politischen Frau".

Ottilie („Otti") Stainer kam 1880 als Tochter eines hohen Militärs tirolischer Abstammung in Wien zur Welt und heiratete 1899 den Tiroler Oberleutnant Helmut Stainer. Da die Familie der Meinung gewesen war, auch Frauen hätten Pflichten gegenüber dem Vaterland, war schon das junge Mädchen zu Kursen ins Ausland geschickt worden, um sich mit Fragen des Frauenrechts, der Frauenarbeit und des Fürsorgewesens vertraut zu machen. Nach der Hochzeit setzte Ottilie Stainer ihre erworbenen Kenntnisse weiterlernend in die Praxis um, indem sie sich an den jeweiligen Einsatzorten ihres Mannes (Leoben, Riva, Bozen) im Rahmen des Roten Kreuzes, in Frauen-Hilfsvereinen und in der Arbeiterwohlfahrt betätigte. Mitten im Ersten Weltkrieg (1916) kam sie nach Innsbruck und widmete sich hier der Kranken- und Verwundetenpflege, hielt Kurse für Krankenschwestern ab und leitete die Hilfs- und Versorgungstätigkeit des Roten Kreuzes, wobei sich ihr außergewöhnliches Organisationstalent ebenso bewährte wie ihre unerschütterliche Arbeitskraft. Hindernisse räumte sie mit Charme und Redetalent, aber auch mit Hartnäckigkeit beiseite.

Im Jahr 1920 wurde Frau Ottilie Stainer Präsidentin des Frauen-Hilfsverbandes des Roten Kreuzes von Tirol. Daneben er-

Ottilie („Otti") Stainer, Gründerin einer Frauenpartei.

warb sie sich als Mitbegründerin und erste Leiterin des Tiroler Kleinrentnerverbandes Verdienste und engagierte sich im Jugendrotkreuz, in der Gefangenen- und Tuberkulosenfürsorge sowie in anderen caritativ-sozialen Einrichtungen. Eine Reihe von Auszeichnungen und Ehrentitel waren der öffentliche Dank dafür.

Ihre Unzufriedenheit mit der von den Männern aller Parteien gemachten Politik kam in der Gründung einer eigenen Frauenpartei zum Ausdruck, die sich jedoch nicht durchsetzen konnte. Nach dem Anschluß Österreichs an das nationalsozialistische Deutschland zog sich die Sozialarbeiterin und Politikerin Otti Stainer ins Privatleben zurück. Sie starb am 21. Jänner 1953.

Das Programm der Frauenpartei

...die 1931 bei den Innsbrucker Gemeinderatswahlen kandidierte (Innsbrucker Nachrichten vom 22. 4. 1931):

Mit der Gründung der österreichischen Frauenpartei und Aufstellung einer Kandidatur ist keineswegs beabsichtigt, den politischen Parteien einfach eine neue anzufügen. Von einer solchen Maßnahme entstünde nichts Gutes, man erhofft sich im Gegenteil endlich einen Abbau der Überpolitisierung unseres öffentlichen Lebens.

Derzeit ist vom Fraueneinflusse innerhalb der Parteien fast nichts zu spüren, steht doch die Mehrzahl unserer bisherigen Mandatarinnen in ganz Oesterreich in voller Abhängigkeit vom Willen der Klubvorstände. Darin sehen wir Frauen nicht die Errungenschaften politischer Freiheit! Eine staatsgrundgesetzlich gewährleistete Gleichstellung wird nur dann zu erzielen sein, wenn der Einzug in ihre politische Körperschaft auf Grund der Solidarität der Frauen und unabhängig von allen sonstigen Einflüssen erfolgt ist. Nur auf diesem Wege kann die Gewählte in voller Willensfreiheit gelobte Versprechungen auch einhalten, hehre Grundsätze und ein redliches Vorhaben in die Tat umsetzen!

Die von Frauen frei gewählte und nur ihnen verantwortliche Mandatarin wird vor den Übeln der Zeit die Augen nicht verschließen dürfen. Es ist allerhöchste Zeit zur Reinigung unseres politischen wie des gesellschaftlichen Lebens; es gilt alles aufzubieten, um aus jedem politischen Forum heraus der Erziehung unserer Jugend in Lauterkeit, religiöser Sittenstrenge und Menschenliebe, gepaart mit praktischem Wissen und beruflichem Können, den nötigen Einfluß zu wahren. Die Anleitung zur einfacheren Lebensführung innerhalb der Familie, wie außerhalb derselben, das Verlangen nach vorbildlicher Lebensweise aller derer, die sich im öffentlichen Leben Führer nennen, das sind Leitgrundsätze, von denen jede Mandatarin der Frauenpartei durchdrungen sein muß, um ihren Ansichten Geltung verschaffen zu können! Unter diesem Gesichtspunkte geschieht ihre Auswahl!

Beseelt von dem Wunsche nach Versöhnung und Verständigung, wollen wir Frauen hoffen, daß auf die vielen Kriegsformationen, deren Ende jeder vernünftige Staatsbürger herbeiwünscht, endlich solche des Friedens folgen, deren Banner das Zeichen der Nächstenliebe verkünden.

Bei aller Wahrung ihrer Unabhängigkeit ist die Abgesandte der Frauenpartei in jeder Körperschaft die berufene Vermittlerin einer Verständigung auch unter den Parteigruppen. Sie muß die geordnete Wirtschaft ihres Hauswesens in die öffentliche Körperschaft übertragen und darf dort auch keine Kleinarbeit scheuen.

Was nützt es der Bevölkerung, wenn sich im Auslande Gläubiger um die Übernahme österreichischer Schuldverschreibungen reißen, die nicht nur uns, sondern auf Jahre hinaus auch unsere Nachkommen in Knechtschaft erhalten? Im Nu sind alle Investitionen erledigt und Not und Schulden grinsen mit täglich neuen Konkursen aus allen Ecken. Da muß es doch an der Einteilung fehlen, das sagt sich das schlichteste und einfachste alte Weiblein im Dorfe, nicht nur die ringende Frau der Großstadt.

Was haben wir davon, daß der Notseufzer des Staatsbürgers mit dem Hinweise auf die schlechte internationale Markt- und Wirtschaftslage beantwortet wird? Für diese Binsenweisheit liefert uns niemand eine Krume Brot umsonst!

Da heißt es eben nachdenken und mit aller Kraft sich dann mühen, die allgemeine wirtschaftliche Situation und die Lage des einzelnen Bedrängten zu erleichtern!

Wir Frauen, die das ja gewohnt sind, rufen: sparen, am rechten Platze sparen, nicht auf Kosten der Armen, der Wehrlosen; Fürsorge soll und muß geübt werden, doch nicht so, daß an ihrer Herbeischaffung andere verbluten!

Diese Probleme müssen die praktische, nicht nur die theoretische Volkswirtschaft und jeden Gemeindehaushalt zunächst beschäftigen.

Wann wird aber auch das Steuerwesen zu einer Wissenschaft der Gerechtigkeit und Humanität erhoben? Wer sieht heute mehr in dieser Volksbelastung als einen willkürlichen und mechanischen Abstrich an unrichtigen Stellen, wer erkennt nicht, daß die Geldgebarung des öffentlichen Haushaltes eine Quelle steter Unzufriedenheit und Erregung weiter Volkskreise bedeutet?

Es braucht wohl keiner Versicherung, daß die Frauenpartei diesen Fragen ihre vollste Aufmerksamkeit zuwenden und mit Abhilfevorschlägen kommen wird. Daß die Mandatarinnen teilnehmen am Lose der Bedrückten, den vom Krieg und seinen Folgen heimgesuchten Opfern ihre Hilfe anbieten, ist selbstverständlich. Sie werden immer wieder jene mahnen, die dazu berufen sind, werktätig an der Linderung der Schäden physischer und materieller Art mitzuarbeiten. Mit Freimut wollen unsere Frauen aufzeigen, wo Volksschäden erwachsen oder zu heilen sind!

Dann muß es aber auch heißen: „Zurück zum Ehrenamt!" Weg mit dem kernfaulen Motto: „Jede Arbeit verlangt ihren Lohn, der Politiker muß gut gezahlt sein, will er einer Aufgabe gerecht werden!"

Bei diesen Anschauungen darf es uns nicht wundern, daß sich Kämpfe um die Plätze an den Krippen abspielen, dürfen wir nicht erstaunt sein, wenn sich labt, was zunächst der Quelle sitzt! Wen überrascht es noch, daß sehr häufig Mandate nur zu dem Zwecke vergeben werden, um die Finanzen jener zu ordnen, die sich Parteiverdienste erworben haben, oder solche vortäuschen können? Mit diesem Schutte, der in vielen Spielarten unseren harten Lebensweg noch schwieriger gestaltet, über den täglich Tausende erbittert hinüberschreiten müssen, und ihre Ohnmacht verwünschen, muß doch endlich aufgeräumt werden, soll dem Niederbruche unseres Reiches und jedem seiner Glieder ein neuer Aufstieg folgen!

der österreichischen Sektion der Frauenliga, der gleich beim ersten Aufruf über hundert Frauen beitraten.
Otti Stainer war es auch, die die wachsende Unzufriedenheit mit der mangelnden Durchsetzung weiblicher Forderungen im bürgerlichen Lager durch eine eigene Partei zu kanalisieren versuchte. Die „Frauenpartei" war eine überregionale Gründung von Marianne Hainisch und kandidierte in Tirol zum ersten und letzten Mal 1931 bei den Innsbrucker Gemeinderatswahlen. Von den 20 Kandidatinnen war die Hälfte berufstätig, ein Fünftel verwitwet. Die bekanntesten unter ihnen waren neben Otti Stainer die Schuldirektorin Berta Mayer, Virginia Brunner, Frau eines Universitätsprofessors, und die Malerin Wilhelmine Redlich. Die Frauenpartei wandte sich gegen die „Gewaltherrschaft der Parteien", die ihre weiblichen Mandatarinnen durch den Klubzwang drangsalierten. Sie geißelte die Politikereinkommen und forderte einen sorgsameren Umgang mit den öffentlichen Geldern. Insgesamt forderten sie eine größere Anteilnahme der Frauen am öffentlichen Leben, da ihnen ja schließlich auch in der Kriegs- und Nachkriegszeit ein Großteil der Belastungen aufgebürdet worden sei. Mit 726 Stimmen reichte es zwar nicht für einen Sitz im Gemeinderat, aber es waren immerhin fast doppelt soviel Stimmen wie für die Kommunistische Partei.
Der Austrofaschismus brachte 1934 das Ende der politischen Frauenvertretung in Tirol. Die gewählten Vertretungskörper wurden aufgelöst und durch ständisch gegliederte, von oben verordnete ersetzt. Dabei kam keine einzige Frau mehr in ein politisches Gremium. Die Frauenpartei in Wien und die Wiener KFO kämpften um die Anerkennung einer Frauenkammer und des Hausfrauenstandes als ständische Vertretung, aber vergebens. Ihre Klagen über die systematische Verdrängung der Frauen aus Beruf und politischen Vertretungskörpern blieben ungehört. Ob sich die Tirolerinnen dabei besonders engagiert haben, ist nicht bekannt. Die Tiroler Frauenpartei hat ihre Tätigkeit offensichtlich bald wieder eingestellt. Als einzige Aktionsplattform blieb den Frauen das 1933 gegründete Frauenreferat in der Vaterländischen Front unter der Leitung von Fanny Gräfin Starhemberg, die gleichzeitig Präsidentin der Katholischen Reichsfrauenorganisation war. Das Landesfrauenreferat unter Dr. Marianne Mayr mit seinen einzelnen Arbeitskreisen zu Kultur, Jugend, Erziehung, Fürsorge,

Frauenberufen, Staatsbürgerkunde und freiwilligem Arbeitsdienst wurde in Tirol bis zum Ende des Ständestaates nur in Ansätzen verwirklicht. Die Frauen waren wieder an ihren Ausgangspunkt zurückgekehrt: Kinder, Küche, Kirche.

NACH 1945

Nach Kriegsende konnten allein die Sozialisten nahtlos an ihre Frauenpolitik der Vorkriegszeit anknüpfen. Bei der ersten Landesfrauenkonferenz im Juli 1946 wurde die langjährige Landtagsabgeordnete Adele Obermayr zur Vorsitzenden gewählt. Auch die anderen Vorstandsmitglieder waren schon in der Vorkriegszeit politisch aktiv gewesen: Burgl Gastl, Josefine Friedl, Maria Kaiser, Maria Hagleitner. Auf Adele Obermayr folgte Burgl Gastl als Obfrau der sozialistischen Frauen, 1951 übernahm Maria Hagleitner diese Funktion, 1973 Wanda Brunner.

Die Kommunistische Partei befürwortete überparteiliche Organisationen bei der Jugend und bei den Frauen. Ihr Bund Demokratischer Frauen, auch heute nominell überparteilich, aber KP-nahe, nahm seinen Anfang bei den zahlreichen Hungerdemonstrationen im Herbst 1946.

Schwierig gestaltete sich der Neubeginn in der Volkspartei. Die Partei selbst war 1945 mit einer neuen bündischen Konstruktion wiedererstanden, doch neben Bauernbund, ÖAAB und Wirtschaftsbund war eine eigene Frauenorganisation nicht vorgesehen. Auf Anregung des Obmannes des

Die führenden Sozialistinnen nach 1945: vorne sitzend von links Maria Rapoldi, Maria Ducia, Burgl Gastl und Adele Obermayr.

Sonja Oberhammer im Kreise der Bezirksleiterinnen der Österreichischen Frauenbewegung, aufgenommen Mitte der fünfziger Jahre. Von links: Maria Duregger, Valerie Plangger, Dora Neururer, Sonja Oberhammer, Rosa Gründler und Paula Nothdurfter.

ehemaligen christlichsozialen Volksvereines, Richard Eitner, gründete Sonja Oberhammer noch im Sommer 1945 den österreichischen Frauenbund, der statutenmäßig nur lose mit der Partei verbunden war. Der Frauenbund veranstaltete Näh- und Musikkurse, richtete Nähstuben ein, organisierte Kindererholungsaufenthalte und Mittagstische für Senioren und baute aus Spenden und wenig Subventionen das Don-Bosco-Kinderheim am Sillkanal in Innsbruck zur Betreuung von Kriegswaisen. Sonja Oberhammer sorgte durch monatliche Vorträge auch für die politische Bildung ihrer Vereinsfrauen, hielt ihre Organisation aber aus der Parteipolitik heraus. Bis 1970 war sie Obfrau der später in Österreichische Frauenbewegung umbenannten Organisation, 26 Jahre lang saß sie im Innsbrucker Gemeinderat. Als Obfrau der ÖVP-Frauen folgte ihr 1970 Rosa Gföller, die 1980 von Maria Giner abgelöst wurde.

Auch die Freiheitliche Partei und ihre Vorgängerin VdU haben gleich bei der Parteigründung eigene Frauenreferate eingerichtet. Dem freiheitlichen Frauenhilfswerk stand bis zu ihrem Tod Frau Steindorfer vor, von 1966 bis 1976 war Annie Grießmayr Obfrau und seither amtiert Traudl Wernsperger, die auch im Tiroler Parteipräsidium Sitz und Stimme hat.

Von allen traditionellen Frauenorganisationen am stärksten gewandelt hat sich die Katholische Frauenbewegung. Wie alle anderen nicht-nazistischen Vereine wurde auch sie 1938 aufgelöst, ihre Liegenschaften wurden verkauft oder von den NS-Parteigliederungen übernommen. Nach 1945 wiederbegründet als Frauenreferat des Seelsorgeamtes der Diözese Innsbruck, entwickelte sich daraus eine sehr selbstbewußte, eigenständige Frauenbewegung, die sich im Rahmen der kirchlichen Möglichkeiten gegen das überkommene Frauenbild zur Wehr setzte. Immerhin ist es der KFB gelungen, in den Pfarrgemeinderäten eine Quotenregelung mit fünfzigprozentigem Frauenanteil durchzusetzen. Auf die erste Obfrau nach dem Krieg, Maria Mayr, folgte 1966 Herlinde Pissarek und 1973 Judith Kerer.

Nach längerer Vorbereitung hielt 1956 die Gewerkschaft der Privatangestellten der Bezirke Innsbruck-Stadt und -Land unter dem Vorsitz von Gertraud Berger ihre erste Bezirksfrauenkonferenz. Zwei Jahre später wurde Maria Rieder zur ersten Vorsitzenden für das Frauenreferat der Tiroler Privatangestellten gewählt, und 1959 fand die erste ordentliche Frauenkonferenz im Tiroler ÖGB statt. Vorsitzende war bis 1965 Gertraud Zink, ihr folgte Hilde Port, von 1967 bis 1985 Friederike Spielmann und seither Anita Lercher.

Auch zwei der drei Kammerorganisationen widmeten bereits in den 60er Jahren ihre spezielle Aufmerksamkeit den weiblichen Kammerangehörigen. Mit Unterstützung der Gewerkschaftsfrauen gelang es Mag. Olga Schuster ab 1966, in der Arbeiterkammer ein Frauenreferat aufzubauen, das sie bis zu ihrer Pensionierung 1984 leitete. Das Referat wurde nach den Arbeiterkammerwahlen 1985 geteilt. In der Landeslandwirtschaftskammer hat Anna Hechenberger 1962 die Leitung des neugegründeten Fachausschusses für Hauswirtschaft übernommen und als Landesbäuerin in der Folgezeit zu einer starken Bäuerinnenorganisation ausgebaut, deren Leitung 1985 Kathi Horngacher übernahm. Erst seit 1984 gehören die Ortsbäuerinnen auch dem VP-Bauernbund an, doch sind sie dort nicht als eigene Gruppe präsent, obwohl die Landesbäuerin schon seit längerem Sitz und Stimme im Landespräsidium des Bauernbundes hat.

Im Gegensatz dazu ging die Initiative für die „Frau in der Wirtschaft" vom VP-Wirtschaftsbund aus, wobei Dr. Margarethe Hutter von Anfang an am Aufbau dieser Frauengruppe mitgewirkt hat. Unter ihrer Leitung fand 1986 die erste Landeskonferenz statt. Aufgrund dieser Initiative hat die Handelskammer 1983 ein eigenes Frauenreferat eingerichtet. Alle diese Kammerreferate sind durch zähe und beharrliche Arbeit initiativer Frauen eingerichtet und aufgebaut worden, manchmal mit zögernder Förderung, manchmal mit wohlwollender Duldung der Männer, aber häufiger noch gegen deren hinhaltenden Widerstand.

Einen Bewußtseinswandel förderte die im Gefolge der Studentenrevolte von 1968 auch in Tirol entstandene neue Frauenbewegung, die zwar nur von einer kleinen, aber wirksamen Frauengruppe zumeist aus dem Umfeld der Universität getragen wurde. Doris Linser gründete 1974 den Arbeitskreis für Emanzipation und Partnerschaft. In Auseinandersetzung damit entstand 1975 das erste Frauenzentrum, 1984 eine gleichnamige Nachfolgeorganisation und 1982 die „Initiative Frauen helfen Frauen". Mitglieder aller dieser Gruppen betreuen eine Reihe frauenspezifischer Projekte.
Lange Zeit war die Zahl der politischen Mandatarinnen im Bundesland Tirol geringer als in der Zwischenkriegszeit. Erst in den letzten Jahren und dank des Druckes der neuen Frauenbewegung kündigten sich Änderungen an. Zwar gibt es heute im Landtag mit Maria Giner (VP) immer erst eine einzige Frau, aber in National- und Bundesrat sind es bereits mehrere (zuletzt wurde am 23. November 1986 Regina Heiss, ÖVP, in den Nationalrat gewählt), und mit den Gemeinderatswahlen 1986 stieg die Zahl der weiblichen Gemeinderäte in Nord- und Osttirol auf 95. Das sind allerdings immer noch keine drei Prozent der gesamten in Tirol zu vergebenden Gemeinderatsmandate und beschämend wenig im Vergleich zum über fünfzigprozentigen weiblichen Bevölkerungsanteil.
Etwas besser ist es um die politische Vertretung der Frauen in Südtirol bestellt. Dort saßen seit 1964 immer mehrere weibliche Abgeordnete im Landtag, seit der Wahl von 1983 sogar deren fünf, wovon eine allerdings 1985 starb und durch einen Mann ersetzt wurde. Drei der verbliebenen vier

Die einzige weibliche Landtagsabgeordnete des Bundeslandes Tirol, Maria Giner (ÖVP), bei einer Landtagssitzung im Oktober 1986.

Regierungsbank und Präsidium im Südtiroler Landtag: zwei Frauen ganz oben.

Südtirols ranghöchste Politikerin: Waltraud Gebert-Deeg, Landtagspräsidentin von 1983–1986, mit ihrem Amtskollegen Josef Thomann aus dem Bundesland Tirol.

Frauen im Landtag gehören der deutschen Volksgruppe an: Rosa Werth-Franzelin (SVP), Waltraud Gebert-Deeg (SVP) und Eva Klotz-Schebesch (Heimatbund), die temperamentvolle Kritikerin der offiziellen Südtiroler Landespolitik. Zwischen 1964 und 1983 bekleidete Waltraud Gebert-Deeg das Amt eines Landesrates, eine Position, die den Frauen nach der Wahl von 1983 allerdings verlorenging. Dafür wurde Gebert-Deeg von der SVP als Landtagspräsidentin nominiert und von den Abgeordneten gewählt. Im Juni 1986 endete ihre Funktionsperiode, an ihre Stelle rückte gemäß Autonomiestatut ein Italiener. Frau Gebert-Deeg ist jedoch weiter Vizepräsidentin des Südtiroler Landtags. Auch Frau Werth-Franzelin gehört dem Landtagspräsidium an.

Die politisch engagierten Frauen in Südtirol hatten nach 1945 praktisch an überhaupt keine Parteitradition anknüpfen können, da in dem von Italien okkupierten Landesteil nach 1919 eine kontinuierliche demokratische Entwicklung ausgeblieben und eine politische Betätigung nach der Machtergreifung Mussolinis überhaupt nicht mehr möglich gewesen war. Über den Anteil der Frauen am Widerstand gegen das Entnationalisierungsprogramm des Faschismus wird im letzten Kapitel berichtet.

Die noch im Mai 1945 gegründete Südtiroler Volkspartei baute lange Zeit keine eigene Frauenorganisation auf. Erst durch die unermüdliche Arbeit von Waltraud Gebert-Deeg wurde innerparteilich den Frauen mehr Beachtung geschenkt und 1968 die SVP-Frauenbewegung gegründet. Seit damals fungiert Frau Gebert-Deeg als Frauenreferentin innerhalb der SVP-Spitze. Ihr Einsatz als Mitglied der Landesregierung – eine Funktion, die im Bundesland Tirol noch keiner Frau zugetraut wurde – und dann als Landtagspräsidentin ist eine deutliche Anerkennung für die von den Frauen insgesamt geleistete politische Arbeit. Die Zahl der weiblichen Gemeinderäte ist – alle Parteien zusammengerechnet – mit den Wahlen des Jahres 1986 von 88 auf 119 gestiegen. Damit besetzen die Frauen in Südtirol sechs Prozent aller Gemeinderatsmandate, das ist doppelt so viel wie in Nord- und Osttirol. Dabei hätten es wesentlich mehr sein können, wenn alle Chancen von den wählenden Frauen genützt worden wären; doch mußten viele als Kandidatinnen aufgestellte Frauen die Solidarität ihrer Geschlechtsgenossinnen vermissen – ein Faktum, das nicht nur in Südtirol von den in der Politik aktiven Frauen beklagt wird.

Im Nationalsozialismus

Nicht in der Theorie, aber in der Praxis hat sich das Leben der Frauen in Tirol mit dem Einmarsch der Nationalsozialisten im März 1938 geändert. Die Ideologie von der Polarität der Geschlechter mit der daraus resultierenden Arbeitsteilung war in Tirol nicht neu. Die Vertreter der bürgerlichen Parteien wie der katholischen Kirche beriefen sich immer wieder auf die gottgewollte Ordnung: hier der Mann in Beruf und öffentlichem Leben, dort die Frau mit Kindern und Haushalt. Eine berufstätige Frau brauchte triftige Gründe: entweder war sie unverheiratet und mußte selbst für ihren Lebensunterhalt sorgen, oder das Einkommen des Ehemanns reichte nicht für die Familie.
Die sehr antiklerikalen Tiroler Nationalsozialisten ersetzten die gottgewollte Bestimmung der Frau durch den Hinweis auf die naturgegebenen, biologischen Unterschiede: je männlicher der Mann, desto weiblicher die Frau. Ihre Aufgabe war es, für ein gemütliches Heim zu sorgen und erbgesunde Kinder in die Welt zu setzen, für den Führer und zum Wohle der Volksgemeinschaft. Mit großem Propagandaaufwand wurde den Frauen der Beruf der Hausfrau und Mutter schmackhaft gemacht und dabei ins Heroische überhöht: Aufopferung, Entbehrung, Fleiß, stilles Heldentum, Leistung, Pflichtbewußtsein, Verzicht, höchste Kraftanstrengung, voller Einsatz u. ä. lauteten die Phrasen, die den Frauen den Wert ihrer Tätigkeit vor Augen führen sollten. Mit Feiern, Auszeichnungen und Medaillen wurden die deutschen Mütter geehrt. Im Dezember 1938 stiftete Hitler das Ehrenkreuz der deutschen Mutter in Gold, Silber und Bronze für überdurchschnittliche Kinderzahl: für vier bis fünf Kinder in Bronze, für sechs bis sieben in Silber, ab acht Kinder in Gold. Bei der ersten Verleihung wurden in Innsbruck 193 Mütter geehrt. Der Andrang war so groß, daß vorerst nur die über 60jährigen an die Reihe kamen. Dabei gab es für die Verleihung genügend Einschränkungen: nur für Frauen von deutschen Eltern und Großeltern mit eben-

solchem Ehemann, deren Kinder weder behindert noch adoptiert waren und die nicht aus „asozialen Großfamilien" stammten.

Jedes Jahr im Mai wurde der Muttertag als „Tag der deutschen Mutter" feierlich begangen. Zu diesem Anlaß waren Zeitungen und Zeitschriften voller Lobgesänge. Insbesondere als mit der Fortdauer des Krieges immer mehr Ehemänner und Söhne den Tod fanden, wurden Soldatentum und Mutterschaft zu den wichtigsten Säulen des Systems erklärt.

Bei der Eheschließung gab es Ehestandsdarlehen, deren Rückzahlung sich mit steigender Kinderzahl verminderte. Familien mit mehr als vier Kindern konnten zur Unterstützung im Haushalt ein Pflichtjahrmädchen anfordern. Ausschlaggebend für diese Hilfe war nicht die soziale Bedürftigkeit, sondern das Wohlwollen der Partei.

In das erwünschte Rollenbild der Frau wurde eine Menge Erziehungsarbeit investiert. Träger dieser Erziehungsarbeit war das Deutsche Frauenwerk. Es stand unter der Führung der NS-Frauenschaft. Der Aufbau dieser Organisation reicht in Tirol bis in die illegale Zeit während des Ständestaates zurück. Seit 1934 war Tony Nachtmann Gaufrauenschaftsleiterin, Herta Mignon Gauführerin des BdM (Bund deutscher Mädel). Letzterer – obwohl nur geheim tätig – soll 1937 in Tirol 900 Mitglieder gezählt haben.

Während der illegalen Zeit leisteten die Frauen Kurierdienste, besuchten die inhaftierten Parteigenossen und versorgten sie mit Information, sammelten Spenden für deren Familien. Auch kamen sie wegen verbotener Aktionen – Hitlergruß, Böllerwerfen – mit der Polizei in Konflikt, manche waren auch an terroristischen Sprengkommandos beteiligt. Prominentestes Mitglied der illegalen Frauenschaft war Mathilde Cernuschek, die Tochter Adolf Pichlers. Der BdM hielt heimliche Gruppenstunden, veranstaltete Sommerfahrten nach Deutschland und organisierte zusammen mit der Hitlerjugend ideologische Schulungskurse. Einer davon wurde 1933 von der Polizei im Ansitz Aschach in Volders ausgehoben. 1938 wurde der BdM nach Altersstufen gegliedert: für die 11–15jährigen der Jungmädchenbund unter Nora Loidl, für die 17–21jährigen das Werk „Glaube und Schönheit" unter Hedda Türmer. Ab 1941 war die Führerinnenschulung im Zenzenhof bei Innsbruck eingerichtet, einem Besitz der Jesuiten, den die Partei beschlagnahmt hatte.

Mädchengruppe beim „Demonstrationsbummel" der Nationalsozialisten in der Maria-Theresien-Straße (Anfang Mai 1933). Kurz darauf wurde die nationalsozialistische Partei wegen ihrer Terroraktion in Österreich verboten.

Demonstration nationalsozialistischer Frauen am 11. März 1938, kurz vor dem Einmarsch Hitlers in Österreich.
◁

Auf einem Lager des nationalsozialistischen Jungmädchenbundes, in dem die Elf- bis Fünfzehnjährigen erfaßt wurden.

Die Organisation „Glaube und Schönheit" sollte die Mädchen gezielt auf ihren zukünftigen Beruf als weltanschaulich gefestigte, gesunde Hausfrauen und Mütter vorbereiten. In mehreren Arbeitsgemeinschaften wurden hauswirtschaftliche Kenntnisse, Gesundheitspflege, Musik, Volkstumsarbeit, Sport, Auslandskunde und NS-Ideologie vermittelt. Auf dem Lande leistete die jeweilige Ortsbauernführung kräftige Unterstützung, wobei nur BdM-Mädchen die Kurse besuchen durften.

Die NS-Frauenschaft hatte – analog zur NSDAP – eine lokale Gliederung: von der Ortsfrauenschaft über die Kreisfrauenschaft zur Gaufrauenschaftsleiterin. Die Zentrale war in Innsbruck in der Anichstraße. Über das Arbeitsprogramm entschied die Frauenschaft autonom, nicht jedoch über politische Tätigkeit und personelle Zusammensetzung der Leitungsgremien. Getreu dem Führerprinzip wurden die Funktionärinnen ernannt und nicht gewählt, ernannt allerdings vom jeweiligen lokalen Vertreter der NSDAP: die Ortsfrauenschaftsleiterin vom Ortsgruppenleiter, die Kreisfrauenschaftsleiterin vom Kreisleiter, die Gaufrauenschaftsleiterin vom Gauleiter. 1941, nach dem Tod von Tony Nachtmann, ernannte Gauleiter Franz Hofer deren Schwester zur neuen Gaufrauenschaftsleiterin. Im gleichen Jahr folgte auf Herta Mignon ihre Schwester Waltraud als Gauführerin des BdM.

Die Frau im „NS-Aufmarschplan"

Bericht über die Rede des Innsbrucker Kreisleiters Hans Hanak bei der dritten Versammlung der Innsbrucker Frauenschaft in den Innsbrucker Nachrichten vom 2. Juli 1938:

Der Kreisleiter sprach zuerst von der uralten Sehnsucht unseres Volkes, die sich endlich erfüllt hat unter der Führung des größten Deutschen. Der größte Bauherr aller Zeiten steht an der Spitze von 75 Millionen Deutschen, die, wenn sie alle mitbauen, das herrlichste Reich der bisherigen Geschichte schaffen. Aber auf das Mitarbeiten kommt es an und daß jeder an den richtigen Platz gestellt wird. Es fragt sich nun, welche Stellung die Frau in diesem gewaltigen Aufmarschplan der 75 Millionen einzunehmen hat.

Der Redner kam auf die altgermanische Zeit zurück und wies darauf hin, daß der römische Geschichtenschreiber Tacitus schon besonders die hohe Stellung der Frau bei den Germanen hervorhob. Im Mittelalter pflegten Minnesänger und Rittertum schönste Formen des Frauendienstes. So finden wir bis in unsere Zeit immer wieder Beweise für die besondere Stellung der Frau im Volks- und Kulturleben. Das ist kein Zufall, sondern steht im direkten Zusammenhang mit dem hohen Kulturniveau des deutschen Volks, das man mit Recht zu den höchstkultivierten der Erde zählen darf.

Kultur kann nicht anerzogen werden. Kultur muß im Blute liegen. Das sehen wir am besten an den Juden, die höchstens unsere Zivilisation, nie aber unsere Kultur sich aneignen konnten. Nur vorübergehend vermochte fremder Einfluß die hohe und geachtete Stellung der deutschen Frau herunterzudrücken. Zwei Jahrzehnte lang predigte jüdischer Marxismus den Frauen die Gleichstellung gegenüber den Männern und versuchte jeden Einfluß auf ihre Lebenshaltung zu nehmen. Unterhaltung, Kleidung, Eheauffassung – es gab nichts, wo nicht diese Volksverderber ihre schmutzigen Hände mit bestimmten Absichten im Spiel hatten.

Dazu kam der Niedergang der Wirtschaft. Durch die „Gleichstellung" gelang es den Frauen, alle Plätze einzunehmen, die sonst Männern vorbehalten waren, die Männer waren so wiederum außerstande zu heiraten. So wurde die schönste Hoffnung unzähliger deutscher Mädchen zerstört. Der Redner betonte besonders, daß schon das Schlagwort „Gleichstellung" ein Schwindel ist. Hat doch Gott zwei Geschlechter erschaffen, damit jedes die ihm von der Natur vorgeschriebenen Arbeiten und Aufgaben erfülle. Dem ewigen Gesetz der Natur entsprechend soll der Mann nur Mann sein und die Frau nur Frau – eine richtige Frau.

Und wenn wir diesem Gesetz entsprechen wollen, kommen wir von selbst dorthin, wohin die nationalsozialistische Bewegung die Frauen hinstellt. Die Bewegung ist ja die eifrigste Kämpferin für die Gesetze der Natur. Und es ist der gesunde Instinkt, der die Frauen während des ganzen Kampfes zur Bewegung gezogen und an sie gefesselt hat, denn die Frau spürt geradezu, daß diese Bewegung ihren naturgegebenen Interessen gerecht wird wie keine zweite ...

Die Frauenschaft richtete in den meisten Gemeinden Ortsfrauengruppen ein, die sich regelmäßig trafen. Einmal im Monat war das Erscheinen Pflicht. Mitglieder der NS-Frauenschaft waren alle weiblichen Parteimitglieder. Dem Deutschen Frauenwerk konnte jede Frau über 21 beitreten, die den rassischen Kriterien entsprach. Beide Organisationen zusammen hatten im Dezember 1938 im Gau Tirol und Vorarlberg (zu dem Osttirol nicht gehörte) 36.250 Mitglieder, das waren ca. 15 Prozent aller Frauen. Am 5. Oktober 1938, nach Vollendung des organisatorischen Aufbaus, überreichte Gauleiter Hofer im Rahmen einer Tagung feierlich die Rangabzeichen, wobei bezeichnenderweise alle Referenten der Tagung Männer waren. Für Funktionen innerhalb der Partei war den Frauen allein die Frauenschaft zugewiesen, alle übrigen Parteipositionen wurden von Männern besetzt. Und auf die Gesamtpartei hatten die Frauen keinerlei Einfluß.
Das Deutsche Frauenwerk gliederte sich in zwölf Abteilungen: mehrere Verwaltungsabteilungen, das Propagandareferat, die Jugendgruppen, die Kindergruppen, den Mütterdienst, Volkswirtschaft – Hauswirtschaft, Hilfsdienst, Kultur – Erziehung – Schule, Grenzland – Ausland. Die Frauen, insbesondere die jungen, wurden zum Erwerb des Leistungsbuches angehalten. Dazu mußten alle Kurse des Mütterdienstes, ein Rotkreuz- und ein Luftschutzkurs besucht, das Reichssportabzeichen erworben und eine sechswöchige unbezahlte Hilfstätigkeit bei der Erntehilfe, in der Fabrik oder bei einer kinderreichen Familie nachgewiesen werden.
Der Mütterdienst versuchte, möglichst alle „deutsch-arischen" Mütter zu erfassen. Die Hauptaufgabe sah er in den Mütterschulen, deren Besuch für die Bräute von SS-Männern obligatorisch war. In Nachmittags- oder Abendkursen erhielten die Teilnehmerinnen in Theorie und Praxis Kenntnisse über Säuglingspflege, Kochen, Nähen, Erziehungslehre, Heimgestaltung, Volks- und Brauchtum und Rassenpolitik. Auf den Dörfern wurden diese Kurse durch Wanderlehrerinnen angeboten. Die Teilnahme war gratis, aber auch die Lehrerinnen scheinen dabei wenig verdient zu haben.
Die Abteilung „Volkswirtschaft-Hauswirtschaft" hatte die rechte volkswirtschaftliche Führung des Haushalts zum Ziel, denn „jeder Haushalt ist eine kleine Zelle der Volkswirtschaft. Werden aber Millionen Haushalte des Deut-

schen Reiches volkswirtschaftlich richtig geführt, bedeutet dies für die Gesamtwirtschaft einen ungeheuren Gewinn." Die ohnehin knappen Rohstoffressourcen des Deutschen Reiches sollten optimal genützt werden. Bei der zunehmenden Lebensmittelknappheit waren Tips und Tricks, wie man ohne Pfeffer, ohne Zucker, fast ohne Fett kocht und bäckt, sehr gefragt; geübt wurde auch Energiesparen, Haltbarmachen von Lebensmitteln (Kühlschränke gab es kaum), neue Rezepte mit bisher unbekannten Rohprodukten. Beim Schaukochen wurden der Öffentlichkeit unbekannte Leckerbissen vorgeführt. Auf diese Weise wurde in Innsbruck der bis dahin nicht sehr verbreitete Meeresfisch populär gemacht.

Eine wichtige Abteilung war der Hilfsdienst. Vor allem hier wurde viel unbezahlte Arbeit geleistet: in der Nachbarschaftshilfe bei alten oder kranken Müttern, während der Erntezeit im bäuerlichen Haushalt, im Fabriksdienst. In den weitverbreiteten Nähstuben wurde geflickt, gestrickt, genäht: Uniformen für Wehrmacht, HJ und BdM, für die Südtiroloptanten, für Spitäler und Lazarette. Die Zahlen der an diesen Nähabenden Beteiligten klingen recht euphorisch. Im Jänner 1939 meldete eine Nähstube 945 Frauen im Monat, eine andere 685 Mitarbeiterinnen. Doch gibt es Hinweise, daß sich nur ein relativ kleiner Kreis tatsächlich an dieser Arbeit beteiligte. Verschiedene Aufrufe beklagten den Einsatz immer der gleichen Frauen.

Tiroler Frauen nähen für die Deutsche Wehrmacht.

Unentgeltlichen Arbeitseinsatz forderte nicht nur das Deutsche Frauenwerk, sondern auch die NS-Volkswohlfahrt, in Tirol unter der Leitung von Hugo Elsensohn; auch diese Arbeit wurde fast ausschließlich von Frauen geleistet. Falls die veröffentlichten Zahlen stimmen, war die NSV eine Massenorganisation, der fast ein Viertel der Tiroler Bevölkerung angehörte. Da die NSV zuerst alle katholischen, später auch die übrigen Kindergärten übernahm, betrieb sie 1943 über 200 Kindergärten mit 6540 Kindern, was auch einen objektiven Zuwachs gegenüber dem Stand von 1937 bedeutete. Eine Neueinführung waren die Erntekindergärten in den Dörfern, um die Kleinkinder während der Ernte zu beaufsichtigen. Die Aktion „Mutter und Kind" betreute 1943 358 Beratungsstellen, eine Zahl, die schön klingt, aber wenig bedeutet. In den zehn Innsbrucker Beratungsstellen arbeiteten insgesamt nur neun Frauen, und nur eine von ihnen verfügte über eine Ausbildung als Fürsorgerin. Fast 38.000 deutsche Kinder hatten durch die Kinderlandverschickung einen Gratisferienplatz auf dem Lande gefunden, und für 25.000 Kinder war eine Schulausspeisung eingerichtet. Die ganze selbstverständlich unbezahlte Arbeit lastete auf den Frauen, die notwendigen finanziellen Mittel wurden durch die Spenden des Winterhilfswerkes aufgebracht. Bis 1942 kamen auf diese Weise angeblich 25 Millionen Reichsmark in Tirol und Vorarlberg zusammen.

Die pausenlose Sammeltätigkeit artete zu einer wahren Plage aus, der man sich wegen der straffen Organisation und des großen propagandistischen Drucks nur schwer entziehen konnte. Mit eigenen Sammellisten klapperten Frauen alle Wohnparteien ab, auf der Straße wurde jeder Passant ohne entsprechendes Abzeichen zur Kasse gebeten. Auch hohe Parteifunktionäre gingen mit der Sammelbüchse.

Ein besonderes Problem bildete der Arbeitskräftemangel in der Haus- und Landwirtschaft. Aus diesen schlechtbezahlten, aber arbeitsintensiven Berufen waren die Arbeitskräfte abgewandert. Im Krieg wurden die landwirtschaftlichen Arbeitskräfte durch Kriegsdienst noch weiter reduziert. Da aber der NS-Staat auf die Eigenversorgung in der Nahrungsmittelproduktion angewiesen war und andererseits die kinderreichen Familien aus wirtschaftlichen und bevölkerungspolitischen Überlegungen forcierte, bedurfte es möglichst vieler und möglichst billiger weiblicher Arbeitskräfte. Dieses Reservoir fand sich bei den Mädchen zwischen

Appell in einem Tiroler Arbeitslager des Bundes deutscher Mädchen (BdM).

Schulentlassung und Ehe. Durch die Einführung des weiblichen Pflichtjahres ab 1. März 1938 konnten mit Zustimmung des Arbeitsamtes alle ledigen Frauen unter 25 zu folgenden Einsätzen herangezogen werden: ein einjähriger bezahlter Dienst in der Land- oder Hauswirtschaft, halbjähriger Reichsarbeitsdienst, zweijähriger Gesundheitsdienst oder eine gleichwertige Arbeit in der Wohlfahrtspflege. Das Pflichtjahr konnte auch bei Verwandten abgeleistet werden, falls sie mehr als vier Kinder unter 14 Jahren hatten. Wie aus den Klagen zu schließen, war diese Dienstverpflichtung nicht sehr beliebt. Viele Mädchen suchten einen möglichst angenehmen Arbeitsplatz, vor allem nicht in der Landwirtschaft.

In Tirol fand dort der Reichsarbeitsdienst ein reiches Betätigungsfeld. In Salzburg und Tirol-Vorarlberg stieg die Zahl der weiblichen Arbeitslager von 14 im Jahr 1939 auf 46 im Jahr 1942, zehn weitere waren geplant. 1942 leiteten 3000 Mädchen insgesamt 1,400.000 Arbeitsstunden. Anfangs wurden sie nur für sechs Monate, nach Einführung des Kriegshilfsdienstes für ein Jahr verpflichtet, wobei sie Arbeiten in den Rüstungsbetrieben, im öffentlichen Dienst und in den Krankenhäusern versahen. Die Führerinnen der Lager arbeiteten hauptberuflich, die Mädchen kamen aus ganz Deutschland. Das Lagerleben war straff organisiert: Appelle, Frühsport, tägliche siebenstündige Arbeitszeit, gemeinsames Abendprogramm mit Vorträgen, Singen, Lagerfeuer. Auch die Wochenenden wurden im Lager verbracht. Ähnlich organisiert, aber freiwillig waren auch die BdM-Landdienstlager, z. B. für zehn Mädchen in Zell a. Z., wo sich Fabrikmädchen für ein Jahr zu landwirtschaftlichen Arbeiten verpflichteten. Für die Bäuerinnen bedeuteten die fremden jungen Arbeitskräfte nicht nur eine Hilfe. Da man die ideologische Haltung der Mädchen nicht kannte, war bei kritischen Äußerungen Vorsicht am Platz. Schwarzschlachten oder Hilfeleistungen für Flüchtlinge und fahnenflüchtige Soldaten konnten angezeigt werden, was auch tatsächlich oft geschah.

Schülerinnen, Studentinnen, Lehrerinnen kamen während ihrer Ferien zum Einsatz. Im Frühjahr 1939 arbeiteten 30 Innsbrucker Studentinnen in den Semesterferien als Urlaubsvertretung bei den Textilfabriken Weyrer, Rhomberg, Bauer und im Warenhaus Kraus, dem „arisierten" Kaufhaus Bauer & Schwarz. Dieser Fabriksdienst wurde als soziale Hilfe für berufstätige Mütter deklariert, die sich während dieser Zeit ihren Familien widmen konnten.

Viele Frauen haben noch heute das Leben beim BdM und in den verschiedenen Arbeitslagern in positiver Erinnerung. In bürgerlichen und kleinbürgerlichen Kreisen war es bis dahin undenkbar, daß ein Mädchen außerhalb des Familienkreises aktiv war. Für viele war das intensive Gemeinschaftsleben mit seiner romantischen Verbrämung durch Lagerfeuer, Sinnsprüche, gemeinsames Singen und ausgedehntes Sportprogramm eine Erfahrung, die sich im Lauf der Jahre zum Traum von Unabhängigkeit und Freiheit verklärte. Der Nationalsozialismus hat die Kinder bewußt der Familie entzogen und sie mit Heimabenden, Fahrten, Sportfesten, Aufmärschen voll beschäftigt. Viele Mädchen haben diesen staatlich geförderten Ausbruch aus der Familie sehr genossen.

Von der massiven Ausbeutung weiblicher Gratisarbeit bis zur vollen Berufstätigkeit der Frau im Laufe der Kriegsjahre war es trotz ideologischer Barrieren nur ein kleiner Schritt. Da die Ordensfrauen Berufsverbot erhielten, machte sich Lehrer- und Schwesternmangel schon im Laufe des Jahres

1938 bemerkbar. Verstärkte Werbung für die Lehrerinnenbildung setzte ein, die in Tirol noch gültige „Zölibatsklausel" fiel. In Innsbruck und Wörgl wurden Krankenpflegeschulen eingerichtet, um die Schwesternschulen der Orden zu ersetzen. Mit Fortschreiten des Krieges wurden immer mehr Frauen in den Produktionsprozeß eingegliedert, zuerst in typisch weiblichen Berufen, später überall, wo Not am Mann war. In den letzten Kriegsjahren wurde die Berufstätigkeit aller verfügbaren Frauen rigoros überwacht. Nur eine zahlreiche Kinderschar befreite von der Arbeitsverpflichtung. In Kematen feilten sogar die Sängerinnen und Tänzerinnen des Tiroler Landestheaters an den Flugzeugteilen eines Rüstungsbetriebs.

Der Krieg hatte zur Folge, daß Frauen auch in Positionen einrückten, die ihnen früher verschlossen waren. Dora Witsch wurde die erste weltliche Direktorin einer höheren Schule, Gertrud Pesendorfer arbeitete im Volkskunstmuseum, Johanna Gritsch im Denkmalamt. Viele dringend benötigte Medizinerinnen fanden sich plötzlich auf verantwortungsvollen Stellen, die Zahl der weiblichen Schuldirektorinnen stieg. Doch war die berufliche Karriere selten von Dauer. Entweder verloren die Frauen ihren Arbeitsplatz nach 1945, weil sie Parteimitglieder waren, oder sie mußten ihre Stelle für die aus dem Krieg zurückkehrenden Männer räumen.

Die Behauptung, daß Frauen in größerer Zahl und fanatischer dem Nationalsozialismus anhingen als Männer, ist inzwischen trotz lokaler Berichte über die „Nazihyänen" widerlegt. Obwohl in Innsbruck bei der Volkszählung von 1946 die Zahl der Frauen die männlichen Einwohner um 15 Prozent überstieg, gab es nur halb so viele weibliche „Minderbelastete", „belastete" Frauen – die Kategorien „belastet" und „minderbelastet" bezüglich NS-Vergangenheit wurden nach 1945 von den Besatzungsmächten geschaffen – scheinen überhaupt nur 25 gegenüber 981 „belasteten" Männern auf.

Im Widerstand

Hatten die Tiroler Frauen nach dem Ersten Weltkrieg nur wenig Möglichkeiten, ihr neugewonnenes demokratisches Mitspracherecht in der Praxis zu verwirklichen, so standen sie in den folgenden Zeiten autoritärer Regime und Diktaturen den Männern an politischem Verantwortungsbewußtsein und Mut zum Widerstand in nichts nach. Im Gegenteil. Vor allem in Südtirol sind die Frauen aus der Geschichte des Kampfes gegen die faschistische Unterdrückungs- und Entnationalisierungspolitik nicht wegzudenken. Ihr opfermütiger Widerstand ist ein Ruhmesblatt in der Geschichte Tirols. Dem Einsatz Hunderter Südtiroler Frauen und Mädchen ist es in erster Linie zu danken, daß Sprache und Kultur über die schlimmsten Zeiten der Verfolgung und Unterdrückung hinweg gerettet werden konnten.
Es begann damit, daß die größte und heftigste Demonstration gegen das faschistische Dekret vom 1. Oktober 1923, das die Abschaffung der deutschen Sprache in den Schulen verfügte, von Frauen veranstaltet und getragen wurde. Am 3. November 1923 versammelten sich an die tausend Südtirolerinnen vor der Unterpräfektur in der Bozner Raingasse, um für die deutsche Minderheit und ihre Schulen die Nichtanwendung des Gesetzes bzw. die Wiedereinführung der deutschen Sprache zu fordern. Daß einer Abordnung von ihnen versprochen wurde, ihre „Bitte" an die zuständige Stelle in Rom weiterzuleiten, war den um Kultur und Sprache ihrer Kinder fürchtenden Frauen zu wenig. So richteten sie selbst auf telegrafischem Weg eine Bittschrift an Mussolini und an die Königin. An den Duce schrieben sie: „Hunderte von deutschen Müttern, heute in Bozen versammelt, fordern dringend den Widerruf der zur Unterdrückung der deutschen Volksschule getroffenen Maßnahmen, da es sich um eine Verletzung des Naturrechtes, des Mutterrechtes handelt." An die Königin wandten sich die Frauen mit folgendem Wortlaut: „Der unterfertigte Ausschuß hatte bereits Gelegenheit, an den Unterpräfekten von Bozen sowie

Frauendemonstration gegen die Abschaffung der deutschen Sprache in den Südtiroler Schulen am 3. November 1923 vor der Unterpräfektur in der Bozner Raingasse.

an den Ministerpräsidenten mit der dringenden Bitte heranzutreten, es müsse die angeordnete Unterdrückung der deutschen Schule widerrufen werden. Nun wenden wir uns an Eure Majestät als höchste Landesmutter mit der untertänigen Bitte, uns helfen zu wollen..." Um ihrem Kampf eine möglichst breite Basis zu geben, sammelten die protestierenden Frauen fast 54.000 Unterschriften, eine Aktion, die von der Zeitung „Il Piccolo Posto" als „schmutzige Angelegenheit deutscher Marktweiber" bezeichnet wurde.

Diese Initiative mutiger Südtiroler Frauen, denen sich Tausende als Demonstrantinnen oder zumindest mit ihrer Unterschrift anschlossen, obwohl bereits damals behördliche Gegenmaßnahmen zu befürchten waren und gegen einige der Verantwortlichen auch erfolgten, hatte keinen Erfolg, wie ja auch der Protest der damals noch im Amt befindlichen Südtiroler Abgeordneten im römischen Parlament und die Vorsprache der Bürgermeister des Landes bei Mussolini keine Änderung der einmal eingeschlagenen Taktik zur Entnationalisierung Südtirols erreichten. Als dann tatsächlich in den Schulen Südtirols, beim ersten Jahrgang beginnend, Klasse für Klasse aufwärtssteigend die Muttersprache der Schüler verschwand und auch die ursprünglich im Gesetz vorgesehenen deutschen „Anhangstunden" abgeschafft wurden, schritt man vom ohnmächtigen Protest zur — wie sich herausstellen sollte — wirkungsvollen Tat, nämlich

zum privaten Unterricht in Familien und kleinen nachbarschaftlichen Gruppen, der von den Machthabern, obwohl zunächst völlig unorganisiert und keineswegs gegen irgendein Gesetz verstoßend, als Akt des Widerstandes gewertet und dementsprechend verboten wurde. In seinem diesbezüglichen Dekret vom 27. November 1925 konnte sich der faschistische Präfekt Guadagnini auf keinen Paragraphen irgendeines Schulgesetzes berufen, sondern sprach von notwendigen Maßnahmen zur Gewährung der politischen Sicherheit, da es sich um „Geheimschulen" handle, die eine „regelrechte Organisation des Widerstandes" darstellten.
In seiner gegen diesen Willkürakt gerichteten Parlamentsrede vom 14. Mai 1926 betonte der Südtiroler Abgeordnete Dr. Karl Tinzl, daß es kein Gesetz gäbe, das den Eltern verbiete, „ihren Kindern die Kenntnis der Muttersprache durch private, den öffentlichen Unterricht nicht störende Unterweisung zu sichern", und daß die für den deutschen Privatunterricht erfundene Bezeichnung „scuola clandestina" (Geheimschule) die heftigste Kritik am Verbot in sich selbst trage, „denn eine Schule, in der man die grundlegenden Kenntnisse in der Muttersprache erwerbe, sollte sich nicht verbergen müssen wie die ersten Christen in den Katakomben".
Doch das Verbot blieb aufrecht. Freilich auch der unbeugsame Wille der Südtiroler, ihren Kindern die Beherrschung der Muttersprache und einige Kenntnisse des überlieferten tirolischen und deutschen Kulturgutes zu ermöglichen. Was im Verbotsdekret fälschlicherweise angenommen wurde, nämlich eine bestehende Geheimorganisation für den deutschen Privatunterricht, wurde jetzt mit aller Energie und Konsequenz aufgebaut. Die Anfänge reichen allerdings tatsächlich in das Jahr 1924 zurück, als es noch kein Verbot gab. Am 25. Dezember 1924 schrieb die „Brixner Chronik": „Hunderte von Müttern in Stadt und Land haben bereits angefangen, ihr Kind daheim selbst zu unterrichten. Viele andere, die dazu keine Zeit finden, haben ihr Kind dem Dienstmädchen oder einem Fräulein der Nachbarschaft zum Unterricht anvertraut. So können wir die höchst erfreuliche Tatsache feststellen, daß alle deutschen Kinder, bis auf ganz verschwindende Ausnahmen, zu Hause ihren Deutschunterricht empfangen. Das ist Kulturarbeit allerersten Ranges, die geleistet werden muß, um unser Volkstum vor dem Untergang zu retten."
Doch der fortschreitende Italianisierungsprozeß, die vielen

Schwierigkeiten, das Verbot und die Drohung der Behörden gefährdeten die einmal angefangene Arbeit. Unter der Führung von Kanonikus Michael Gamper bildete sich deshalb ein Schulausschuß zur Regelung der technischen und didaktischen Arbeit eines landesweiten Notschulsystems, dem von Anfang an auch zwei Frauen angehörten: Maria Nicolussi, Lehrerin an der Mädchenschule in der Bozner Mustergasse, und ihre Direktorin Emma von Leurs. Maria Nicolussi, eine Schwester des Abgeordneten Eduard Reut-Nicolussi, wurde, vor allem nach ihrer Entlassung aus dem Schuldienst, zur zentralen Kraft und eigentlichen Leiterin der „Katakombenschulen", wie man später die Südtiroler Notschule der Faschistenzeit bezeichnete. Neben der Oberaufsicht über alle Aktivitäten und Einsätze leitete sie selbst einen der drei für die geheime Schulorganisation gebildeten Bezirke, nämlich Bozen und Umgebung. Noch eine Frau ist in diesem Zusammenhang zu nennen, nämlich Maria Koppelstätter, von 1929 bis 1938 nächste Mitarbeiterin der Maria Nicolussi und ihre Verbindungsperson zu den im geheimen Einsatz stehenden Lehrkräften, von denen die meisten Frauen und Mädchen waren.

Diese Katakombenlehrerinnen stammten aus allen Schichten der Bevölkerung, waren zum Teil entlassene Lehrerinnen, zum Teil jedoch ohne jede Vorbildung. In geheimen Ausbildungskursen in Südtirol selbst, in Oberitalien oder — soweit dies bei den damaligen Verhältnissen möglich war —

Maria Nicolussi, die „Seele" der Notschulorganisation.

Erster Ausbildungskurs für „Katakombenlehrerinnen" im Jahr 1925.

Angela Nikoletti: Für die Muttersprache das Leben geopfert

„Furcht wollte er mir einjagen und ich habe ihn nur mitleidig belächelt...", schrieb die damals 22jährige Südtirolerin Angela Nikoletti nach dem ersten Verhör durch den italienischen Amtsbürgermeister von Kurtatsch in ihr Tagebuch. Sie ließ sich durch seine Drohungen wegen des von ihr erteilten privaten Deutschunterrichts nicht einschüchtern, unterschrieb die ihr vorgelegte Erklärung nicht und setzte ihre Lehrtätigkeit fort, obwohl sie wußte, daß ihr Schlimmes bevorstand. „Die Kinder kamen, und als eine große Feigheit hätte ich es angesehen, sie heimzuschicken", vermerkt sie nüchtern im Tagebuch. Das war im Mai 1927. Schon ein Jahr vorher war das mutige Mädchen den faschistischen Machthabern unangenehm aufgefallen, als ein von ihr unterzeichneter Zettel mit einem „Tirolerliedl" konfisziert worden war.

Angela Nikoletti wurde 1905 in Margreit geboren, wuchs in Kurtatsch auf, absolvierte die Lehrerbildungsanstalt der Barmherzigen Schwestern in Zams, konnte jedoch wegen der einsetzenden Unterdrückung der deutschen Schule in Südtirol ihren Beruf nicht mehr offiziell ausüben. Dafür war sie von Anfang an mit dabei, als es galt, die im Bozner Unterland früher als in anderen Gebieten des Landes aus der Schule verdrängte deutsche Sprache auf privater Basis weiter zu unterrichten. Das im No-

Angela Nikoletti, ein Opfer der faschistischen Unterdrückungspolitik.

vember 1925 ausgesprochene Verbot und die drohenden Strafen konnten sie nicht davon abhalten. Sie richtete im Haus ihrer Tante in Kurtatsch eine gutbesuchte Notschule ein. Und wurde wegen des bald folgenden Leidensweges zum Symbol für die Heimatliebe, Tatkraft und Opferbereitschaft der Südtiroler Katakombenlehrerinnen.

Wenige Tage nach der Vorladung vor den Podestà von Kurtatsch wurde Angela Nikoletti von einer Abteilung Carabinieri gestellt, in den Wagen gezerrt und nach Tramin gebracht. Die Vorweisung eines ärztlichen Zeugnisses über eine eben überstandene Rippenfellentzündung nützte nichts. Im Tagebuch lesen wir: „Abend: Verhör. Alles sollte ich gestehen. Wer mich angestellt, Stunden zu erteilen, wer mich bezahlt, von welchen Familien ich die Kinder unterrichte usw.... Ich gab zur Antwort: Wenn sie so neugierig sind, sollen sie selbst suchen gehen. Mich haben sie ja auch gefunden. Mehr brachten sie nicht heraus. Meine Tanten aus Tramin wollten mir ein Nachtessen bringen. Beide wurden samt dem Essen zur Tür hinausgeworfen unter Drohungen und Beschimpfungen... Um 11 Uhr nachts führten sie mich in den feuchten Keller. Bis zum Morgen lehnte ich an der naßkalten Wand. Müde, abgeschlagen."

Am nächsten Tag wurde sie ins Gefängnis von Neumarkt überstellt:

„Müde fiel ich auf die Pritsche hin. Verlassen fühlte ich mich und einsam. Ich hatte Zeit, alle Drohungen zu überdenken. Ich lächelte, als sie ausgesprochen wurde und jetzt, in der dämmerigen Einsamkeit, schauderten sie mich. Ich sah sie als Wirklichkeit vor mir. Die Phantasie arbeitete mehr als gut war... Eine Angst überfiel mich und ein Heimweh. Ich konnte nicht essen, nicht trinken, nicht schlafen. Jeder Tag schien mir eine Ewigkeit. Ohne Trost, ohne Hoffnung. Niemand von den Meinen durfte zu mir. In den langen Nächten zitterte ich vor Kälte. Nur kurze Viertelstunden konnte ich die Augen schließen, um bald aus schrecklichen Träumen zu erwachen. Und jeden Tag wurde ich matter."

Nach vier Tagen, am 19. Mai, fand die Gerichtsverhandlung statt. Angela Nikoletti wurde zu 30 Tagen bedingungsweisem Arrest, fünf Jahren Polizeiaufsicht und Ausweisung aus ihrer Heimat Kurtatsch verurteilt. Während ihres Gefängnisaufenthaltes hatte sie sich ein schweres Lungenleiden zugezogen, wurde aber trotzdem von Beamten und Polizisten nicht in Ruhe gelassen, bis sie im Oktober 1927 todkrank ins Bozner Krankenhaus eingeliefert werden mußte. Nach vorübergehender Besserung fing das Siechtum wieder an und dauerte bis zum 30. Oktober 1930. Mit 25 Jahren starb Angela Nikoletti als Opfer des faschistischen Terrors. Schon längst hatte sie Abschied vom Leben genommen:

„Ein trüber, gemütstrüber Winter. Tod und Grab und Grab und Tod in allen meinen Ahnungen, und Furcht und Bangen..." – „Langsam, langsam sank Ergebung auf mich nieder" (Aufzeichnungen vom Winter und Frühjahr 1930). Und unter der Datierung „Juni 1930" schreibt Angela Nikoletti ihre letzte Notiz. Sie setzt ihre Unterschrift darunter. Es ist ihr Abschied: „Und jetzt warte ich und warte. Aber nicht mehr auf Gesundheit und irdisches Glück. Ich warte auf den Tod. Er streift mich manchmal; dann geht er wieder vorbei. Ich lebe auf und sinke nieder und lebe auf und sinke nieder, immer wieder. Wann wird er kommen, der Sensenmann? Im August? Im November? Ade, ade, du Welt! Ich scheide leicht."

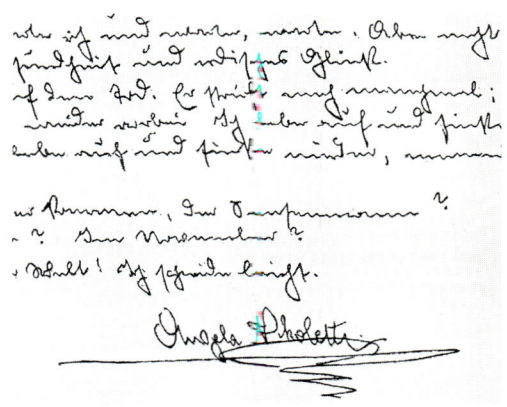

Die letzten Zeilen von Angela Nikoletti.

in Innsbruck und in München wurden die Mädchen aus- und weitergebildet. Insgesamt haben bis 1940, als im Zusammenhang mit dem Umsiedlungsabkommen wieder deutscher Unterricht in Südtirol erlaubt war, fast 500 Personen in der Notschule unterrichtet, jährlich standen 200 bis 250 im Einsatz. Nur knapp ein Fünftel davon waren vorher im ordentlichen Lehrberuf tätig gewesen. Eine Lehrkraft hatte in der Regel sechs bis sieben Gruppen mit insgesamt 25 Kindern zu betreuen und leistete im Jahr meist über 300 Unterrichtsstunden. Sie erhielt dafür von den Eltern der Kinder oder von der nach 1927 untergetauchten politischen Führung der Südtiroler, der wiederum Gelder aus Deutschland zuflossen, eine äußerst knapp bemessene finanzielle Entschädigung, die oft nicht viel mehr als den Aufwand deckte. Aus Gründen der Geheimhaltung und wegen der Kosten sollte die Zahl der erteilten Unterrichtsstunden pro Kind und Monat auf acht beschränkt werden, doch war der Eifer so groß, daß häufig mehr getan wurde. Im Vordergrund stand der Schreibunterricht, doch wurde auch gelesen, gesungen — deutsche Lieder waren in der Öffentlichkeit verboten —, Heimatkunde und Tiroler Geschichte gelehrt. Kinder und Lehrerinnen kamen so unauffällig wie möglich in Bauernstuben, Wohnzimmern und Kellern, oft auch im Freien zusammen. Was hier geleistet wurde, ist heute kaum mehr zu ermessen. Auch ohne äußere Bedrohung durch Behördenvertreter und Polizei wäre der Einsatz eines jeden dieser Mädchen bewundernswert. So kam aber noch dazu, daß von Anfang an jede Notschullehrerin mit ihrer Verhaftung und Bestrafung rechnen mußte, wobei die Verfolgung im Laufe der Jahre immer strenger und wirksamer wurde, sodaß die Zahl der schikanierten, vorgeladenen, verhörten oder gar verurteilten Lehrer und Lehrerinnen stieg. Neben Gefängnis, Geldstrafen und Aufenthaltsüberwachung war die Verbannung nach Süditalien oder auf eine Insel die übliche Sanktion. So setzten die Mädchen und Frauen, die ihren kleinen Landsleuten den dringend benötigten Unterricht in ihrer Muttersprache erteilten, viel aufs Spiel. Daß ihr Einsatz sogar das Opfer des Lebens bedeuten konnte, zeigt der Fall Angela Nikoletti, die am 30. Oktober 1930 im Alter von 25 Jahren an den Folgen der erduldeten Schikanen, Verhöre und Gefängnisaufenthalte starb.

Im Bundesland Tirol kann man von Frauen im Widerstand seit dem Ende der Demokratie im Jahre 1933 sprechen.

Aufnahme aus einer Südtiroler Notschule.

Nach dem Verbot der Linksparteien (Kommunisten im Mai 1933, Sozialdemokraten im Feber 1934) und der Errichtung des austrofaschistischen Ständestaates (Mai 1934) setzten viele SP- und KP-Mitglieder ihre politische Arbeit in der Illegalität fort.

In heimlich gedruckten Streu- und Flugzetteln attackierten Kommunisten und Revolutionäre Sozialisten — wie sich ein Teil der Sozialdemokraten jetzt nannte — die Regierung und forderten in erster Linie die Freilassung der politischen Gefangenen. Vom Ausland hereingeschmuggelte Zeitungen und Druckschriften bargen unter den unverfänglichen Titeln „Mondamin-Kochbuch", „Prinz Eugen", „Reklameheft für Rolleiflex", „Des Knaben Wunderhorn" politisches Schulungsmaterial und Kampfschriften. Da die Polizei die ihr bekannten Funktionäre überwachte, übernahmen die weniger verdächtigen Frauen viele illegale Arbeiten. Sie versahen Kurierdienste, warnten gefährdete Genossen, transportierten Nachrichten, Flugzettel, ja sogar Waffen unter Schürzen und Röcken. Geschickt stellten sich dabei insbesondere die Mädchen an, die trotz Hausdurchsuchungen und Verhören relativ ungeschoren davonkamen.

Die meisten Frauen wurden verhaftet, wenn eine größere Gruppe aufflog. Es waren Ehefrauen und Lebensgefährtinnen, die die Arbeit des Partners unterstützt, oft nur davon gewußt hatten. Ein am Dachboden versteckter Vervielfältigungsapparat, im Haus abgehaltene Diskussionsrunden, ein verdächtiger Sonntagsspaziergang mit Freunden konnte zur Verhaftung führen. Durch Denunziation hob die Polizei in Tirol 1935 eine weitverzweigte KP-Organisation unter dem Landesleiter Simon Kompein samt einer geheimen Druckerei und einem reichhaltigen Lager an kommunistischem Propagandamaterial aus. Ihr gehörten auch ein Dutzend Frauen an, darunter die später in der NS-Zeit wegen desselben Deliktes hingerichtete Wienerin Adele Stürzl, die seit 1934 in Kufstein ansässig war.

Eine der wertvollsten illegalen Aktionen, an der viele Frauen mitarbeiteten, war die „Rote Hilfe". Sie versorgte Familienangehörige von politischen Gefangenen, die keine staatliche Unterstützung zu erwarten hatten, mit Geld für Wohnung, Kleidung, Essen und für medizinische Betreuung. Das Unternehmen war straff organisiert. Jedem Kassier waren fünf bis sechs Leute zugeteilt. Gegen farbige Marken zahlte jeder monatlich einen festgelegten Betrag: Arbeitslose 30 Groschen, Beschäftigte 50 Groschen, Besserverdienende S 1,—. Von diesen Geldern verblieben der Ortsgruppe 20 Prozent, der Rest ging an die Zentrale zur weiteren Verteilung.

Nicht nur verbotene politische Tätigkeit war gefährlich. Durch die Aufhebung von Rede-, Presse- und Versammlungsfreiheit und ein blühendes Denunziantentum konnte auch die biedere Hausfrau ins Visier der Polizei geraten, wenn sie ihren Unmut über politische Zustände außerhalb ihrer vier Wände äußerte. Das erfuhr z. B. die Osttiroler Bauernmagd, die über den „blöden Schuschnigg" schimpfte, ebenso wie die Innsbrucker Hausfrau, die ein gewisses Maß von Verständnis für den Dollfußmord aufbrachte.

Die Strafen für alle Vergehen fielen allerdings wesentlich milder aus als in der folgenden NS-Ära. Für Regimekritik gab es Abmahnungen oder höchstens Geldstrafen, für illegale politische Tätigkeit bei den Frauen ein paar Monate Gefängnis.

Bei den Opfern des mit dem Anschluß Österreichs an das Deutsche Reich im März 1938 einsetzenden, ungleich brutaleren nationalsozialistischen Terrors muß man zwei Kategorien unterscheiden: Judenverfolgung und Euthanasie betrafen Männer und Frauen gleicherweise, aber bei den mit der Todesstrafe geahndeten politischen Vergehen ist die Zahl der weiblichen Hingerichteten verhältnismäßig gering.

Im September 1943 wurde die Sozialdemokratin Josefine Brunner aus Wörgl zusammen mit ihrem Ehemann Alois hingerichtet. Als geheimer Kurier hatte sie schon im Ständestaat die Verbindung mit Genossen in Bayern, der Tschechoslowakei und der Schweiz aufrechterhalten. Jetzt transportierte sie Waffen, Sprengmaterial, Sabotagepläne und verfaßte zusammen mit ihrem Mann für die Alliierten Berichte zur Lage in Tirol: über Arbeitslager, Vergrößerung der Garnisonen, Zuzug von Reichsdeutschen nach dem Einmarsch, Abnahme der Arbeitslosigkeit, die Stimmung der Bevölkerung usw.

Im Juni 1944 wurde Adele Stürzl in München-Stadelheim gehenkt. Die in Wien geborene und in Kufstein lebende aktive Kommunistin hatte schon 1934 und 1935 mehrere Monate im Gefängnis gesessen. 1941 wurde sie wegen Fluchthilfe zu vier Jahren Zuchthaus verurteilt, 1944 als Mitarbeiterin beim Aufbau einer kommunistischen Organisation neuerlich verhaftet und zum Tode verurteilt.

Die beiden Osttirolerinnen Maria Peskoller aus Görtschach-Dölsach und Rosa Stallbaumer aus Sillian halfen Juden, Deserteuren und ausländischen Arbeitern bei der Flucht über die italienische Grenze. Maria Peskoller wurde im Dezember 1944 in Graz hingerichtet, Rosa Stallbaumer verstarb im KZ Auschwitz. Über das letzte Opfer aus Tirol, die Innsbrucker Stenotypistin Klara Sturm, ist wenig bekannt. Als geborene Schweizerin verdächtigte sie die Gestapo der Spionage und brachte sie in die Strafanstalt Aichach bei Augsburg, wo sie umkam.

Eine wichtige Rolle im Widerstand gegen das NS-Regime spielte die sozialdemokratische Landtagsabgeordnete und Vorsitzende des Landesfrauenkomitees Adele Obermayer. Von ihrer politischen Tätigkeit her kannte sie viele Leute, half mit Adressen und Informationen. Ihre Wohnung in Innsbruck, Haller Straße 55, war häufiger Treffpunkt zum Informationsaustausch. 1944 wurde sie zu sechs Jahren Zuchthaus verurteilt und ins KZ Ravensbrück eingeliefert. Dorthin kam auch Carmella Flöck, die im Widerstand tätige frühere Sekretärin des christlichen Arbeitervereins.

Frauen standen selten im Zentrum spektakulärer Aktionen, aber sie sorgten für die zur Geheimhaltung nötige Infrastruktur. Sie holten Auskünfte ein, gaben Nachrichten weiter, versteckten belastendes Material, besorgten Unterkünfte. Viele sind nicht wegen bestimmter Aktivitäten, sondern wegen ihres Wissens darum verurteilt worden. Die Mitglieder der katholisch-legitimistischen Widerstandsgruppe „Freiheit Österreich" und ihrer Nachfolgeorganisation „Vergißmeinnicht" in Innsbruck waren zur Hälfte Frauen. Die pensionierte Postbeamtin Juliane Weinmann verfertigte 400 künstliche Vergißmeinnicht als Vereinsabzeichen, die Kontoristin Gerda Markowetz führte die Kartei, Kreszenz Bianchi sammelte Geld, die Heimarbeiterin Elisabeth Feiersinger warb allein 17 Mitglieder, die Gastwirtstochter Anna Mair stellte ihr Zimmer im Gasthof Waldhüttl in Mentlberg zum Abhören ausländischer Sender und zum Vervielfältigen von Flugblättern zur Verfügung. Der dilettantisch geführten Gruppe gehörten viele Jugendliche im Alter zwischen 16 und 24 Jahren an. Schon wenige Monate nach ihrem Zusammenschluß verrieten sie Leute aus den eigenen Reihen an die Gestapo. Die beteiligten Frauen wurden zu Gefängnisstrafen zwischen vier und 14 Monaten verurteilt.

Viele Frauen gerieten in die Fänge der NS-Justiz, weil sie

Erinnerungen an die Zeit im NS-Gefängnis

Aus den Erinnerungen der Carmella Flöck, der langjährigen Sekretärin der Katholischen Arbeiterbewegung Tirols und während der NS-Zeit Mitglied einer Widerstandsgruppe. Sie wurde am 10. Oktober 1942, einige Tage vor ihrem 44. Geburtstag, verhaftet und zunächst ins Innsbrucker Landesgefangenenhaus eingeliefert (aus einem Manuskript, das 1987 in Buchform erscheint):

Es war bereits 2 Uhr, wie die Wachtmeisterin auf ihrer Uhr feststellte, als sie mich in eine Zelle führte. Unvergeßlich bleibt mir dieser erste Eindruck. Ich mußte mich zwingen, die Tränen zurückzuhalten. Und doch habe ich mich im KZ nach ihr zurückgesehnt, nach ihren schützenden Wänden, nach ihrer Wärme, nach dem „stinkenden" Strohsack. Die Wachtmeisterin war, wie mir nachher erzählt wurde, ausnahmsweise nett und beinahe gerührt. Ihr geübter Blick sah, daß ich ein armseliges Häufchen Elend war, eine „Politische" (das wußte sie von der Aufnahme) und keine „Verbrecherin".
Es erfolgte eine regelrechte Vorstellung. Das ging so vor sich: „Das ist Erna, die so dumm war und Lebensmittelkarten klaute. Das ist Monika, eine Schleichhändlerin und unser Vielfraß, und das ist Adele, eine Politische."
Nachdem sich der erste Schock gelegt hatte und ich ein bißchen klar zu denken vermochte, versuchte ich, mich so gut als möglich in die „Gemeinschaft" einzufügen. Erna war ein nettes, junges Mädchen, blond, mit braunen Augen und sehr rundlich. Sie war gutmütig und hilfsbereit; Monika, eine Ötztaler Bauerntochter, Ende der zwanzig, war schwarzhaarig, gelbhäutig und sehr mager; Adele Stürzl, führende Kommunistin in Kufstein, war ein paar Jahre älter als ich, von kleiner, robuster Statur, mit graumeliertem Haar und sehr blaß. Sie war schon mehr als sieben Monate in Haft. Adele nahm sich sofort meiner an. Sie war die Zellenälteste, d. h. am längsten in Haft, und das war zu respektieren. Am nächsten Tag brachte mir die Wachtmeisterin einen kleinen Zettel und Bleistift und diktierte mir, was ich mir von meinen Angehörigen bringen lassen müsse bzw. dürfe. Das waren: Kamm, Zahnbürste und -pasta, Seife, Hausschuhe, Schürze, eine Garnitur Wäsche und Taschentücher — aus! Wachtmeisterin Wieser, aus Bayern stammend, führte ein strenges, aber gerechtes Regiment. Ich erlebte sie nicht lange, denn sie wurde in ihre Heimat zurückversetzt. Leider, sie mochte mich auf ihre Weise gern. Ihre Nachfolgerin war eine Innsbruckerin, Frau Engl, gleichfalls streng, aber unnahbar und sich ihres Amtes bewußt.
Frau Engl war sehr mager und hatte einen harten Gang. Ihre hohen Absätze klapperten weithin hörbar durch die Gänge. Ein Vorteil für uns, so dachte ich! Aber Adele belehrte mich eines Besseren. Sie hatte ein Gehör wie ein Luchs und war mit einem Ohr immer „draußen". Sie warnte uns, wenn die Wachtmeisterin in Filzpantoffeln dahergeschlichen kam und uns durch den Spion beobachtete.
Ich denke so oft dankbaren Herzens an Adele. Sie war mir in diesen Tagen eine große Stütze und eine gute Lehrmeisterin. Sie half mir taktvoll über die erste Zeit hinweg und stand mir immer mit Rat und Tat

zur Seite, denn sie war kein Neuling in diesem Haus. Wegen ihrer kommunistischen Tätigkeit war sie schon vor 1938 inhaftiert gewesen. Sie kannte sich nicht nur in diesem Haus gut aus, sondern auch in den Praktiken der Gestapo. Ohne sie hätte ich sicher nicht so durchgehalten. Sie drillte mich regelrecht gegen die Gestapo, und ich erinnere mich genau an ihre Worte: „Glaub nicht, was man dir vormacht, gib nichts zu, unterschreibe nichts und mach dir keine Selbstvorwürfe, du hast nichts verbrochen, du bist nur eine gute Österreicherin." Sie war, solange wir beisammen waren, der Meinung, daß ich bald einmal freikommen werde, weil ich keinen Schutzhaftbefehl hatte. Den bekam ich später.

Leider wurde Adele am 30. 6. 1944 in Stadelheim hingerichtet. So lange hielt man die Arme hin, die schon zu meiner Zeit sehr herz- und nervenleidend war. Manches Mal sagte sie: „Ich fühle meinen Kopf wakkeln", womit sie die Hinrichtung meinte. Und so war es auch. Von ihrem Tod erfuhr ich erst nach 1945. Und ich hatte mich so auf ein Wiedersehen mit ihr gefreut!

Erna und Monika hatten große Angst vor den Verhandlungen. Wir trösteten sie und richteten sie immer wieder auf, wenn sie verzagt waren; es sei doch gleichgültig, wie viele Jahre Zuchthaus sie bekämen, sie bräuchten sie sowieso nicht abzusitzen, vorher sei der Krieg aus und sie bekämen ihre Freiheit. Erna und Monika verließen uns bald. Sie wurden abgeurteilt und kamen in irgendein Zuchthaus. Ich sah sie nie wieder.

Die Wachtmeisterin verlegte uns in verschiedene Zellen und am Schluß Adele und mich in jene, die neben dem Dienstzimmer lag. Das hatte zweierlei Vorteile. Einmal war sie etwas wärmer, und zum anderen hörten wir das Telefon klingeln und verstanden manches, wenn die Wachtmeisterin ein bißchen lauter sprach. Das diente uns nicht nur zur Information, sondern war außer dem Spaziergang die einzige Ablenkung.

Übrigens bin ich von Zelle zu Zelle der sozialistischen Abgeordneten Adele Obermayr gefolgt, auch im Polizeigefängnis und zuletzt im KZ. Dort lernte ich sie erst kennen.

Mit der Kommunistin Adele verstand ich mich trotz verschiedener Weltanschauung sehr gut. Wenn es auch hin und wieder bei Diskussionen ein bißchen hart auf hart ging, waren wir doch vernünftig genug, uns das Dasein nicht zu vergällen. Wir sprachen und debattierten viel, bewahrten uns aber die gegenseitige Achtung.

In der ersten Nacht schloß ich begreiflicherweise kein Auge. In der unheimlichen Stille dieses großen Hauses, in dem man beim geringsten Geräusch erschrak, wurde ich eine hilflose Beute meiner quälenden Gedanken. Diese gingen in erster Linie nach Hause. Wurden sie vernommen oder gar verhaftet? Dann dachte ich an meine zwei Vettern, die sich auch im Hause befanden, an ihre Familien und an die anderen unserer Widerstandsbewegung. Wer wurde verhaftet? Was wußte die Gestapo? Was soll ich aussagen? Alle diese Gedanken ließen mich nicht zur Ruhe kommen. Ich war unempfindlich gegen den Geruch der Strohsäcke, gegen das Zusammengepferchtsein mit fremden Menschen. Ein Glück, daß ich immer noch nichts vom Landes- und Hochverrat wußte, sonst hätte ich keinen Groschen mehr für uns „Missetäter" gegeben!

aus rein menschlichen Überlegungen notwendige Hilfe nicht verweigerten. Der Umgang mit Kriegsgefangenen war streng verboten. Ein freundliches Gespräch, eine angebotene Tasse Tee, ein weitergeleiteter Brief konnten böse Folgen haben. Aloisia Gabl, Bäuerin in Schönwies und Mutter von vier Kindern, schenkte in der Nähe des Hofes arbeitenden russischen Kriegsgefangenen, die auf dem Misthaufen nach Lebensmittelabfällen suchten, zwei Laib Brot. Ihre 16jährige Erntehelferin, eine Innsbrucker Gymnasiastin, erzählte den Vorfall weiter, und die Bäuerin wanderte für drei Monate ins Gefängnis. Acht Tirolerinnen machten ähnliche Erfahrungen. Streng geahndet wurden auch die ca. 50 bekannt gewordenen Liebesbeziehungen zwischen einheimischen Frauen und ausländischen Arbeitern, in Tirol zumeist französische Kriegsgefangene. Noch schlimmer waren Beziehungen zu den Ostarbeitern, die für den Mann meist Todesurteil oder KZ bedeuteten. Für die Frau betrug die Höchststrafe drei Jahre Zuchthaus und damit ebenfalls Einweisung ins KZ.
Auch Mithilfe zur Fahnenflucht, zumeist für nahe Angehörige, wurde mit Zuchthausstrafe belegt; dem Deserteur drohte die Hinrichtung. Die Innsbruckerin Emma Zendron überredete ihren Mann im ersten Ehejahr zur Desertion. Dafür erhielt sie zwei Jahre Zuchthaus, ihr Mann wurde zum Tod verurteilt, aber später begnadigt. Die Kriegswitwe Elisabeth Federspiel aus Innsbruck verhalf ihrem Sohn zur Flucht. Sie wurde zu insgesamt viereinhalb Jahren Zuchthaus verurteilt, ihr Sohn kurz vor Kriegsende erschossen. Leopoldine Schwaiger und Anna Schöpf aus Kufstein büßten mit drei bzw. zwei Jahren Zuchthaus den Fluchtversuch ihres Neffen.
Je näher das Kriegsende rückte, desto schneller wuchs die Zahl der Deserteure in den Bergen. Im Ötztal half die Piburger Bäuerin Johanna Staub bei der Beschaffung von Lebensmitteln, in Terfens die Wirtin Hedwig Arnold. Viele Ehefrauen, Mütter, Schwestern sorgten für Sicherheit und Verpflegung ihrer fahnenflüchtigen Angehörigen.
Gefährlich war offen geäußerte Kritik an der Partei und führenden Nazis, am Kriegsverlauf und an den schlechten Zeiten. Heimtücke oder Wehrkraftzersetzung hießen diese Delikte, die je nach Schwere der Verfehlung von geringen Gefängnisstrafen bis zum Todesurteil alles nach sich ziehen konnten. Die Anzeigen erfolgten immer durch einen Zuhö-

Vier Monate Gefängnis für einen Brief

Mit 26. September 1939 ist der Brief von Wilhelmine Caldonazzi aus Kramsach an eine Bekannte in Ungarn datiert. Die Briefschreiberin war die Mutter des später hingerichteten Widerstandskämpfers Dipl.-Ing. Walter Caldonazzi. Der Brief wurde durch die Postzensur abgefangen, und Wilhelmine Caldonazzi zu vier Monaten Gefängnis verurteilt (Widerstand und Verfolgung in Tirol, Bd. 1, 230):

Unsere liebe, liebste Eva.
Gestern dachte ich so intensiv an Dich und wirklich kam nachmittags ein Zeichen aus Szeged, da kann man wohl sagen Gedankenübertragung. Nachdem ich das so nette Schreiben gelesen hatte, merkte Herta Tränen bei mir, darauf sie sagte, gell Mamma, bei Eva hätten wir genug zu essen. Das Herz schnürt es einem zusammen, die Kinder nicht gesättigt vom Tisch gehen zu sehen. Ja Evalein, da war es vor einem Monat verhältnismäßig noch gut, die letzten 14 Tage hat sichs bei uns rapid verschlechtert, die Lebensmittel wurden derart reduziert, daß es am besten wäre, den Magen an die Sonne zu hängen. Der sichs noch leisten kann, eventuell Schuhe, Strümpfe, Wolle etc. zu kaufen, muß sich stundenlang um einen Bezugschein anstellen, zum Schlusse wird man noch abgewiesen. Diese Zustände werde ich Dir genau erzählen, wenn Du wieder nach hier kommst. Auf der Vorderseite habe ich absichtlich unsern Namen nicht ausgeschrieben, Du wirst es Dir ja denken können, warum. W. schrieb heute aus Wien einen ganz verzweifelten Brief, daß er am liebsten zur Pistole greifen möchte, muß furchtbar hungern (und bittet ob er nach Hause kommen darf), zum Weiterstudieren schon absolut keine Aussicht, da nur Nazis weiter geholfen wird bzw. Unterstützungen bekommen, wenn er auch vollkommen vertrottelt und verblödet ist, aber Nazi muß er sein.

rer oder eine Zuhörerin. Drei Monate und 15 Tage Gefängnis erhielt Christine Feinig aus Innsbruck für den Ausspruch „Hitler ist der größte Verbrecher, der herumläuft"; fast ebensoviel die Rumer Hausfrau Josefa Holzner, die eine Spende zum Winterhilfswerk mit den Worten verweigerte: „Der Gauleiter Hofer kann ja Wein saufen, der hat es ja, weil er es verdient. Wir aber geben nichts, weil wir unser Geld selber brauchen und nicht für andere arbeiten." Acht Monate kassierte die sozialdemokratische Näherin Paula Steiner für folgenden Witz: „Wißt ihr, warum es so wenig Fleisch gibt? Die Schafe sind eingerückt, die Rindviecher sitzen in den Kanzleien, die Schweine rennen im Hinterland herum."

Auch Auseinandersetzungen mit Besuchern aus dem „Altreich" konnten Ungemach bereiten. Die Kitzbühlerin Edith Egger geriet bei der Talstation der Hahnenkammbahn im Gedränge an zwei deutsche Schifahrer, die sie trotz aufgerufener Platzkarte nicht passieren lassen wollten. Für ihre Beschimpfung: „Piefke, Saupreußen, die deutschen Schweine, sie heißen nicht umsonst Piefke" mußte sie vier Wochen ins Gefängnis. Zwei Jahre Zuchthaus kostete der Verkäuferin Eleonore Klier die Bemerkung: „Am besten ist endlich Frieden machen und abdanken, abdanken", die die gebürtige Südtirolerin zu einer Kundin ihrer Bäckerei anläßlich der Gefangennahme Mussolinis im Sommer 1943 machte. Insgesamt 80 Frauen wurden wegen solcher Aussprüche vor Gericht gestellt.

Auch Lehrerinnen waren davon betroffen. Anna Rettenbacher z. B. riß gleich am ersten Schultag die Nazizeichnungen ihrer Schüler in Ritzelried im Pitztal von den Wänden und mußte dafür mit acht Monaten büßen. Die Fulpmerin Anna Geir machte aus ihrer betont katholischen Haltung kein Hehl. Sie wurde von Schule zu Schule versetzt und endlich aus dem Schuldienst entlassen.

Viel geleisteter Widerstand wurde – Gott sei Dank für die daran Beteiligten – nie aktenkundig und ist deshalb auch kaum dokumentarisch zu erfassen. So dürfte auch die Zahl der Frauen, die sich aktiv am Kampf gegen Diktatur und Unterdrückung beteiligten oder durch Hilfestellung bzw. ganz einfach durch mutiges Verhalten ihren Beitrag leisteten, viel größer sein, als es die aufgezählten Beispiele vermuten lassen.

Anhang

Tiroler Landesfürstinnen und ihre Töchter

(nach Wilhelm Karl von Isenburg: Europäische Stammtafeln, 5 Bände, Marburg 1953–1978)

Adelheid von Tirol, gest. 1278
verh. mit Meinhard I. von Görz-Tirol (gest. 1258)

Kaiserin Elisabeth, gest. 1273
1. 1237 verh. mit Kaiser Konrad IV. (1228–1254)
2. 1259 verh. mit Meinhard II. von Tirol-Görz (gest. 1295)

    Töchter aus der 2. Ehe:
    Elisabeth, geb. vor 1262, gest. 1313
        1274 verh. mit Albrecht I. von Habsburg (1248–1308)
    Agnes, gest. 1293
        1286 verh. mit Friedrich III. von Meissen (1257–1323)

Anna von Böhmen, 1290–1313
1306 verh. mit Heinrich von Kärnten-Tirol (gest. 1335)

Adelheid von Braunschweig-Grubenhagen, gest. 1320
1315 verh. mit Heinrich von Kärnten-Tirol

    Töchter:
    Adelheid, 1317–1375
    Margarethe Maultasch, 1318–1369
        1. 1329 verh. mit Johann Heinrich von Luxemburg (1322–1375)
        2. 1342 verh. mit Ludwig von Brandenburg (gest. 1361)

Beatrix von Savoyen, gest. 1331
1328 verh. mit Heinrich von Kärnten-Tirol

Viridis Visconti, gest. 1414
1365 verh. mit Leopold III. von Habsburg (1351–1386)

    Töchter:
    Elisabeth, 1378–1392
    Margarete, geb. 1370
        verh. mit Johann Heinrich von Luxemburg (gest. 1396)
    Katharina

Elisabeth von der Pfalz, gest. 1408
1406 verh. mit Friedrich IV. mit der leeren Tasche (1382–1439)

    Tochter:
    Elisabeth, geb. und gest. 1408

Anna von Braunschweig, gest. 1432
1410 verh. mit Friedrich IV. mit der leeren Tasche

    Töchter:
    Margarete, 1423–1424
    Hedwig, 1424–1427

Eleonore von Schottland, gest. 1480
1449 verh. mit Sigmund von Tirol (1427–1496)

Katharina von Sachsen, 1468–1524
1. 1484 verh. mit Sigmund von Tirol
2. 1497 verh. mit Erich von Braunschweig (1470–1540)

Bianca Maria Sforza, 1472–1510
1494 verh. mit Maximilian I. (1459–1519)

Anna von Böhmen, 1503–1547
1521 verh. mit Ferdinand I. (1503–1564)

    Töchter:
    Elisabeth, 1526–1545
        1543 verh. mit Siegmund II. August von Polen (1520–1572)
    Anna, 1528–1590
        1546 verh. mit Albrecht von Bayern (1528–1579)
    Maria, 1531–1581
        1546 verh. mit Wilhelm III. von Jülich-Kleve-Berg (1516–1592)
    Magdalena, 1532–1590
    Katharina, 1533–1572
        1549 verh. mit Franz III. Gonzaga von Mantua (1533–1550)
        1553 verh. mit Siegmund II. August von Polen
    Eleonore, 1534–1594
        1561 verh. mit Wilhelm Gonzaga von Mantua (1538–1587)
    Margaretha, 1536–1567
    Barbara, 1539–1572
        1565 verh. mit Alfons II. Este von Ferrara (1533–1597)
    Ursula, 1541–1543
    Helena, 1543–1574
    Johanna, 1547–1578
        1565 verh. mit Franz Medici von Toskana (1541–1587)

Philippine Welser, 1527–1580
1557 verh. mit Ferdinand II.
von Tirol (1529–1596)

Töchter:
Maria, geb. 1562, jung gestorben
Martha

Anna Katharina Gonzaga von Mantua, 1566–1621
1582 verh. mit Ferdinand II. von Tirol

Töchter:
Anna Eleonore, 1583–1584
Maria, 1584–1649
Anna, 1585–1618
    1611 verh. mit Kaiser Mathias

Claudia Medici von Toskana, 1604–1648
1625 verh. mit Leopold V (1586–1632)

Töchter:
Marie Eleonore, 1627–1629
Isabella Klara, 1629–1685
    1649 verh. mit Karl II. Gonzaga von Mantua (1629–1665)
Maria Leopoldine, 1632–1649
    1648 verh. mit Kaiser Ferdinand III. (1608–1657)

Anna Medici von Toskana, 1616–1676
1646 verh. mit Ferdinand Karl (1628–1662)

Töchter:
Claudia Felicitas, 1653–1676
    1673 verh. mit Kaiser Leopold I. (1640–1705)
Maria Magdalena, 1656–1669

Bildende Künstlerinnen

(geboren vor 1914)

An der Lan, Helene: geb. Weidling/NÖ. 1881, gest. Innsbruck 1952; lebte seit 1913 in Innsbruck als Ehefrau des Aquarellmalers Gotthart An der Lan. Porträts und Blumenstücke.

Arch, Mia: geb. Vill 1893, gest. Innsbruck 1986; Tochter der Malerin Wilhelmine Redlich, Besuch der Malschule Toni Kirchmayr, 1927–1930 Studium an der Akademie in München, vor 1938 viele Auslandsreisen. Mitglied des Tiroler Künstlerbundes seit 1926 und der „Waage"; Landschaften, Porträts, Stilleben, Blumenstücke.

Auwald-Kühn, Dora: geb. Graz 1912, lebt in Innsbruck; Besuch der Wiener Kunstgewerbeschule, Zeichenlehrerin, verh. mit dem Maler Karl Heinrich Kühn, Mitglied des „Neuen Bundes"; Buchillustrationen, Landschaften, Kinderbilder.

Bauernfeind, Lena: geb. Wien 1875, gest. Volders 1953; Enkelin des Malers Moritz von Schwind; studierte an der Kunstgewerbeschule in Wien und an der Frauenakademie in München, lebte seit 1909 in Tirol. Mitglied des Tiroler Künstlerbundes seit 1926. Illustrationen zu Märchen- und Kinderbüchern, Genrebilder, Blumenstücke, Porträts.

Bucek, Maria: geb. Galizien 1887, gest. Innsbruck 1981; Besuch der Frauenkunstschule in Wien, seit 1920 Zeichnerin am Botanischen Institut der Universität Innsbruck, Mitglied des Tiroler Künstlerbundes seit 1926; Blumenstücke.

Deininger-Arnhard, Gabriele Maria: geb. München 1855, gest. Innsbruck 1945; Besuch der Kunstschule in München, Unterricht bei Julius Lange und Franz Streit, verh. mit Johann Wunibald Deininger, Direktor der Staatsgewerbeschule in Innsbruck, lebte seit 1885 in Innsbruck, führte eine private Zeichenschule; 1890 Personale im Landesmuseum Ferdinandeum; Landschaftsbilder besonders aus Bayern sowie aus Nord- und Südtirol.

Delago, Maria: geb. St. Leonhard i. P. 1902, gest. 1979 bei einem Autounfall in Brixen; Bildhauerausbildung an der Akademie in Wien und München; Kleinplastik, Krippen, Vasen, Ofenkacheln, Kreuzwege, Grabplastiken, Keramik.

Égösi Anny: geb. Meran 1894, gest. ebenda 1954; Ausbildung an der Kunstgewerbeschule in München, dann im Atelier von Carola Kempter in Landsberg, lebte als Zeichenlehrerin seit 1915 in Meran, auch Lyrikerin; Landschaften, Blumenbilder.

Goldschmidt, Hilde: geb. Leipzig 1897, gest. Kitzbühel 1980; Studium an der Akademie in Leipzig und Dresden bei Kokoschka, lebte seit 1935 in Kitzbühel,

Emigration nach London 1939, Rückkehr nach Kitzbühel 1950; Landschaften, Porträts.

Grass-Cornet, Maria: geb. Innsbruck 1883, gest. ebenda 1970; Schülerin bei ihrem Onkel, dem Haller Maler Franz Xaver Fuchs, später bei Fanny Inama; Landschaften, Porträts.

Gruner, Lila: geb. Guntramsdorf/NÖ. 1870, gest. Tscherms 1948; Ausbildung in Wien, ab 1902 im Kreis der Neuen Dachauer Schule, lebte seit 1914 in Tscherms; Südtiroler Landschaften.

Gschließer, Ilka: geb. Bozen 1869, gest. Innsbruck 1949; Privatunterricht in Innsbruck und in Wien; 1909 Mitglied des Meraner Künstlerbundes; Landschaften und Architekturstudien.

Hilber, Marianne, geborene Strigl: geb. Sautens 1883, gest. 1981; Nichte der Malerin Theresia Strigl, lernte bei ihrer Tante und bei Heinrich Kluibenschädl; Altarbilder, Kreuzwegstationen, Fahnenbilder.

Hofer, May: geb. Galizien 1896, lebt in Bozen; Studium an der Akademie in Wien bei Kolo Moser, verh. mit dem Maler Anton Hofer; Emailarbeiten, Bildteppiche.

Hörwarter-Knapp, Frieda: geb. Schwaz 1913, gest. ebenda 1984; Schülerin des Bildhauers Franz Kobald und des Historienmalers August Wagner; Holzbildhauerin: Kruzifixe, Krippen, Madonnen.

Inama, Fanny: geb. Innsbruck 1870, gest. ebenda 1928; Privatunterricht in Wien und München, seit 1906 Mitglied des Künstlerbundes Tyrol, führte eine private Zeichenschule; Porträtistin.

Isser von Gaudenthurn, Johanna, geborene Großrubatscher: geb. Neustift b. Brixen 1802, gest. Innsbruck 1880; Zeichenunterricht bei Josef Kapeller in Meran; Landschaftszeichnungen, Burgenserie; auch schriftstellerisch tätig (siehe Dichterinnen).

Karasek, Gretl: geb. Innsbruck 1910, lebt in Innsbruck; Besuch der Staatsgewerbeschule bei Max Esterle in Innsbruck; Kostümbilder, Trachtenbilder.

Kompatscher-Stainer, Johanna: geb. Margreid 1901, gest. 1956; Schülerin und Ehefrau des Bildhauers Andreas Kompatscher; Porträtplastiken.

Lerch, Magda: geb. Preßburg 1871, gest. Innsbruck 1938; Besuch der Frauenkunstschule in Wien bei Tina Blau, lebte seit 1920 in Innsbruck bei ihrem Bruder, dem Physiker Friedrich von Lerch; Landschaften.

Lutz-Romani, Edith: geb. Kufstein 1894, gest. Meran 1983; Besuch der Kunstgewerbeschule in München, lebte zuerst in Tramin, später in Meran; Landschaften, Blumen, Holz- und Linolschnitte, Radierungen.

Mages, Theresia: gest. 1772 im Alter von 16 Jahren; Tochter des Rokokomalers Josef Mages.

Mildorfer, Maria Elisabeth: geb. Innsbruck 1713; gest. 1792 ebenda; Tochter des Malers Michael Ignaz Mildorfer; lebte lange Zeit in Rom und später erblindet in Innsbruck; Miniaturmalerin.

Moser, Maria Anna: geb. Schwaz 1756, gest. 1838 ebenda; Tochter des Malers Anton Bartholomäus Moser; Kirchenbilder und Porträts.

Mösl, Margarethe: gest. Fulpmes 1780; Mitarbeiterin von Franz de Paula Penz beim Kirchenbau in Fulpmes, verschiedenen Fresken an Fulpmer Häusern und Ölbildern.

Nöbl, Hilde: geb. 1912 in Innsbruck; erste Ausbildung bei Max von Esterle und Toni Kirchmayr in Innsbruck, Akademie in Wien bei Pauser, Boeckl, Gütersloh u. a. Mosaik für medizinische Klinik.

Pirlo-Hödl, Sieghilde: geb. Kufstein 1905, gest. 1978 ebenda; Ausbildung in München an der Widmannschule und an der Akademie, Gründungsmitglied der „Innsbrucker Sezession" und des „Neuen Bundes", 1936 erste Personale in Salzburg; impressionistische Landschaften, Städtebilder, Szenen aus Volksleben.

Plangger-Popp, Liselotte: geb. Ostpreußen 1913, lebt in Bozen; Besuch der Meisterschule in Königsberg, Arbeit in verschiedenen graphischen Ateliers in Hannover und Königsberg, 1939–1945 als Graphikerin bei den Innsbrucker Nachrichten tätig, nach Kriegsende Besuch der Münchner Akademie, verh. mit dem Bildhauer Hans Plangger; Holzschnitte, Federzeichnungen, Buchillustrationen.

Redlich, Wilhelmine: geb Brixen 1869, gest. Innsbruck 1954; Ausbildung in den Malschulen Stainer-Knittel und Deininger-Arnhard, Ehefrau des Lithographen Josef Redlich; Landschaften.

Stainer-Knittel, Anna Rosa: geb. Elbigenalp 1841, gest. Wattens 1915; Großnichte von Josef Anton Koch, Ausbildung in München in der Vorschule der Akademie, führte in Innsbruck eine private Malschule; Porträtmalerin, Alpenblumen, Berglandschaften, Porzellan- und Keramikmalerei.

Strele, Martha: geb. Brixen 1889, gest. Innsbruck 1984; Ausbildung in der Innsbrucker Gewerbeschule, bei Hugo Grimm und an der Damenakademie in München; Tiroler Landschaften und Kinderporträts.

Strigl, Theresia: geb. Sautens 1824, gest. 1908; Oberländer Kirchen- und Historienmalerin; ebenso ihre Schwester Antonia (1836–1906).

Tiefenthaler, Paula, verehel. Hornsteiner: geb. Mils bei Hall 1881, gest. 1942 ebenda; Ausbildung an der Innsbrucker Kunstgewerbeschule und an der Münchner Damenakademie; Tiroler Trachtenbilder, Schützenscheiben.

Tilipaul-Kistler, Maria: geb. Cles 1884, gest. Innsbruck 1963; Ausbildung an der Innsbrucker Gewerbeschule; Landschaften, Alpenblumen, Stilleben.

Tiroler Schriftstellerinnen

(geboren vor 1914)

Achenrainer, Anna Maria: geb. Pfunds 1909, gest. Innsbruck 1972; ausgebildete Lehrerin, zeitweise journalistisch tätig. Erzählungen und Gedichte: „Appassionata" 1949, „Der zwölfblättrige Lotos" 1957, „Der grüne Kristall" 1960, „Die Windrose" 1962, „Das geflügelte Licht" 1963, „Horizont der Hoffnung" 1966, „Lob des Dunkels und des Lichts" 1968, „Zeit der Sonnenuhren" 1969.

Bautz, Amalia: geb. Innsbruck 1819, gest. Bad Slidze bei Sarajevo 1905; dichtende Hofratsgattin, Schwester der Adeline von Perkhammer.

Bobek, Agnes Maria: geb. Marburg, gest. Innsbruck 1936; Lyrikerin, manche ihrer Gedichte wurden vom Komponisten Hans Wagner-Schönkirch vertont; „Lieder, die kein Mund noch sang" 1928, „Die Harfe im Wind" 1930, „Das Bergwerk" 1934.

Bogner, Antonia: geb. Hall 1833, gest. Wien 1883, wo sie die Frauenzeitschrift „Iris" gegründet und geleitet und eine Unterrichtsanstalt für photographische Retusche und Malerei für Frauen und Mädchen gegründet hatte.

Bossi-Fedrigotti, Itha Maria: geb. Schloß Prackenstein bei Bozen 1864, gest. Hall i. T. 1951; schrieb unter den Pseudonymen J. v. Gartscha, J. v. Gartscheid, J. v. Goldegg (Mädchenname); Romane: „Aus Trotz" 1895, „Das Märchen vom Glück" 1897, „Was ist die Liebe" 1899

Buol, Maria von: geb. Innsbruck 1861, gest. Kaltern 1943; eine der beliebtesten katholischen Volkserzählerinnen, zahlreiche Publikationen in verschiedenen Volkskalendern, ca. 30 Bände mit Erzählungen, u. a.: „Das Geheimnis der Mutter" 1903, „Die Kirchfahrerin" 1904, „Gillis Hobelspäne" 1906, „Die Gamswirtin" 1909, „Das Weib des Verschollenen" 1916, „Das Sparkassenbuch" 1922, „Das Findelkind" 1922; zahlreiche Volksstücke, auch solche nur für weibliche Rollen: „Des Mahrwirts Weib", „Das vierte Gebot", „Nothburga", „Die Wetterhexe", „Lazarus und der Prasser", „Köchin und Gesellschaftsdame" u. a.

Bürgler-Forcher, Maria: geb. Lienz 1906, lebt in Lienz; Volksschauspielerin und Osttiroler Mundartdichterin; Gedichtbände „Osttiroler Soafnblosn" 1970, „So isch's Lebm" 1974, „Hoblschoatn aus Osttirol" 1978, „In jener Zeit" 1981, „Rund um die Harpfn" 1985, „A Gspür fürs Glück" 1986

Dietrich, Anna: geb. Meran 1912, lebt; Lyrikerin: „Trift der Träume" 1967.

Egger-Lienz, Ila: geb. Hall 1912, lebt in Innsbruck; Biographie: „Mein Vater Albin Egger-Lienz" 1939, Romane: „Blätter im Herbst", „Arabesken", „Das Veilchenbeet", „Der Zwischenfall", „Boris und Philippe", „Im Zauberkreis".

Entleitner, Maria: gest. Obermais 1949; posthum erschien 1949 der historische Roman „Die Manharter".

Flohr, Serena: gest. in Innsbruck 1970 mit 92 Jahren; Ehefrau des Malers Engelbert Lap; zahlreiche Erzählungen in den „Innsbrucker Nachrichten" und im „Bergland"; „Novelletten" 1922, „Frauen".

Fuchs, Maria: geb. Hall 1901, gest. Innsbruck 1982; Beamtin; Romane: „Das Licht vom Gstreinhof" 1935, „Menschen, die der Herrgott ruft" 1940, „Wetterleuchten" 1946, „Martin Birkmoser", „Ruf aus der Stille".

Fussenegger, Gertrud: geb. Pilsen 1912, lebt in Linz; promovierte Historikerin, lebte zeitweise in Tirol; historische Romane: „Geschlecht im Advent" 1936, „Mohrenlegende" 1937, „Die Brüder von Lasawa" 1948, „Das Haus der dunklen Krüge" 1953, „Das verschüttete Antlitz" 1957, „In deine Hand gegeben" 1954, „Zeit des Raben – Zeit der Taube" 1960, „Die Pulvermühle" 1968, „Maria Theresia" 1980, „Sie waren Zeitgenossen" 1983; Autobiographie „Ein Spiegelbild mit Feuersäule" 1979; Erzählungen, Dramen, Lyrik.

Gasser, Sophie: geb. Adliswil 1892, gest. Innsbruck 1978; Lyrik und Jugendliteratur, insbesondere Mädchenbücher: „Bärbeli" 1947, „Was wird mit Bärbeli" 1951, „Aber Barbara" 1953, „Monika und die Zwillinge" 1955, „Martina in Not" 1959, „Brigitte und nicht anders" 1960, „Die verzauberten Wiesen" 1965; Gedichtband „Der Dornbusch" 1979.

Grimm, Vera von: geb. Hall 1907, gest. Innsbruck 1986; promovierte Chemikerin; Autobiographie „Ich verkaufe meine Zeit" 1975; Märchen- und Jugendbücher: „Was der Bergwind erzählt" 1941, „Was Heinz und Helga in Tirol erlebten" 1940, „Die beiden Falken" 1964; Erzählungen: „In den Glashäusern" 1972, „Tarnfrau" 1974, „Für Dich" 1978; zahlreiche Hörspiele.

Haffner-Theiner Gertrud: geb. Hall 1912, Pseudonym Gabriel d'Esquilinio, lebt in Innsbruck; Verfasserin religiöser Mystik: „Passio mystica domini nostri Jesu Christ" 1935, „Sie sind uns nah" 1958, „War denn alles umsonst" 1950, „Um eine Mädchenseele" 1959.

Hirzel-Mumelter, Hilde: geb. Bozen 1902, gest.; Lyrikerin: „Aus Sinn und Sein" 1954.

Hörmann, Angelika: geb. Innsbruck 1843, gest. ebenda 1921; Ehefrau des Volkskundlers und Dichters Ludwig von Hörmann; Lyrikerin: „Grüße aus Tirol" 1869, „Neue Gedichte" 1893, „Auf stillen Wegen" 1906; Versepen: „Die Salig-Fräulein" 1875, „Oswald von Wolkenstein" 1889; Erzählungen: „Das Nähmädchen" 1972, „Die Trutzmühle" 1897.

Holgersen-Ptacek, Alma: geb. Innsbruck 1899, gest. ebenda 1976; ausgebildete Pianistin, lebte in Kitzbühel; Romane, Jugendbücher: „Der Aufstand der Kinder" 1935, „Der Wundertäter" 1936, „Du hast Deinen Knecht nicht aus den Augen verloren" 1938, „Kinderkreuzzug" 1940, „Acht Tage ohne Dich" 1943, „Es brausen die Himmel und Wälder" 1949, „Berghotel" 1951, „Die Reichen hungern" 1955, „Junges Gras im Schnee" 1963, „Dino und der Engel" 1962, „Ein Reh zu Gast" 1965; Jugendbücher über Fatima, Lourdes und den hl. Franziskus; Gedichtband „Sursum Corda" 1949.

Isser-Großrubatscher, Johanna von: geb. Neustift bei Brixen 1802, gest. Innsbruck 1880; Erzählungen, Gedichte, Sagensammlung, histor. Roman: „Die Frauen von Sonnenburg"; auch begabte Zeichnerin (siehe bildende Künstlerinnen)

Kraus, Anni: geb. Mutters 1897, gest. Innsbruck 1986; Mundartgedichte in vielen Bänden, u. a.: „Hoamelen tuats" 1950, „Wann die Berg streiten" 1963, „Lauter kloans Zuig" 1964, „Kieselsteine" 1965, „Aus der Kittelfalten" 1966, „Grallelen" 1962, „So um dö Zeit" 1981, „Gedanken im Spiegel" 1982, „Hinter'n Zaun" 1981.

Kravogl, Paula: geb. Brixen 1856, gest. Mals 1916; Lehrerin, Mitarbeiterin des „Tiroler Anzeigers"; „Jungmädchenjahre" 1917.

Lechner, Auguste: geb. Innsbruck 1905, lebt in Innsbruck; 21 Bände romanhafter Nachdichtung aus den Sagen der Weltliteratur, u. a.: „Die Nibelungen", „Herr Dietrich reitet", „Der dunkle Bote aus Muntaburg", „Das Königsgrab am gelben Felsen", „Die Brüder aus der Höhle und das Mädchen Idis", „Die Abenteuer des Odysseus", „Die geraubte Königstochter", „Der Sohn der Göttin", „Don Quijotes Abenteuer", „Die Rolandssage", „Die schönsten Fabeln von La Fontaine", „König Artus".

Lill, Elisabeth: geb. 1899, lebt als Lehrerin in Frankfurt; Mädchenbücher: „Es öffnen sich heimlich die Kelche" 1925, „Die Herrgottsbrücke" 1929, „Die scheue Pforte" 1931, „Ich suche mich" 1935.

Mages, Maria: gest. Klobenstein 1944 mit 82 Jahren; vor allem religiöse Dichtung; „Franziskus, ein Friedenssang" 1920, „Im Banne Ezelinos" (histor. Drama) 1911, „Der große Christoph. Mysterium in sechs Bildern" 1932, „Auf Höhenpfaden" (Gedichte aus dem Nachlaß) 1949.

Mörl, Lea von: geb. Laag 1893, gest. Innsbruck 1977; Lehrerin, lebte zeitweise in Venedig, seit 1944 in Innsbruck mit der Herstellung künstlerischer Wandteppiche beschäftigt; Romane: „Die vom Etschland" 1947, „Verena und das Land" 1959, „An den drei Lärchen vorbei" 1948; Erzählungen: „Der reine Klang" 1965.

Mühlgrabner, Maria: geb. Gries b. Bozen 1901, lebt in München; Romane: „Maria Holm" 1927, „Das Haus Larch" 1931, „Der stille Weg" 1939.

Noska, Luise: geb. 1870, gest. 1961; Mundartgedichte.

Otto-Härting, Anna: geb. Telfs 1890, gest. Innsbruck 1965; Lehrerin, verheiratet mit dem Maler Karl Otto; Gedichte in Telfer Mundart: „Rosenstrauß" 1956.

Perkhammer, Adeline von: geb. Innsbruck 1817, gest. Meran 1876.

Pidoll, Gabriele von: geb. Gratsch 1908, lebt in Südtirol; Lyrikerin: „Gedichte" 1963, „Öl für die Lampen" 1968, „Raetischer Mohn" 1975, „Die heilige Einsamkeit" 1977, „Hört ihr die Oboe noch" 1982.

Pirker-Miller-Aichholz, Anna: geb. Silz 1909; Lehrerin; Roman: „Die Glocke von Monte Cristallo"; Bühnenstücke und Hörspiele.

Pölt-Nordheim, Klara: geb. Sarntal 1862, gest. Innsbruck 1926; Erzählungen: „Lodenrock und Wilfling Kittel" 1911, „Bergler und Dorfleut" 1914, „Tiroler Nagelen" 1917.

Povinelli, Hilde: geb. Wien 1889, gest. Ellmau 1966; „Dichterin des Kaisergebirges"; Romane: „Das Lied der Orchidee", „Die Geschichte einer ruhelosen Seele" 1923, „Die Frau im Stein" 1931, „Die grüne Salige" 1937; Erzählungen: „Das Kranewitt-Mandl" 1923.

Rubatscher, Maria Veronika: geb. Hall 1900, lebt in Brixen; Lehrerin, Heiligenbiographien und historische Heimatromane, u. a.: „Der Lusenberger" 1930, „Luzio und Zingarella" 1934, „Das lutherische Joggele" 1935, „Meraner Mär" 1936.

Saibante-Vanetti, Bianca Laura: geb. Rovereto 1719, gest. 1797; Dichterin und Mitbegründerin der Roveretaner Dichterakademie.

Santifaller, Maria Ditha: geb. Kastelruth 1900, gest. Dortmund 1974; Dr. phil., arbeitete zeitweise als Journalistin, Lyrikerin: „Gedichte" 1933, „Deine Ernte sammeln" 1978.

Sauter, Lilly von: geb. Wien 1913, gest. Innsbruck 1972; Dr. phil., arbeitete als Journalistin, dann von 1950 bis 1958 am Institut Français in Innsbruck, von 1962 bis zu ihrem Tod Kustos auf Schloß Ambras;

Übersetzungen aus dem Französischen und Englischen; Gedichtbände: „Spiegel des Herzens" 1948, „Zum Himmel wächst das Feld" posthum 1973, Novelle „Ruhe auf der Flucht" 1951.

Schindl, Walburga: geb. Absam 1826, gest. Kremnitz 1872; Wirtstochter; Lyrik (Ritornelle u. a.), Gedanken, Briefe, veröffentlicht erstmals 1902.

Schrott-Pelzel, Henriette: geb. Innsbruck 1877, gest. Meran 1962; eine der meistgelesenen Südtiroler Heimatschriftstellerinnen; „Doktor Urthaler" 1916, „Die von Edelspach" 1912, „Ahnen-Schuld" 1925, „Iduna Robiat" 1928, „Geizkofler. Die Klein-Fugger von Tirol" 1938, „Klaudi Gaiser" 1948, „Jakob Brunner" 1959 u. a. m.

Selm, Lea: geb. Montan 1883, gest. Kaltenbrunn im Fleimstal 1977; Postmeisterin; Dramen und Gedichte im Vinschgauer Dialekt.

Terlago, Karoline Gräfin von: geb. Rovereto 1839, gest. Innsbruck 1916

Urich, Josefine Maria: geb. Innsbruck 1899, gest. ebenda 1973; Landesbeamtin, Innsbrucker Heimatdichterin, Lyrik, Romane: „Der Narr von Ladins" 1966, „Sonne über Raut" 1966.

Walch-Gfall, Jakobine: gest. Imst 1965 im 80. Lebensjahr; Lehrerin, Ehefrau des Malers Thomas Walch, Gedichte und Volksstücke: „Herzog Friedrich" 1951, „Kuen von Sprengenstein" 1950, „Zwei Mütter" 1951, „Die Vogelhändler von Imst" 1965, verschiedene Krippenspiele.

Waldbauer, Hanna: geb. Kufstein 1898, lebt in Kufstein; Lehrerin, zahlreiche Gedichtbände, u. a.: „Brich auf in dir dein hartes Land" 1959, „Eh du geprägt wirst" 1977, „Die Erde ist um unsern Tritt zu spüren" 1959, „Ohne Schilder und Zeichen" 1981, „Worte im Wind" 1984, „Vergiß die dunklen Stunden" 1985.

Walther, Gertrud von: geb. Bozen 1903, lebt in Como; Lyrikerin: „Jenseits der Stille" 1953.

Wibmer-Pedit, Fanny: geb. Innsbruck 1890, gest. Lienz 1967; verfaßte insgesamt 33 Volksstücke und 40 historische Romane, u. a.: „Der brennende Dornbusch" 1930, „Die Hochzeiterin" 1930, „Der Nußbaumer" 1932, „Medardus Siegwart" 1931, „Ritter Florian Waldauf" 1935, „Eine Frau trägt die Krone" 1937, „Heimkehr zur Scholle" 1938, „Die Eibantochter" 1941, „Die Welserin" 1940, „Der erste Landsknecht" 1940, „Gewitter über Aldein" 1947, „Die Dirnburg" 1948, „Graf und Herzog" 1954 u. a. m.

Personenregister

Achenrainer, Anna Maria 139, 174, 213
Adelheid von Braunschweig 210
Adelheid von Tirol 26, 210
Agnes von Gernstein 32
Albrecht von Bayern 20, 52
Albrecht II. von Görz 33
Albrecht von Habsburg 12
Albrecht von Sachsen 24
Altmann, Bischof von Trient 48
An der Lan, Gotthard 132
An der Lan, Helene 132, 211
Andreas, Kardinal 17
Angerer, Andreas 58
Anna, Tochter Ferdinands II. 13, 40, 210
Anna Juliana → Anna Katharina Gonzaga
Anna Katharina Gonzaga 13, 18, 20, 26, 27, 40, 52, 210
Anna von Böhmen, Frau Heinrichs von Tirol-Görz 210
Anna von Böhmen, Frau Ferdinands I. 210
Anna von Braunschweig 20, 210
Anna von Medici 13, 210
Angerer, Gertraud 58
Anraiter, Karl 23
Arch, Maria 133, 211
Arnhard-Deininger, Gabriele Maria 129, 132, 211
Arnold, Hedwig 206
Aschbacher, Anton 152
Astolfi, Edgar 89
Attila, Hunnenkönig 59
Aubet, Heilige 59
Auwald, Dora 132, 211

Back, Anna-Katharina 134
Back, Ida 135
Baldemair 95
Bathori, Sigmund 26
Bauer, Philipp 164
Bauernfeind, Lena 133, 211
Bautz, Amalia 213
Beatrix von Savoyen 210
Berger, Agnes von → Gleisbach
Berger, Gertraud 181
Bianca Maria Sforza 13, 20, 24
Bianchi, Kreszenz 203
Bienner, Wilhelm 22f
Blaas, Helene 147

Blaas, Karl von 160
Blaas, Kurt 147
Bobek, Agnes Maria 213
Bogner, Antonia 213
Bossi Fedrigotti, Itha Maria 213
Boymont, Dorothea 104
Brentano, Franz 121
Bruno von Brixen, Bischof 31
Brunner, Alois 202
Brunner, Josefine 202
Brunner, Virginia 108, 178
Brunner, Wanda 179
Bucek, Maria 133, 211
Bürgler-Forcher, Maria 213
Bugazi → Mader, Ignaz
Buol, Maria von 136, 140f, 147, 213
Burger, Elias 63

Caffi, Maria 126
Cagrande von Verona 26
Caldonazzi, Dipl.-Ing. Walter 207
Caldonazzi, Wilhelmine 207
Cammerlander, Rosa 95
Capistran, Pater OFM 57
Cernuschek, Mathilde 185
Claudia Felicitas 15, 210
Claudia von Medici 13, 20, 21ff, 25, 27, 56, 210
Cles, Bernhard von 115
Colin, Alexander 16
Cornides, Dr. 120
Cubet, Heilige 59
Cusanus, Nikolaus 36

Daum, Maria 213
Defregger, Franz von 154
Deininger-Arnhard → Arnhard-Deininger
Deininger, Wunibald 132
Delago, Maria 133, 211
Dengel, Dr. Anna 45ff
Dengler, Madame 148
Diemer, Zeno 157
Dietrich, Anna 213
Dinkhauser, Marianne 174
Dinzl, Dr. Paulus 66
Domanig, Maria 140
Dominikus, Heiliger 31
Duchene, Gabrielle 174
Ducia, Anton 172
Ducia, Maria 166, 169, 171f, 179

Eder, Christine 75
Egger, Edith 208
Egger, Maria 135
Egger, Georg 135
Egger-Lienz, Albin 135, 163
Egger-Lienz, Ila 213
Égösi, Anny 133, 211
Eitner, Richard 180
Eleonora, Gräfin zu Montfort 104
Eleonore von Österreich 52
Eleonore von Schottland 13ff, 18, 20, 26, 35, 210
Elisabeth, Gattin Meinhards II. 210
Elisabeth von Brandenburg 26
Elisabeth von der Pfalz 210
Elisabeth von Österreich („kropferte Liesl") 28ff
Elisabeth von Thüringen, Heilige 107
Elisabeth von Tirol-Görz 12, 210
Elsensohn, Hugo 190
Emanuel von Madruz 65
Embede, Heilige 59
Entleitner, Maria 213
Esso, Bischof von Chur 73
Esterhammer, Therese 95
Euphemia, Gattin Ottos von Tirol-Görz 26, 31, 33
Exl, Anna 147
Exl, Ferdinand 147
Exl, Ilse 147f

Falger, Anton 130
Faßnauer, Maria (Riesin Mariedl) 87
Federspiel, Elisabeth 206
Feinig, Christine 208
Feirsinger, Elisabeth 203
Ferdinand I., Kaiser 16, 17
Ferdinand III., Kaiser 15
Ferdinand II., Erzherzog 15–19, 22, 26f, 38, 40, 52
Ferdinand Karl, Erzherzog 15, 22, 27
Ferrari, Anna 148
Ferrari d'Occhieppo, Hieronymus 40
Flöck, Carmella 203
Flohr, Serena 213
Floriani, Bernardina 56
Franziskus, Heiliger 31
Franz Joseph, Kaiser 97, 138
Franz I. Stephan, Kaiser 28, 41
Franzelin → Werth-Franzelin
Friedl, Josefine 171, 180
Friedrich IV., Herzog (Friedl mit der leeren Tasche) 20
Friedrich, Zenzi 156
Fröhlich, Barbara 145

Fröhlich, Johann   60, 76
Fuchs, Maria   213
Funkhin, Catharina   126
Fussenegger, Gertrud   136, 213

Gabl, Aloisia   206
Gaismair, Magdalena   93
Gamper, Michael, Kanonikus   197
Ganghofer, Ludwig   148
Gasser, Rudolf   58
Gasser, Elisabeth   151
Gasser, Sophie   213
Gassner, Dr. Rosmarie   119, 121, 166
Gastl, Burgl   179
Gebert-Deeg, Waltraud   183
Geir, Anna   208
Gerberin, Dorothea   69, 70
Gernstein → Anna von Gernstein
Gföller, Rosa   180
Giner, Maria   180, 182
Gleisbach, Agnes von   41
Gmeiner, Gertrud   118
Gogl, Elisabeth   151
Goldschmidt, Hilde   211f
Golser, Georg   62
Gonzaga, Anna Katharina von → Anna Katharina von Gonzaga
Gonzaga, Paula → Paula von Gonzaga
Götzner, Magdalena   33
Grass-Cornet, Maria   212
Grießmayr, Annie   180
Grimm, Vera von   213
Gritsch, Johanna   193
Großrubatscher-Isser, Johanna → Isser von Gaudenthurn, Johanna
Grubhofer, Auguste   113
Gruner, Lila   212
Gschließer, Ilka   212
Gstöttner-Auer, Mimi   147
Gstöttner-Auer, Pepi   147
Guadagnini, Präfekt   196
Guarinoni, Dr. Hippolyt   48
Gundolf, Regina   101

Haffner-Theiner, Gertrud   213
Hagleitner, Maria   179
Hain, Katharina   148
Hainisch, Marianne   108, 114, 178
Hanak, Hans   187
Hartmann, Anna   104
Hartwig, E. v.   57
Haser, Siard   58
Hausbacher, Johann   96
Hechenberger, Anna   181
Heinrich, Graf von Tirol-Görz   10, 12, 18
Heiß, Regina   182

Helena von Österreich   38, 52, 210
Hellenstainer, Eduard   97
Hellenstainer, Emma   95ff
Hellenstainer, Hermann   97
Hellenstainer, Josef   96
Hellenstainer, Josefine   97
Hellenstainer, Luise   101
Hibler, Adolf   186
Hilber, Marianne   212
Hillebrand, Univ.-Prof. Dr. Franz   120
Hirzel-Mumelter, Hilde   214
Hofer, Andreas   151f, 160, 162
Hofer, Anna   160ff
Hofer, Anton   132
Hofer, Margarethe   156
Hofer, Marie   151
Hofer, May   129, 132, 212
Hofer, Franz   188, 208
Holgersen-Ptacek, Alma   214
Holzner, Josefa   208
Hörfarter, Mathäus   112
Hörmann, Angelika von   136, 139, 214
Hörmann, Ludwig von   139
Horngacher, Kathi   181
Hörwarter-Knapp, Frieda   212
Höttinger, Johann Georg   48
Huber, Maria   118
Huberin, Margarethe   52, 55
Hueber, Maria   42, 43
Huter, Franz   73
Hutter, Dr. Margarethe   181
Hyazint, Heiliger   32

Immermann, Karl   146
Inama, Fanny   129, 212
Innerhofer, Julia   95
Innozenz III.   62
Institoris, Heinrich   62
Isser von Gaudenthurn, Johanna   133, 136, 212, 214

Jäger, Anna   151f
Jäger, Ida   95
Jakob I., König von Schottland   13, 14
Janosch, Lilly   174
Jenner, Mathias   40
Johann Heinrich von Luxemburg   10, 16, 26
Johanna vom Kreuz   52, 56
Johannes von Görz   19
Joseph II., Kaiser   28f, 34, 36, 41
Juda, Adele   118, 120

Kaiser, Maria   179
Karasek, Gretl   212
Karl V., Kaiser   60, 76
Karl VI., Kaiser   26

Karl VII., König von Frankreich   14
Karl, Markgraf von Burgau   17
Kastebark, Anna von   94
Kastil, Univ.-Prof.   121
Katharina von Görz   19
Katharina von Sachsen   15, 18, 24, 210
Katharina von Siena, Heilige   56
Kerer Judith   181
Kindermann, Ferdinand   110
Kinzel, Dr. Karl   100
Klammer, Notburga   168
Klara, Heilige   31
Klebelsberg, Lore von   116
Klee   174
Klier, Eleonore   208
Klotz-Schebesch, Eva   183
Kluibenschädl, Maria   126
Knittel, Anna Rosa → Stainer-Knittel, Anna
Knoflach   166
Koch Joseph Anton   130
Kompatscher, Andreas   129
Kompatscher-Stainer, Johanna   212
Kompein, Simon   201
Konrad IV., Kaiser   8
Koppelstätter, Maria   197
Kramer, Veit   66
Kranewitter, Franz   139
Kraus, Anni   144, 214
Kravogl, Paula   44, 214
Krismer, Juliane   153
Krismer, Stefan   153
Kühn, Walter   132
Kummersbrucker, Johann   94
Künigl-Ehrenburg, Barbara zu   104
Kunigunde von Österreich   20, 52
Kurz, Stefan   66

Lantschner, Grete und Inge   124
Lanz, Katharina   149
Lazzari, Maria Domenica   56, 58
Lebzelter, Mariandl   151
Lechner, Auguste   214
Lefebvre, Marschall   158, 160f
Lener, Gerta   148
Lentsch, Anna Katharina   134
Lentsch, Barbara   134
Leonhard von Görz   18f
Leopold I., Kaiser   15, 56
Leopold II., Kaiser   28f
Leopold III. von Habsburg   20
Leopold V. von Habsburg   15, 21f, 56, 126
Lerch, Magda   133, 212
Lercher, Anita   181

217

Leurs, Emma von 197
Lewald, August 146
Lill, Elisabeth 214
Lins, Katharina 45
Linser, Doris 182
Loidl, Nora 185
Lorenz, Maria 69, 70
Ludwig, König 73
Ludwig, Markgraf von Brandenburg 10, 12, 27
Lutterotti, Karl von 91
Lutz-Romani, Edith 212

Mader, Ignaz vulgo Bugazi 58
Mages, Therese 128, 212
Mages, Maria 140, 214
Magdalena, Heilige 31
Magdalena von Österreich 38, 52, 210
Mair, Anna 203
Mair, Therese 99
Malfatti 165
Malitsch 165
Malmund, Kapitän 159
Marchesani, Dr. Johann von 56
Marek, Pepi 148
Margaretha von Österreich 38, 52, 54f, 210
Margarethe Maultasch 8–13, 16, 26, 27, 33, 149, 210
Maria, Tochter Ferdinands II. 40, 210
Maria Anna von Pfalz-Neuburg 26
Maria Christierna 26, 52
Maria Elisabeth 41
Maria Leopoldine 15
Maria Ludovica 28
Maria Theresia, Kaiserin 26ff, 105
Maria von Burgund 19
Markowetz, Gerda 203
Mathias, Kaiser 15
Maurizio, Marianne 168
Maxentia, Heilige 48, 52
Maximilian I., Kaiser 18–20, 60, 78
Maximilian, König 20, 24
Maximilian der Deutschmeister 126
Mayer, Berta 178
Mayer, Prof. Carl 120
Mayer-Hillebrand, Dr. Franziska 118, 120f
Mayr, Dr. Ambros 136
Mayr, Maria 181
Mayr, Dr. Marianne 178
Medici, Claudia von → Claudia von Medici

Meinhard II. von Tirol-Görz 8, 10, 12f, 26
Meinhard III. von Tirol-Görz 11, 18, 27
Meitinger, Barbara 75
Mentin, Agnes 52, 55
Mervais, Johann 62
Migerka, Min.-Rat 131
Mignon, Herta 185, 186
Mignon, Waltraud 186
Mildorfer, Maria Elisabeth 128, 212
Moers, Martha 122
Mölk, Therese 102
Montelegier, Oberst 158
Mörl, Lea von 214
Mörl, Maria von 56ff
Moser, Maria Anna 127f, 152, 212
Mösl, Margarethe 127f, 212
Moro, Ludovico 20
Mühlgrabner, Maria 214
Mussolini, Benito 194f, 208
Nachtmann, Tony 185, 186
Negrelli, Alois 152
Nicolussi, Maria 197
Niederkircher, Mathilde 98
Nikoletti, Angela 198ff
Nöbl, Hilde 212
Nollet, Anna 136
Norer, Juliane 166
Noska, Luise 214
Notburga, Heilige 48–52, 55

Oberhammer, Sonja 180
Obermayr, Adele 171, 179, 203
Oblasser, Anna 81
Oehninger, Maria 171
Otto-Härting, Anna 214
Otto von Tirol-Görz 26, 31

Pachlerin, Barbara vulgo Pachler-Zottel 64
Palme, Laura 171
Pandisser, Agnes 104
Paula von Gonzaga 18
Pembaur, Walter 174
Pensif, Jacques de 92
Penz, Franz de Paula 128
Perkhammer, Adeline von 136, 214
Perkhamer, Amalie 113
Perkhamer, Mathilde 113
Pesendorfer, Gertrud 193
Peskoller, Maria 203
Philippine Welser → Welser, Philippine
Pichler, Adolf 138, 185
Pichler, Elisabeth 151

Pichler, Emerentiana 64ff, 68
Pichler, Maria 151
Pidoll, Gabriele von 214
Pirker-Miller Aichholz, Anna 214
Pirlo-Hödl, Sieghilde 133, 212
Pissarek-Hudelist, Herlinde 118, 181
Plangger, Hans 129
Plangger-Popp, Liselotte → Popp, Liselotte
Plattner, Elisabeth 75
Pöck, Ursula 55f
Pölt-Nordheim, Klara 140, 214
Popp, Adelheid 168
Popp, Liselotte 129, 212
Porer, Marie 151
Port, Hilde 181
Povinelli, Hilde 136, 214
Prandtauer, Barbara 144
Prantl, Therese 148
Pritzin, Anna 146
Putzer, Johanna 94

Quere, Heilige 59

Radegund von Frankreich 14, 15
Rainer, Ludwig 148
Rapoldi, Maria 179
Rat, Hans 104
Rauter, Ferdinand 147
Redlich, Josef 129
Redlich, Wilhelmine 129, 178, 212
Rehm, Helmut 132
Rehm, Maria 132
Reicher, Baronesse von 120
Reithmayer, Anna 147
Rettenbacher, Anna 208
Reut-Nicolussi, Eduard 197
Rieder, Maria 181
Röggl, Abt von Wilten 58
Roschmann, Anton 55
Rubatscher, Maria Veronika 136, 141, 214
Rudolf, König 12
Rudolf IV. (der Stifter), Herzog 11, 13
Ruf, Sebastian 138

Saibante-Vanetti, Bianca Laura 136, 214
Santifaller, Maria Ditha 214
Sarnthein, Viktoria Gräfin von 40
Sauter, Lilly von 214
Savs, Viktoria 153, 154
Scharffin, Maria 63
Scheuchenstuel, Josefine von 107
Schindl, Walburga 136, 138, 215
Schleifferin, Ursula 63
Schmid, Jakobus 52, 53, 54

Schneider, Annele 151
Schneider, Hedwig 171
Schneider, Marianne 174
Schneller, Adelheid 115, 118
Schneller, Christian 118
Schneller, Friederika 44
Schönthaler, Wilhelmine 118
Schöpf, Anna 206
Schrott-Pelzl, Henriette 136
Schuchter, Maria 44
Schuler, Johanna 138
Schuler, Nikolaus 45
Schullern, Heinrich von 139
Schurff, Veronica 104
Schuster, Olga 181
Schwaiger, Leopoldine 206
Schwaighofer, Maria 98, 101
Seelos, Gudrun 84
Selm, Lea 215
Sforza, Maria
   Bianca → Bianca Maria Sforza
Sibylle von Lodron 52
Sigmund (der Münzreiche), Herzog 13ff, 18ff, 20, 24ff, 36, 62
Simon von Taisten 18
Sölder, Josefine von 166ff, 171, 173
Span, Veit 95
Speckbacher, Josef 58, 152
Spielmann, Friederike 181
Spiess, Anna 62
Spitzer, Franz 160
Staffler, Anton 101
Stainer, Engelbert 129
Stainer, Helmut 175
Stainer, Johanna 129
Stainer, Ottilie 108, 174, 175, 178
Stainer-Knittel, Anna 129, 130, 131, 132, 212
Stallbaumer, Rosa 203
Starhemberg, Fanny Gräfin 178
Staub, Johanna 206

Steinberger, Eugenia 136
Steindorfer 180
Steiner, Paula 208
Sternbach, Therese von 157–160
Steub, Ludwig 130
Straub, Josef Ignaz 160, 161
Straub, Rosina 161
Streiter, Dr. Josef 56
Strele, Martha 133, 212
Strigl, Theres 128, 212
Stürzl, Adele 201, 202, 204, 205
Stumpf, Franz 174
Stumpfl, Dr. 120
Suttner, Berta von 108
Svetic, Friederike 133

Teresa, Mutter 47
Terlago, Karoline Gräfin 215
Teresa von Avila, Heilige 56
Thamasch, Andreas 126
Thinner, Gretele 149
Tiefenthaler-Hornsteiner, Paula 129, 212
Tilipaul-Kistler, Maria 212
Tinzl, Dr. Karl 196
Trapp, Juliane Gräfin 165f
Trautson, Brigitta 104
Türmer, Hedda 185
Tutzer, Anna 99

Ulrich von Tarasp 52
Ulrich, Josefine Maria 215
Ursula, Heilige 36, 59
   Ursula von Lienz (Ursula Pöck) 52
Uta von Tarasp 52

Vanetti → Saibante-Vanetti, Bianca Laura 136
Vanetti, Giuseppe Valeriano 136
Velseck, Afra von 36
Verena von Stuben 35f

Verzi, Dr. Gabriel 66, 68
Viktoria von Sarnthein → Sarnthein, Viktoria von
Vintler, Hans 60
Virgilius, Heiliger 48, 52
Visconti, Bernabo 20
Visconti, Viridis 210
Volkhold 52
Voltolini, Univ.-Prof. Hans 115

Wageneder, Karoline 166, 170f
Wahrmund, Ludwig 109, 113
Waitz, Sigmund, Bischof 168
Walch-Gfall, Jakobine 215
Waldbauer, Hanna 215
Waldhart, Maria 166
Waldrada, Heilige 73
Walther, Gertrud 215
Warbede, Heilige 59
Weinmann, Juliane 203
Weiß, Josefine 147
Welser, Franz 17
Welser, Philippine 8, 16f, 19, 210
Wernsperger, Traudl 180
Werth-Franzelin, Rosa 183
Wibmer-Pedit, Fanny 136, 144, 215
Wilbede, Heilige 59
Witsch, Dora 193
Wolkenstein, Anna Freiin zu 104

Zeiler von Zeilheim, Agnes 40
Zeindl, Veronika 98
Zendrom, Emma 206
Zerzer, Kreszentia 136
Zingerle, Franziska 168
Zingerle, Reinhold 168
Zink, Gertraud 181
Zoder, Anna 151
Zoderer, Anna 151
Zötsch, Anna 147
Zorn, Anna 151
Zorzi, Maria 118

Quellen und Literatur

Ungedruckte Quellen

TIROLER LANDESARCHIV

Causa Domini 1637–1641 Verordnung für Hexenprozesse
Causa Domini 1687 Gerichtliche Verfolgung unverheirateter Paare
Cod. 107 Inntaler Steuerbuch 1312
Cod. 12 Untertanenverzeichnis 1427
Cod. 5569 Hexenprozesse
Sammelakt Pos 4, Nr. 1–2 Hexenprozesse
Cod. 6562 Tiroler Landesordnung 1526
Cod. 6563 Tiroler Landesordnung 1532
Vereinskataster

STADTARCHIV INNSBRUCK

Bürgerbuch der Stadt Innsbruck
Bürgerverzeichnis der Jahre 1536, 1581, 1590, 1592, 1595, 1598, 1599, 1600
Inwohneraufnahmen 1508–1608

STADTARCHIV HALL

Bürgerverzeichnis

UNIVERSITÄTSBIBLIOTHEK INNSBRUCK

Cod. 913, 914, 1004, 1005, Verzeichnis der Handschriften aufgehobener Tiroler Frauenklöster

Gedruckte Quellen

Neue Reformierte Landesordnung der fürstlichen Grafschaft Tirol 1573
Provinzialgesetzsammlung von Tyrol und Vorarlberg für das Jahr 1816 und Reichsgesetzblatt für das Kaisertum Österreich 1867: Vereinsgesetz
Landesgesetzblatt von 1874: Gemeindestatut und Gemeindewahlordnung für Innsbruck
Landesgesetzblatt von 1849: Gemeindegesetz
Fröhlich von Fröhlichsburg, Johann Christof: Nemesis Romano-Austriaco-Tyrolensis, Innsbruck 1696
Archivberichte aus Tirol, hrsg. von Emil Ottenthal und Oswald Redlich, 4 Bände, 1888/1912
Ausstellungskataloge Tiroler Künstler 1902–1906, 1909, 1913, 1926, 1932, 1936, Gaukunstausstellungen 1941–1943
Regesten der Grafen von Tirol und Görz, 2 Bände, Innsbruck 1949/1952
Statuten des Elisabethvereins 1949
Statuten des Margaretinums
Statutenbuch des Haller Damenstiftes
Statuten des Marianischen Bündnisses von Voldöpp 1752
Dienstbotenordnung für die Städte und Märkte sowie für das Land Tirol 1879, Innsbruck 1885
Stenografische Berichte des Tiroler Landtags 1919–1934
Tiroler Urkundenbuch, bearbeitet von Franz Huter, 3 Bände, Innsbruck 1937/1957
Tirolische Weistümer, hrsg. von Ignaz v. Zingerle, K. Theodor v. Inama-Sternegg, Nikolaus Grass, Karl Finsterwalder, 5 Bände 1875/1891, 1966

Zeitungen und Zeitschriften

Innsbrucker Nachrichten 1890–1945
Allgemeiner Tiroler Anzeiger 1919 bis 1938
Tiroler Volkszeitung 1911–1934, 1945–1946
Tiroler Nachrichten 1945/1946
Tiroler Neue Zeitung 1945/1946
Hochland 1919–1922, Bergland 1923–1944

Literatur

Achenrainer, Anna Maria: Frauenbildnisse aus Tirol. Innsbruck 1964
Achenrainer, Anna Maria: Tiroler Frauen im Freiheitskampf. In: Dolomiten vom 14. 8. 1959
Ammann, Hartmann: Der Innsbrucker Hexenprozeß von 1485. In: Zeitschrift des Ferdinandeums 34/1890
Ammann, Hartmann: Die Hexenprozesse im Fürstentum Brixen. In: Forschungen und Mitteilungen zur Geschichte Tirols und Vorarlbergs 11/1914
Ammann, Hartmann: Die Hexenprozesse in Evas-Fassa 1573–1644. In: Kultur des Etschlandes 13/1959
Arens, Franz: Das Tiroler Volk in seinen Weistümern. Gotha 1904
Auer, Margareta: Ordensniederlassungen des 19. Jahrhunderts in Innsbruck. Phil. Diss. Innsbruck 1948
Aus der Zeit der Verzweiflung. Zur Genese und Aktualität des Hexenbildes, Frankfurt 1977
Außerer, Karl: Castelrotto-Siusi. In: Der Schlern 8/1927
Bachmann, Hans: Die historischen Grundlagen der Nothburgalegende. In: Tiroler Heimat 24/1960
Berger, Karin: Zwischen Eintopf und Fließband. Frauenarbeit und Frauenbild im Faschismus, Österreich 1938–1945. Wien 1984
Bericht der k. k. Gewerbe-Inspection über die Heimarbeit in Österreich, 3 Bände, Wien 1901
Bohlinger, Sr. Placida: Die Benediktinerinnenabtei vom Heiligen Kreuz in Säben. In: Der Schlern Nr. 46/1972.
Bozner Bürgerbuch. 1551–1806. 3 Bände (= Schlern-Schriften 153/154). Innsbruck 1956
Baum, Wilhelm: Nikolaus Cusanus in Tirol. Das Wirken des Philosophen und Reformators als Fürstbischof von Brixen (= Schriftenreihe des Südtiroler Kulturinstituts 10). Bozen 1983
Brandl, Alois: Erzherzogin Sophie von Österreich und eine tirolische Dichterin. Walpurga Schindl. Wien-Leipzig 1902
Brandl, Alois: Zwischen Inn und Themse. Lebensbeobachtungen eines Anglisten. Alt-Tirol, England, Berlin. Berlin 1936
Braun/Zagletz: Frauenbewegung, Frauenbildung und Frauenarbeit in

Österreich. Wien 1930
Caramelle/Frischauf: Die Stifte und Klöster Tirols. Innsbruck 1985
Dienst, Heide: Feindseligkeit zwischen Frauen. In: Die ungeschriebene Geschichte, Historische Frauenforschung, Band 3. Wien 1984
Die Tirolische Nation 1790–1820. Katalog zur Tiroler Landesausstellung Innsbruck 1984.
Domanig, Maria: Frauendichtung der Zeit. 2 Bände. Innsbruck 1932
Dörrer, Anton: Die Volksschauspiele in Tirol. In: Tiroler Heimat N. F. 2/1929
Dörrer, Anton: Frauenschrifttum in Tirol. In: Wort im Gebirge 10/1963
Dörrer, Anton: Amazonentheater in Tirol. In: Dolomiten vom 5. 7. 1952
Dörrer, Anton: Tiroler Umgangsspiele (= Schlern-Schriften 160). Innsbruck 1957
Egg, Erich: Manufakturen in Tirol. Zur Wirtschaftsgeschichte Tirols im Vormärz. In: Tiroler Wirtschaftsstudien 33/1977
Egg/Pfaundler: Das große Tiroler Schützenbuch. Wien 1976
Egger, Josef: Geschichte Tirols von den ältesten Zeiten bis in die Neuzeit. 3 Bände. Innsbruck 1872/1880
Engelbrecht, Helmut: Geschichte des österreichischen Bildungswesens. Erziehung und Unterricht auf dem Boden Österreichs. Band 3: Von der frühen Aufklärung bis zum Vormärz. Wien 1983. Band 4: Von 1848 bis zum Ende der Monarchie. Wien 1985
Ennen, Edith: Frauen im Mittelalter, München 1984
Exinger, Maria: Geschichte der Mädchenschulen bis 1914. Ein Beitrag zur Schulgeschichte Tirols. Phil. Diss. Innsbruck 1936
Festschrift 425 Jahre Papierfabrik Wattens 1559–1984. Wattens 1984
Fischnaler, Konrad: Innsbrucker Chronik, 5 Bände. Innsbruck 1921–1934
Fliri, Franz: Baumkirchen. Ein Dorf in Tirol. Baumkirchen 1985
Floßmann, Ursula: Österreichische Privatrechtsgeschichte, Wien-New York 1983
Fontana, Josef: Der Kulturkampf in Tirol 1861–1892 (= Schriftenreihe des Südtiroler Kulturinstituts 6), Bozen 1978
Forer, Albert: Die nachtridentinischen kirchlichen Verhältnisse in der Diözese Brixen von 1570–1613. Phil. Diss. Innsbruck 1971
Frenzel, Monika: Emma Hellenstainer, eine Pionierin des Tiroler Fremdenverkehrs. In: Tiroler Almanach 1984
Fünfzig Jahre Tiroler Schiverband 1913–1963. Innsbruck 1963
Gasteiger, Elisabeth: Innsbruck 1918–1929. Phil. Diss. Innsbruck 1986
Geschichte der Fotografie in Österreich. 2 Bände. Wien 1983
Granichstaedten-Czerva, Rudolf: Berühmte Tiroler Heldinnen (1797–1917). In: Tiroler Anzeiger 295/1927. Die Geschichte des Haller Damenstiftes.
Grass, Nikolaus: Die Geschichte des Haller Damenstiftes. Phil. Diss. Ibk. 1936
Grass, Nikolaus: Abgeschieden leben. Cusanusgedächtnisschrift 1972
Greiter, Alois: Beiträge zur Geschichte der Stadt Meran 1814–1860. Phil. Diss. Innsbruck 1971
Grießmair, Johannes: Knecht und Magd in Südtirol (= Veröffentlichungen der Universität Innsbruck, Bd. 30). Innsbruck 1970
Gruber, Alfons: Südtirol unter dem Faschismus (= Schriftenreihe des Südtiroler Kulturinstituts 1). Bozen 1978
Gruber, Karl: Aubet Cubet Quere. Die Wallfahrt zu den drei heiligen Jungfrauen von Meransen (= Arunda 6). Schlanders 1978
Haidacher, Christoph: Zur Bevölkerungsgeschichte von Innsbruck im Mittelalter und in der beginnenden Neuzeit (= Veröffentlichungen des Innsbrucker Stadtarchivs N. F. 15). Innsbruck 1984
Hainisch, Marianne: Die Geschichte der Frauenbewegung in Österreich. In: Lange-Bäumer. Handbuch der Frauenbewegung. 1. Bd. Berlin 1906
Hammes, Manfred: Hexenwahn und Hexenprozesse. Frankfurt 1977
Haselwanter, Franz: Die Entwicklung des Volks- und Bürgerschulwesens 1910–1927. Phil. Diss. Innsbruck 1985
Haug, Flamin Heinrich: Ludwig V., Des Brandenburgers Regierung in Tirol 1342–1361. In: Forschungen und Mitteilungen zur Geschichte Tirols und Vorarlbergs 3/1906
Hermes Handlexikon: Geschichte der Frauenemanzipation, 1983
Hirn, Josef: Erzherzog Ferdinand II. von Tirol. Geschichte seiner Regierung und seiner Länder, 2 Bände. Innsbruck 1885/1888
Hirn, Josef: Kanzler Bienner und sein Prozeß (Quellen und Forschungen zur Geschichte, Literatur und Sprache Österreichs und seiner Kronländer 5). Innsbruck 1898
Hirn, Sieglinde: Vereinigungen und Gruppierungen der Tiroler Künstler im 20. Jahrhundert. Phil. Diss. Innsbruck 1980
Hochenegg, Hans: Bruderschaften und ähnliche religiöse Vereinigungen in Deutschtirol bis zum Beginn des 20. Jahrhunderts (= Schlern-Schriften 273). Innsbruck 1984
Hölz, Norbert: Theatergeschichte des östlichen Tirols vom Mittelalter bis zur Gegenwart, 2 Bände, Wien 1966
Hölz/Schermer: Tiroler Erbhofbuch. Innsbruck 1986
Holzmann, Hermann: 65 Jahre Cammerlander (= Schlern-Schriften 223). Innsbruck 1962
Huber, Alfons: Geschichte der Margarethe Maultasch und die Vereinigung Tirols mit Österreich. Innsbruck 1863
Huter, Franz: Vom Bozner Schneiderhandwerk. In: Tiroler Wirtschaftsstudien 33/1977
Huter, Franz: Beiträge zur Bevölkerungsgeschichte Bozens vom 16.–18. Jahrhundert. In: Bozner Jahrbuch für Geschichte, Kultur und Kunst 1948
Huter, Franz: Der Eintritt Tirols in die „Herrschaft zu Österreich" (1363). In: Beiträge zur Geschichte Tirols. Innsbruck 1971
Huter, Franz: 100 Jahre Medizinische Fakultät Innsbruck 1869–1969. 1. Bd. Innsbruck 1969
Huter, Franz: Die Wiederherstellung des medizinisch-chirurgischen Studiums zu Innsbruck um 1814. In: Tiroler Heimat 31/32 1967/68
Hye, Franz-Heinz: Die Städte Tirols, 1. Teil: Bundesland Tirol (Österreichisches Städtebuch 5/1). Wien 1980
Karnthaler, Franz: Das Schicksal der Tiroler Klosterbibliotheken 1773–1790. In: Biblos Jg. 5, H. 3, 1956
Knottig, Karl: Die Sonnenburg im Pustertal. Bozen 1985
Köfler, Margarete/Caramelle, Silvia: Die beiden Frauen Erzherzog Sigmunds von Österreich-Tirol (= Schlern-Schriften 269). Innsbruck 1982

Köfler, Werner: Land, Landschaft, Landtag. Geschichte der Tiroler Landtage von den Anfängen bis zur Aufhebung der Landständischen Verfassung (= Veröffentlichungen des Tiroler Landesarchivs, Band 5). Innsbruck 1985

Köfler, Werner: Tod und Jenseitsvorstellung im Spiegel Nordtiroler Grabdenkmäler. In: Band 169 der Denkschriften der Österr. Akademie der Wissenschaften (= Tagungsbericht Epigraphik 1982). Wien 1983

Kolb, Franz: Das Tiroler Volk in seinem Freiheitskampf 1796–1797. Innsbruck 1957

Kreuzer-Eccel, Eva: Aufbruch. Malerei und Graphik in Nord-, Ost- und Südtirol nach 1945. Bozen 1982

Ladurner, Justinian: Euphemia, Herzogin von Kärnten. In: Archiv für Geschichte und Altertumskunde Tirols 1/1864 und 2/1865

Langer, Ellinor: Geschichte des Damenstiftes zu Innsbruck (= Schlern-Schriften 73). Innsbruck 1950

Lemmen, Ignaz von: Tiroler Künstlerlexikon. Innsbruck 1830

Le Pensif, Jacques: Merkwürdiges Leben einer sehr schönen, weit und breit gereisten Tirolerin. Frankfurt-Berlin-Wien 1980

Macek, Josef: Der Tiroler Bauernkrieg und Michael Gaismair. Berlin 1965

Mahlknecht, Bruno: Barbara Pächlerin. Die Sarntaler Hexe am Scheiterhaufen, hingerichtet am 28. August 1540. In: Der Schlern 50/1976

Mair, Maria: Das Ursulinenkloster in Bruneck 1741–1850. Phil. Diss. Innsbruck 1972

Mantl, Norbert: Gertraud Angerer von Tulfes. Innsbruck 1959

Mathis, Franz: Zur Bevölkerungsstruktur österreichischer Städte im 17. Jahrhundert. Wien 1977

Mayr, Johann: Sie lebten unter uns. Die Heiligen und Seligen der Diözese Brixen–Bozen. Brixen 1984

Mayr, Karl M.: Aus dunkelster Zeit. Der Karneider Hexenprozeß vom Jahr 1680. In: Der Schlern 29/1955

Mitterauer, Michael: Vorindustrielle Familienformen. Zur Funktionsentstehung des ganzen Hauses im 17. und 18. Jahrhundert. In: Fürst, Bürger, Mensch. Hrsg. von F. Engel-Janosi (= Wiener Beiträge zur Geschichte der Neuzeit). München 1975

Mitterauer/Sieder: Historische Familienforschung. Frankfurt 1982

Moser, Heinz: Die Scharfrichter von Tirol. Innsbruck 1982

Moser, Heinz: Die Steinmetz- und Maurerzunft in Innsbruck von der Mitte des 15. bis zur Mitte des 18. Jahrhunderts (= Veröffentlichungen des Innsbrucker Stadtarchivs N. F. 4). Innsbruck 1973

Moser-Rizzolli-Tursky: Tiroler Münzbuch. Die Geschichte des Geldes aus den Prägestätten des altirolischen Raumes. Innsbruck 1984

Müllner, Elisabeth: Wia's kimp so weards. Frauen in der bergbäuerlichen Lebenswelt. Phil. Diss. Innsbruck 1985

Mutschlechner, Josef: Alte Brixner Stadtrechte (= Schlern-Schriften 26). Innsbruck 1935

Nagl, Heinz: Der Zauberer-Jakl-Prozeß oder Hexenprozesse im Erzstift Salzburg 1675–1690. Phil. Diss. Innsbruck 1966

Nothegger, Florentin: Klöster in Hall und ihr Wirken. In: Haller Buch (= Schlern-Schriften 106). Innsbruck 1953

Oberkofler, Gerhard: Die Tiroler Arbeiterbewegung. Von den Anfängen bis zum 2. Weltkrieg (= Materialien zur Arbeiterbewegung 13). Wien 1979

Pallaver, Günther: Das Ende der schamlosen Zeit. Die Herausbildung katholischer Moralvorstellungen im 16./17. Jahrhundert. Fallbeispiele aus der Diözese Brixen. Phil. Diss. Innsbruck 1986

Parteli, Othmar: Maria Nicolussi (1882–1961) und die Geheimschule in Südtirol. In: Der Schlern 56/1982

Parteli, Othmar: Angela Nikoletti (1905–1930). Ein Opfer des Faschismus. In: Der Schlern 1/1983

Paulin, Karl: Tiroler Köpfe. Innsbruck 1953

Pfaundler, Gertrud: Tirol-Lexikon. Ein Nachschlagewerk über Menschen und Orte des Bundeslandes Tirol. Innsbruck 1983

Pfaundler, Wolfgang: Das Tagebuch der Baronin Therese von Sternbach. Ein Dokument aus dem Tiroler Freiheitskampf 1809. Wien 1977

Pierer, Rosmarie: Helfende Hände. Innsbruck 1942

Pizzinini, Meinrad: Lienz. Das große Stadtbuch. Lienz 1982

Pizzinini/Forcher: Alt-Tiroler Photoalbum. Salzburg 1979

Plawenn, Oswald: Von den Sarntaler Hexen. In: Der Schlern 22/1948

Plechl, Pia Maria: Die Nonne mit dem Stethoskop. Missionare, die Geschichte machten: Dr. med. Anna Dengel (Asien, Afrika). Mödling 1981

Quellen zur Steuer-, Bevölkerungs- und Sippengeschichte des Landes Tirol vom 13., 14. und 15. Jahrhundert (= Schlern-Schriften 44). Innsbruck 1939

Rapp, Ludwig: Die Hexenprozesse und ihre Gegner in Tirol. Brixen 1891

Rigler, Edith: Frauenleitbild und Frauenarbeit in Österreich vom ausgehenden 19. Jahrhundert bis zum Zweiten Weltkrieg. Wien 1976

Rotter, Tony: Frauen um Andreas Hofer. In: Dolomiten 41/1959

Sakouschegg, Ilse: Spitalseinrichtungen der Städte Nordtirols vor 1600. Phil. Diss. Innsbruck 1962

Schmid-Bortenschlager/Schnedl-Bubenicek: Österreichische Schriftstellerinnen 1880–1938. Wien 1982

Schmid, Jakob: Heiliger Ehren-Glantz der Gefürsteten Graffschafft Tyrol. Augsburg 1732

Schober, Richard: Geschichte des Tiroler Landtags im 19. und 20. Jahrhundert (= Veröffentlichungen des Tiroler Landesarchivs, Band 4). Innsbruck 1984

Schönherr, A.: Das Kloster der Dominikanerinnen in Steinach. In: Kultur des Etschlandes 4/1950

Schoisswohl, Veronika: Die Prozesse gegen drei Hexenmeister in Südtirol im 17. Jahrhundert. Phil. Diss. Innsbruck 1972

Schöpferisches Tirol. 2. Folge: Tiroler Volkserzähler, 1959; 3. Folge: Dichtung, 1963

Schwingshackl, Johann: Geschichte der Streleschen Compagnie in Imst. Phil. Diss. Innsbruck 1977

Schwob, Ute Monika: Herrinnen in Tiroler Quellen. Zur rechtlichen und sozialen Stellung der adeligen Frau im Mittelalter. In: Innsbrucker Beiträge zur Kulturwissenschaft, germanistische Reihe 15/1982

Senn, Walter: Musik und Theater am Hof zu Innsbruck. Innsbruck 1959

Spahn, Kolumban: Nikolaus von Cues,

das adelige Frauenstift Sonnenburg und die mittelalterliche Nonnenklausur. Innsbruck 1970

Stäblein, Rita: Altes Holzspielzeug aus Gröden. Bozen 1980

Staffler, Richard: Zur Geschichte des Klosters der Dominikanerinnen in Maria Steinach. In: Der Schlern 30/1956

Staffler, Johann Jakob: Tirol und Vorarlberg, statistisch und topographisch mit geschichtlichen Bemerkungen. 5 Bände. 1839/1846

Stainer-Knittel, Rosa: Aus dem Leben einer Tiroler Malerin. Hrsg. von Karl Paulin. Innsbruck 1951

Steibl, Maria: Frauenstudium in Österreich vor 1945, dargestellt am Beispiel der Innsbrucker Studentinnen. Phil. Diss. Innsbruck 1985

Steinkellner, Fritz: Emanzipatorische Tendenzen im christlichen Wiener Frauen-Bund und in der katholischen Reichsfrauenorganisation Österreichs. In: Unterdrückung und Emanzipation (= Festschrift für Erika Weinzierl). Wien 1985

Stella, Aldo: La rivoluzione contadina del 1525 e l'utopia di Michael Gaismayr. Padova 1975

Stoll, Andreas: Geschichte der Lehrerbildung in Tirol von den Anfängen bis 1876 (= Studien zur Erziehungswissenschaft 4). Innsbruck 1967

Stolz, Otto: Zur Geschichte der landwirtschaftlichen Dienstboten in Tirol. In: Festschrift für Karl Hanff, Innsbruck 1950

Stolz, Otto: Geschichte der Stadt Innsbruck. Innsbruck 1959

Straganz, P. Max: Zur Geschichte des Klarissenklosters Meran in den ersten 200 Jahren seines Bestandes 1309–1518. In: Forschungen und Mitteilungen zur Geschichte Tirols und Vorarlbergs 4/1907

Streifer, Konstantine: Festschrift zur 100-Jahr-Feier der Einführung der Barmherzigen Schwestern in Innsbruck 1839–1939. Innsbruck 1939

Tidl, Georg: Die Frau im Nationalsozialismus. München 1984

Tiroler Bildhauer. Innsbruck 1978

Vettori, Marianne: Die Tertiar-Schulschwestern in Süd- und Nordtirol. Ihr Werden und Wirken 1700–1955 (= Schlern-Schriften 141). Innsbruck 1955

Vigl, Reinhard: Die Entwicklung Bozens unter Bürgermeister Braitenberg 1879–1895. Phil. Diss. Innsbruck 1980

Villgrater, Maria: Katakombenschule. Faschismus und Schule in Südtirol (= Schriftenreihe des Südtiroler Kulturinstituts 11). Bozen 1984

Wagner, Walter: Die Geschichte der Akademie der bildenden Künste in Wien, Wien 1967

Waldhart, Maria: Tiroler Karitas. Innsbruck 1923

Wahrmund, Ludwig: Akademische Plaudereien zur Frauenfrage, Innsbruck 1901

Walser, Harald: Die illegale NSDAP in Tirol und Vorarlberg 1933–1938 (= Materialien zur Arbeiterbewegung 28). Wien 1983

Weingartner, Josef: Berühmte Tiroler Wirtshäuser und Wirtsfamilien (= Schlern-Schriften 159). Innsbruck 1958

Widerstand und Verfolgung in Tirol 1934–1945. 2 Bände. Wien 1984

Wieser, Hans: Der Brautbecher der Margarete Maultasch (= Schlern-Schriften 234). Innsbruck 1965

Wiesflecker, Hermann: Meinhard der Zweite. Tirol, Kärnten und ihre Nachbarländer am Ende des 13. Jahrhunderts (= Schlern-Schriften 124). Innsbruck 1955

Wiesflecker, Hermann: Kaiser Maximilian I. 5 Bände. Wien 1971/1986

Wimmer/Melzer: Lexikon der Namen und Heiligen. Innsbruck 1982

Wimmer, Paul: Wegweiser durch die Literatur Tirols seit 1945. Darmstadt 1978

Wolfsgruber, Karl: Das Brixner Klarissenkloster im 13. Jahrhundert. In: Der Schlern 59/1985

Wopfner, Hermann: Bergbauernbuch, 1.–3. Lieferungen. Innsbruck 1951/1960

Zani, Karl: Tirols ältestes Beginenhaus im Pustertal. In: Der Schlern 54/1980

Zeugen des Widerstandes. Eine Dokumentation über die Opfer des Nationalsozialismus in Nord-, Ost- und Südtirol von 1938 bis 1945, bearbeitet von Johann Holzner, P. Anton Pinsker, Johann Reiter und Helmut Tschol. Innsbruck 1977

Zimmeter, Franz von: Die Fonde. Anstalten und Geschäfte der Tiroler Landschaft. Innsbruck 1894

Zingerle, Ignaz: Barbara Pachlerin und Mathias Perger, der Lauterfresser. Innsbruck 1858

Zingerle, Ignaz: Sagen aus Tirol. Innsbruck 1891

Zingerle, Ignaz: Die Sagen von Margarete der Maultasch. Innsbruck 1863

Bildnachweis

Abgebildete Originale und alte wie neue Fotos befinden sich im Besitz folgender Museen, Archive, Bibliotheken und öffentlichen wie privaten Sammlungen (soweit nicht im Bildtext angegeben):

Tiroler Landesmuseum Ferdinandeum: 13 r, 21 l, 25, 30, 37, 39, 41, 49, 50, 51, 53, 56, 61, 65, 90, 91, 94, 98, 124, 227 o, 130, 132 o, 136, 145, 147, 148, 149, 150, 156, 161 r-u
Bundesdenkmalamt in Tirol: 43r-u
Tiroler Landesarchiv: 76, 77, 789
Innsbrucker Stadtarchiv: 1861
Kupferstichkabinett der Akademie der Bildenden Künste, Wien: 155
Kunsthistorisches Museum, Wien: 12, 13 l
Tiroler Volkskunstmuseum: 63, 69, 78

Heimatmuseum Schwaz: 152
Galerie zum alten Ötztal, Hans Jäger, Ötz (Foto Archiv Pfaundler): 128
Museum Schloß Bruck, Lienz: 163
Ursulinen, Innsbruck: 113
Tertiarinnen, Brixen: 43 l-o, 43 r-o
Barmherzige Schwestern, Zams: 45
Missionsärztliche Schwestern, Archiv Essen: 46, 47
Kunstkataster des Landes Tirol: 127 u
Kulturzeitschrift Arunda, Schlanders: 59
Pressestelle der Südtiroler Landesregierung: 182 u
Gamperarchiv, Bozen: 195
Sammlung Dr. Meinrad Pizzinini: 88 r, 135u
Sammlung Dr. Michael Forcher: 34, 87, 88 l, 110, 123, 125 u, 132 u, 162,

223

198 (Repro nach Druckausschnitt eines Originalfotos von Luis Hauser, Kurtatsch)
Sammlung Willi Pechtl: 99, 101, 125
Sammlung Kreutz: 83 u, 122, 186 r, 191
Gasthaus Tiefenthaler, Mils: 129 o
Privatbesitz Emma Brunner, Brixen: 96, 97
Privatbesitz Eva Klitzner: 129 u
Privatbesitz Dr. Bernhard von Liphart, Innsbruck-Mühlau: 158, 160
Privatbesitz Dr. Christian Sölder: 167
Privatbesitz Anna Waldeck, Lienz: 169
Privatbesitz Sonja Oberhammer: 180
Privatbesitz Hofrat Dr. Annemarie Reut-Nicolussi: 197 l
Privatbesitz Theresia Wibmer, Lienz: 144
Sonstiger Privatbesitz: 81, 83, 102, 131, 118 o, 119 r, 139, 165, 168, 179, 197, 199, 200

Die Verlagsanstalt Athesia, Bozen, gestattete freundlicherweise die Verwendung von Bildern aus ihren Verlagswerken „Maria Delago", „Anny Egösi" und „Katakombenschule".

Die Reproduktionen von Bibliotheks- und Archivmaterial sowie die Fotos von Museumsstücken wurden – soweit nachfolgend nicht anders angegeben – von den jeweiligen Besitzern zur Verfügung gestellt oder von Michael Forcher angefertigt.

FOTOGRAFEN:

Albrecht Wilhelm: 9 r
Baptist, Lienz: 18
Birbaumer, Pressebild: 182 o
Demanega Anton: 12, 15, 37
Frischauf: 32, 103, 124, 160
Flaim Bruno, Bozen: 133 l
Gruber Karl, Brixen: 59
Gratl/Merz: 131
Hubatschek Erika: 79
Köfler Werner: 95
Otmar Krüpl: 129 o
Linster Herbert: 49
Matuella Sieghard: 137
Moser Heinz: 16 l, 20, 21 r, 22, 69, 78
Murauer-Foto: 183
Sickert Adolf: 16 r
Wurm Egon: 23, 29, 157

Weitere Bücher zur Geschichte Tirols im Haymon-Verlag

Michael Forcher:
Tirols Geschichte in Wort und Bild
19,5 x 21,5 cm, 280 Seiten, 270 Abbildungen

Eine populäre und dennoch wissenschaftlich exakte Zusammenfassung der bewegten Geschichte Tirols. Alle Epochen sind dargestellt, doch wurde der jüngeren Geschichte besonderes Augenmerk geschenkt.

Friedl Volgger:
Mit Südtirol am Scheideweg
14 x 21 cm, 320 Seiten, 62 Abbildungen

Spannend geschriebene Memoiren des Südtiroler Alt-Politikers und Journalisten, in denen er die Geschichte seines Landes von 1936 bis heute anschaulich schildert. Zeitgeschichte aus erster Hand.

Michael Forcher:
Um Freiheit und Gerechtigkeit: Michael Gaismair
Leben und Programm des Tiroler Bauernführers und Sozialrevolutionärs (1490–1532)
13 x 19 cm, 168 Seiten, 57 Abbildungen

Josef Hirn:
Tirols Erhebung im Jahre 1809
18 x 26,3 cm, 876 Seiten

Unveränderter Nachdruck des Standardwerkes über den Tiroler Freiheitskampf.

Moser/Rizolli/Tursky:
Tiroler Münzbuch
18,5 x 21,5 cm, 208 Seiten, 735 Abb.

Eine kurze, anschaulich geschriebene Geschichte des Geldes aus den Prägestätten Alt-Tirols.